华 章 经 典 · 管 理

决策是
如何产生的

A PRIMER ON
DECISION MAKING

How Decisions Happen

典藏版

[美] 詹姆斯·G. 马奇 著　王元歌 章爱民 译
James G. March

机械工业出版社
CHINA MACHINE PRESS

图书在版编目（CIP）数据

决策是如何产生的：典藏版 /（美）詹姆斯・G.马奇（James G. March）著；王元歌，章爱民译. —北京：机械工业出版社，2024.3

书名原文：A Primer on Decision Making：How Decisions Happen

ISBN 978-7-111-74900-4

Ⅰ. ①决…　Ⅱ. ①詹…②王…③章…　Ⅲ. ①决策学　Ⅳ. ①C934

中国国家版本馆CIP数据核字（2024）第031280号

机械工业出版社（北京市百万庄大街22号　邮政编码100037）
策划编辑：华　蕾　　　　　　责任编辑：华　蕾　　崔晨芳
责任校对：张爱妮　　陈立辉　　责任印制：常天培
北京机工印刷厂有限公司印刷
2024 年 5 月第 1 版第 1 次印刷
170mm×240mm・16.25印张・1插页・221千字
标准书号：ISBN 978-7-111-74900-4
定价：59.00元

电话服务　　　　　　　　　　网络服务
客服电话：010-88361066　　　机 工 官 网：www.cmpbook.com
　　　　　010-88379833　　　机 工 官 博：weibo.com/cmp1952
　　　　　010-68326294　　　金 书 网：www.golden-book.com
封底无防伪标均为盗版　　　机工教育服务网：www.cmpedu.com

任何一门学问，如果割断了与自身历史的联系，就只能成为一个临时的避难所，而不再是一座宏伟的城堡。在这套管理经典里，我们可以追本溯源，欣赏到对现代管理有着基础支撑作用的管理思想、智慧和理论。大师的伟大、经典的重要均无须介绍，而我们面对的经典内容如此丰富多彩，再美的语言也难以精确刻画，只有靠读者自己去学习、去感悟、去思考、去探寻其中的真谛和智慧。

西交利物浦大学执行校长◎席酉民

当企业在强调细节管理、有效执行的时候，实际上也是在强调对工作的分析和研究。当我们在强调劳资合作的时候，也就是在强调用科学的方法研究工作，将蛋糕做大，从而使双方都能获益。最原始的思想往往也是最充满智慧的、纯粹的、核心的思想。

南京大学人文社会科学资深教授、商学院名誉院长、

行知书院院长◎赵曙明

现代管理学的形成和发展源于相关人文社会科学学者对组织、组织中的人和组织管理实践的研究。如果我们能够转过身去，打开书柜，重新看看这些著名学者的经典作品，就会发现摆在我们面前的多数当代管理图书好像遗

失了点什么——对管理本质和实践的理解，就会感叹它们的作者好像缺少了点什么——扎实的理论功底和丰富的实践经验。

华南理工大学工商管理学院前院长◎蓝海林

把管理作为一门可以实验的科学，是具有开拓性的思考者和实践者留下的宝贵精神财富。伴随着科技进步和生产工具手段的变化，追求管理科学性的努力生生不息，成为人类文明的一道亮丽风景线。

复旦大学企业研究所所长◎张晖明

管理百年，经典有限，思想无疆，指引永远。经典，是经过历史检验的学术精华，是人类精神理性的科学凝练，是大师级学者回应重大现实问题的智慧结晶。希望青年学子能够积淀历史，直面现实读经典；希望年轻学者戒骄戒躁，像大师一样做真学问，代代传承出经典。

北京师范大学人本发展与管理研究中心主任◎李宝元

该丛书是管理学科的经典著作，可为读者提供系统的管理基础理论和方法。

武汉理工大学管理学院教授◎云俊

自 1911 年弗雷德里克·泰勒的《科学管理原理》出版至今，漫长的管理历程中不断涌现灿若星河的经典之作。它们在管理的天空中辉映着耀眼的光芒，如北极星般指引着管理者们不断前行。这些图书之所以被称为管理经典，是因为在约百年的管理实践中，不管外界环境如何变迁，科学技术生产力如何发展，它们提出的管理问题依然存在，它们总结的管理经验依然有益，它们研究的管理逻辑依然普遍，它们创造的管理方法依然有效。

中国的管理学习者对于管理经典可以说是耳熟能详，但鉴于出版时间久远、零乱和翻译的局限，很多时候只能望书名而兴叹。"华章经典·管理"丛书的推出，不仅进行了系列的出版安排，而且全部重新翻译，并统一装帧设计，望能为管理学界提供一套便于学习的精良读本。

中国的管理实践者身处的内外环境是变化的，面对的技术工具是先进的，接触的理论方法是多样的，面临的企业增长是快速的，他们几乎没有试错的时间。那么他们要如何提升自己的管理水平，才能使自己在竞争中立于不败之地？最好的方法就是找到基本的管理理论。管理经典就如一盏盏明灯，既是最基本的管理，又是更高明的管理。因此，对管理实践者来说，阅读这套丛书将受益良多。

"华章经典·管理"丛书追求与时俱进。一方面，从古典管理理论起，至当代管理思想止，我们选取对中国的管理实践者和学习者仍然有益的著作，进行原汁原味的翻译，并请专业译者加强对管理术语的关注，确保译文的流畅性和专业性。另一方面，结合中国的管理现状，我们邀请来自企业界、教育界、传媒界的专家对这些著作进行最新的解读。

这些工作远非机械工业出版社凭一己之力可以完成，得到了各界专家的支持与帮助，在此一并感谢：

包　政　陈佳贵　陈春花　黄群慧　蓝海林　李宝元
李新春　马风才　彭志强　施　炜　王方华　王以华
王永贵　魏　江　吴伯凡　吴晓波　席酉民　肖知兴
邢以群　颜杰华　杨　斌　云　俊　张晖明　张瑞敏
赵曙明

"华章经典·管理"丛书秉承"为中国读者提供世界管理经典的阅读价值，以知识促进中国企业的成长"这一理念，精心编辑，诚意打造。仅盼这套丛书能借大师经典之作，为更多管理实践者和学习者创造出更为有效的价值。

学习管理　感悟管理　演练管理　享受管理

如今，市场上经管类图书可以说是琳琅满目、鱼龙混杂，时髦的名词和概念一浪接一浪滚滚而来，不断从一个新理念转到另一个新理念，传播给大众的管理概念和口号不断翻新，读者的阅读成本和选择成本不断上升。在这个浮躁的社会时期，出版商有时提供给读者的不再是精神食粮，而是噪声和思维杂质，常常使希望阅读、学习和提升的管理者无所适从，找不到精神归依。任何一门学问，如果割断了与自身历史的联系，就只能成为一个临时的避难所，而不再是一座宏伟的城堡。

针对这种情况，机械工业出版社号召大家回归经典，阅读经典，并以身作则，出版了这套"华章经典"，分设 3 个子系——管理、金融投资和经济。

"华章经典·管理"系列第一批将推出泰勒、法约尔和福列特的作品，后续将穿越现代管理丛林，收录巴纳德、马斯洛、西蒙、马奇、安索夫等各种流派的管理大师的作品。同时，将收录少量对管理实践有过重要推动作用的实用管理方法。

作为管理研究战线的一员，我为此而感到高兴，也为受邀给该系列作序而感到荣幸！随着经济全球化和知识经济的到来，知识的更新速度迅速提升，特别地，管理知识更是日新月异，丰富多彩。我们知道，大部分自然科学的原理不会随时间变化而失效，但管理的许多知识与环境和管理情境有关，可能会随着时间和管理情境的变迁而失去价值。于是，人们不禁要问：管理经典系列的出版是否还有现实意义？坦率地讲，许多贴有流行标签的管理理论或方法，可能因时间和环境的变化而失去现实价值，但类似于自然科学和经济学，管理的知识也有其基本原理和经典理论，这些东西并不会随时间的流逝而失效。另外，正是由于管理有许多与情境和人有关的理论、感悟、智慧的结晶、哲学的思考，一些管理知识反倒会随着历史的积淀和经历的丰富而不断发展与深化，绽放出更富历史感、更富真知的光彩。换句话说，不少创造经典的大师可能已经走了，但其思想和智慧还活着！不少浮华的流行概念和观点已经死了，但其背后的经典还闪闪发光！在这套管理经典里，我们可以追本溯源，欣赏到对现代管理有着基础支撑作用的管理思想、智慧和理论。

观察丰富多彩的管理实践，不难发现：有的企业家、管理者忙得焦头烂额，被事务困扰得痛苦不堪，结果事业做得还不好；有的企业家、管理者却显得轻松自如、潇洒飘逸、举重若轻，但事业红红火火、蒸蒸日上。是什么使他们的行为大相径庭，结果有天壤之别？一般的回答是能力差异。我不否认人和人之间的能力有差别，但更想强调能力背后的心态、思维方式和理念，即怎样看待管理，怎样面对问题，怎样定位人生。管理因与人有关，始终处于一种动态的竞争和博弈的环境下，因而永远都是复杂的、富于挑战的活动。要做好管理，成为优秀的企业家和管理者，除了要具备我们经常挂在嘴边的许多素质和技能，我认为最重要的是要具备管理的热情，即首先要热爱管理，将管理视为自己生存和生活不可分割的一部分，愿意体验管理和享受管理。此外，管理永远与问题和挑战相伴。我经常讲，没有一个企业或单位没有问题，管理问题就像海边的礁石，企业运行状况良好时，问题被掩盖了；企业运行状况恶化时，所有的问题就会暴露出来。实际上，涨潮时最容易解决问题，但此时也最容易忽视问题，退潮时问题都出来了，解决问题的最好时机也过去了。面对管理问题，高手似乎总能抓住少数几个关键问题，显得举重若轻，大量小问题也会随着大问题的解决而消失。而菜鸟经常认认真真地面对所有问题，深陷问题网之中，结果耽误了大事。人生的价值在于不断战胜自我，征服一个个管理难题，这实际上不仅是人生的体验，更是对自己能力的检验。若能这样看问题，迎接管理挑战就不再是一种痛苦，而会成为一种愉悦的人生享受。由此，从管理现实中我们能体会到，真正驾驭管理需要对管理知识、艺术、经验和智慧的综合运用。

高水平的管理有点像表演杂技，杂技演员高难度的技艺在常人看来很神奇，但这些令人眼花缭乱的表演实际上是建立在科学规律和演员根据自身特点及能力对其创造性运用之上的。管理的神奇也主要体现在管理者根据自身特点、能力以及组织和环境的情况，对基本管理原理的创造性应用之上。

因为"管理是管理者的生活"，我经常劝告管理者要"享受管理"，而要想真正做到这一点，除了拥有正确的态度和高尚的境界外，管理者还需要领悟管理的真谛；而要真正领悟管理的真谛，管理者就需要学习掌握管理的基本知识和基本技能。当然，管理知识的来源有直接和间接之分，直接知识是通过自己亲身体验领悟而来，这样过程太长；间接知识是通过学习或培训取得，这样过程较短，成效较快——两者相辅相成。

管理知识浩如烟海，管理技术和技能多如牛毛，而且随着时代、环境以及文化的变化而变化，同一种知识和技能的应用还有很强的环境依赖性，这就使管理的学习变得很难把握。许多人不知道看什么样的书，有的人看完书或听完课后的体会是当时明白了，也听懂了，但仍不知道怎样管理！实际上，管理的学习同经济学、自然科学等一样，首先在于掌握基本的思想和方法论。管理面对的是实际的企业、组织和人，一般规律对他们有用，但他们往往也有独特性，这使管理具有科学、艺术、实务、思想等多种属性，所以不能僵化地看待管理知识，在理解和运用管理知识时一定要注意其使用对象的特殊性。其次，管理者手中能够应用的武器有两种：科学的、带有普遍性的技术、方法，以及与人有关的、随情况变化的、涉及心理和行为的具有艺术特色的知识和经验。前者容易通过书本学习，后者则要通过实践或案例教学学习和体会。再次，管理重在明确目标以及其后围绕目标选择最佳或最满意的路径，而完成这一任务除了要拥有高瞻远瞩、运筹帷幄的能力以及丰富的知识和经验外，最基本的是要学会和善用成本效益分析工具。最后，所谓"三人行必有我师"，无论成功与失败，任何管理实践中都蕴含着知识和经验，所以，对管理来说，处处留心皆学问。若管理者要增加自己的管理知识并丰富自己的管理经验，就要善于观察组织及人的行为和实践活动，勤于思考和提炼，日积月累。

有人形象地比喻，管理类似于下棋，基本的管理知识类似于对弈的基本规则，各种管理技能和成功的管理实践类似于人们总结出的各种棋谱，实际的管理则由这些基本规则、各种棋谱演变出更加丰富多彩、变幻莫测的局势。水平接近者的比赛，赛前谁都难以确定局势的变化和输赢的结果。类似地，管理的学习始于基本知识和基本技能，而要演化出神奇的管理实践需在此基础上去感悟、去享受！

实际上，管理活动本身犹如一匹烈马或一架难以控制的飞机，要想驰向发展的愿景或飞向辉煌的未来，不仅要享受奔驰中飘逸的快感或飞翔时鸟瞰世界的心旷神怡，还要享受成功后的收获，因此，必须设法"驾驭"好管理。

我陪人练习驾车时曾深有体会地告诉驾驶者：开车的最高境界是用心，而不是用身体，要把车当作你身体功能的一种延伸，使车与你融为一体，然后在你心神的指挥下，心到车到。"管理"这匹烈马或这架复杂难控的飞机何尝不是如此，它也是人类、领导者、管理者的功能的一种延伸、一种放大器，而要真正享受它带来的感受并使它发挥功效，必须娴熟且到位地驾驭它。面对种种复杂的管理，更需要用心驾驭。

在这里，我没有对经典系列本身给予太多介绍，只重点谈了如何学习管理，提升管理水平，最后达到享受管理。这是因为，大师的伟大、经典的重要均无须介绍，而我们面对的经典内容如此丰富多彩，再美的语言也难以精确刻画，只有靠读者自己去学习、去感悟、去思考、去探寻其中的真谛和智慧，我只是提供了我自认为可以研究和实践管理的途径，希望这些文字有助于读者对管理的阅读、理解和思考！

席酉民

西交利物浦大学执行校长

前　言

本书对有关决策是如何产生的观点进行了初步介绍，全面而简洁地阐述了有关决策是如何产生的观点。本书的观点并不新奇，对决策学习者来说并不陌生，在一些研究资料中也有详细的论述。本书将这些观点以最本质、最简明扼要的形式呈现给读者，是对决策根本问题的初次介绍。

本书中的各章节主要研究决策实际上是如何产生的，而不是研究决策应该如何产生。本书中某些章节的内容有时更接近那些旨在说明应该如何做出决策的理论，本书的最后一章也对如何通过决策获得（或无法获得）智慧进行了解析。书中大多数章节所表述的一系列观点在人们观察决策或参与决策时或许都会有助于人们理解决策。

在特定情境下理解任何特定决策都需要大量具体的背景知识，如与决策有关的历史、社会、政治和经济领域的各种知识以及与参与决策的个体组织和机构有关的各种知识，本书并未论述这些领域的知识。决策内容丰富，决策过程中也充满着各种极具戏剧性的故事，但本书并未涉及决策中的故事或对决策的历史进行详尽描述。本书尽力忠实于已知的决策产生时的实际情况，而且重点是阐述那些能够普遍用于理解决策的观点，而不是任何特定决策的特定细节。

第1章研究理性选择理论，尤其是有限理性理论。第2章研究的是有关身份、适当性和历史依赖规则的理论。第3章和第4章主要阐述多重行动者决策、在面对偏好或身份不一致时的决策。第 5 章则研究在偏好、身份和经历存在模糊性时的决策结果。最后，第 6 章展望了决策工程的前景。

上述所有理论涵盖了有关决策的各种不同观点，并进行了大量修订。决策学习者从社会科学的所有学科——人类学、认知和决策科学、经济学、组织研究、政治学、心理学和社会学中汲取了大量知识，在把这些学科的观点融入决策理论时，许多古老的问题就以新的形式出现了，如理性与无知、意图与命运、一致与冲突、组织、身份与规矩、学习与选择、意义与解释、偏好与义务等问题。

很自然地，这些问题会在书中的某些章节出现，但本书并未详细讨论这些问题。以下四个相对深刻的（而且并不完全独立的）问题一直被用来划分不同类型的决策学习者，注意到这四个问题还是非常有意义的。

- 第一个问题是，应该把决策看作以选择为基础，还是以规则为基础？决策者是遵循追求结果的逻辑，根据偏好对结果进行评估，而后在备选方案中做出选择，还是追求适当性逻辑，通过识别情境并遵循与他们所遇到的情境相符合的适当行为规则来履行身份或角色？

- 第二个问题是，决策是由于清晰和一致而更具典型性，还是由于模糊和不一致而更具典型性？决策是使得个体和组织达到一致并减少模糊性，还是使得不一致和模糊性得以表现、运用和扩大？

- 第三个问题是，决策是一种工具性活动还是一种解释性活动，是主要应该从决策如何与问题解决、适应性相符合来理解决策，还是应该从决策如何与构建个体和社会意义所付出的努力相适应来理解决策？

- 第四个问题是，决策过程的结果主要应该归因于自主行动者的行动，还是应该归因于互动着的环境的系统特性？是否有可能将决策描述为由自主行动者的意图、身份和兴趣产生的？或者是否有必要强调个体行动者、组织和社会之间互相适应的方式？

这些问题在本书中并未得到解决，但是本书对这些问题做出了部分阐释。

有限理性

迄今为止，对决策最为普遍的描述是将决策行为解释为理性选择。这一观点就如同人们对人类行为的思考一样古老，它的经久不衰不仅证明了其自身的有用性，还证明了它与人们愿望的一致性。尽管人们通常都会非常正式地用数学语言阐述理性选择理论，但是理性选择理论在理解和解释选择时却运用了通俗的语言。事实上，用通俗的语言来表述理性选择理论正是该理论的显著特点之一。除此之外，通俗的语言也使理性选择理论看起来似乎浅显易懂。本章主要研究理性选择理论以及有限理性如何使理性选择理论与现实中的决策更为一致。

1.1　理性选择理论

正如许多其他的常用词语，"理性"一词逐渐被用来表示多种意思。在很多情况下，"理性的"几乎相当于"聪明的"或"成功的"，被用来描述那些能够带来好的结果的行动。在其他情况下，"理性的"表示"冷酷的、功利主义的"，指的是采取某一行动时的心理或价值观。在某些情况下，"理性的"甚至表示"精神正常的"，指的是对采取某一行动或某个行动过程中所显示出的精神健康状况的判断。理性的多种不同意思也成了有关决策论的论文和资料的特点之一。由此可见，"理性"这一术语的运用非常随意和不严谨。

在本书中，"理性"与选择过程密切相关，意义单一且相当精确。"理性"的定义是一组特定而又非常相似的进行选择的程序。从理性的程序意义上讲，一个理性的程序可能会也可能不会产生好的结果。过程的理性［有时被称作"程序理性"（procedural rationality）］与结果的理性［有时被称作"实质理性"（substantive rationality）］两者相关，其相关的概率应该表示为一个结果，而不是一个公理。

1.1.1 后果的逻辑

理性选择理论假定决策过程是相因而生的（consequential），并且是以偏好为基础的。理性选择理论是相因而生的，也就是说决策行为取决于对当前行动所产生的未来结果的期望。各备选方案也是由其预期结果来解释的。理性选择理论以偏好为基础，这是因为对结果的评价是按照个人偏好进行的。在比较各备选方案时，也要比较哪个备选方案的预期结果能更好地满足决策者的个人偏好。

追求结果逻辑性的程序就是一个理性的程序。理性的程序做出的选择取决于对以下四个基本问题的回答：

- 有关"备选方案"的问题：哪些行为是可能的？
- 有关"期望"的问题：每个备选方案可能产生的结果是什么？假设已选定备选方案，那么每个可能产生的结果出现的概率是多少？
- 有关"偏好"的问题：每个备选方案可能产生的结果（对决策者来说）有多大价值？
- 有关"决策规则"的问题：就各备选方案结果的价值而言，如何在备选方案中进行选择？

如果在此框架下研究决策，就必须对这四个问题进行探究：是什么决定着考虑或者不考虑哪些备选方案？是什么决定着对结果的预期？决策者的偏好是如何产生、如何被唤起的？决策规则是什么？

这个总体框架是对行为进行规范解释的基础。当被问及如何解释自己的行为时，很多人都会将行为"理性化"，也就是说，人们用备选方案及其结果来解释自己的行为。与此相似，人们在解释他人的行为时，也通常会想象出一组期望和偏好以使他人的行为理性化。

理性的框架在许多有关人类行为的理论中也同样普遍。它可以被用来理解公司行为、婚姻伴侣的行为以及罪犯的行为；同时，它也是许多理论的基础，如谈判理论、交换理论和投票理论，还有语言和社会结构等。理性选择过程构成了微观经济学中资源配置模型的基本原则，也是政治结盟理论、统计决策论以及社会科学中许多其他理论和模型的基本原则。

1.1.2 理性选择理论

在理性的选择过程中，选择取决于考虑哪些备选方案以及对未来的两个猜测：第一个猜测是对未来状况的猜测，这一猜测取决于选择；第二个猜测是对决策者感受的猜测，当未来状况如期出现时，决策者的感受如何。

1. 纯理性选择理论

理性选择理论的有些形式假定所有的决策者具有一组共同的（基本）偏好，备选方案及其结果由环境所限定，并且决策者拥有关于备选方案及其结果的完全信息。其他一些形式则认为行动者具有较大的主观性，但是也假定对任何特定决策都具备完全信息——所有备选方案都是已知的，所有备选方案的结果都已知并具有确定性，所有与选择相关的偏好都是已知的，而且是准确的、一致的和稳定的。

理性选择理论的这些纯理性形式在预测总体行为方面有着非常重要的作用，这一点是普遍认可的。在预测总体行为时，这些理论有时能够在个体选择的主观"喧闹"中捕捉到理性的"信号"。大量一般性论断的预测都来自上述理论，例如，价格的上升（通常）会导致总需求的下降（尽管有些个体可能愿意在价格高的时候多买）。

尽管纯理性选择理论对定量总体预测非常有用，但是在描述个体或组织实际行动者方面，难以令人信服。考虑下面的问题，某一组织要为员工分配工作任务，如果要满足纯理性选择理论的期望，那么决策的开始就是要确定执行的任务和在考虑各项任务之间的关系后，确定为执行每项任务所需的各种不同的技能和知识。决策者应考虑所有可能的个体以及每个个体相应的属性（他们的技能、态度和价格）。最后，决策者应该考虑为员工分配任务的各种可能性组合，并根据组织的偏好评价每一种组合。

偏好的定义包含以下内容：（1）利润、销售额和股票价值（明天、明年和十年以后的）；（2）对社会政策目标的贡献（例如，反歧视行动、人生目标的质量以及任务对家庭的影响）；（3）对该组织所有利益相关者声誉的贡献——股票持有者、潜在的股票持有者、员工、客户、社区居民等。事先应该在不同目标之间进行利弊权衡，知道并明确各个目标的利弊，并且应该考虑到所有可能的任务定义、所有可能的员工组合和所有可能的员工任务分配组合。最终，决策者将选择使预期收益最大化的组合。

还有一种理性选择理论的形式虽然不具盛名，但仍然占有一定地位——假定任务结构和工资结构是既定的，决策者以使组织的收益最大化的方式给员工分配任务。另外一种形式则假定决策者通过收集各种相关数据和了解各种成本状况来计算即将获得的收益。

实际上，人们不会相信某一个体或组织会运用与此类似的程序来进行决策，不管这个决策是给员工分配任务还是人们所面临的任何其他决策。有人推测，竞争迫使实际决策过程的结果趋同于纯理性选择过程预测的结果，但是甚至这一推测在应用中也受到严格限制。纯理性使人轻信现实中的决策就是这样产生的，因此，人们付出大量努力来修订理性选择理论以保持其基本结构，但是修改关键假设以便更充分地反映所观察到的行为。

2. 理性的决策和结果的不确定性

纯理性选择理论最普遍也最深入人心的论述是：当前行为的未来结果具有不确定性。假定决策者根据预期结果在各种备选方案中进行选择，但是这些已知的预期结果并不具有确定性。确切地说，决策者所知道的是采取某一行动后各种可能的结果出现的概率。

不确定性的存在，或许是因为某些过程从一开始就不确定，或者是因为决策者对决策过程的运行机制一无所知，从而对决策者来讲，结果是不确定的。例如，足球场上出售食品的摊贩知道各种备选食品存货策略的收益取决于天气状况，但在决策时对天气的预测不具有确定性。

既然决策者在选择某种特定行动后，不能确切地知道接下来会发生什么，那么行动的结果就不可能与期望相一致。决策后的惊讶可能是喜悦的，也可能是沮丧的，这是决策自身的特点。同样，决策后的遗憾也是如此。在知道结果后（不管结果多么有利），决策者都会感到遗憾——意识到如果事先能把结果预测得更精确一些，就会做出更好的选择。出于这种心理，投资者有时会感到非常遗憾，如果对股票市场有十分准确预测的话，他们本应该获取更为丰厚的收益。

有关不确定性，研究得最为广泛的情况是在"风险"情况下的决策，在此情况下，结果是不确定的但结果出现的概率是已知的。在风险情况下，预测决策最传统的方法是假定决策者选择使预期价值最大化的备选方案，也就是说，如果多次选择这一备选方案，平均来讲，该备选方案能产生最好的结果，赌博和选择最佳赌注就属于这种情况。对某一选择的预期价值的分析通常用决策树来进行，决策树的每一个分支都代表一个即将做出的选择，或者代表具有不确定性的"不可抗力"。建立和分析决策树的程序是现代决策学很重要的一部分。

在论述比较详尽的理性选择理论中，存在风险时，对备选方案的评价不仅要依据其预期价值，还要依据它的不确定性。潜在备选方案的价值不仅取决于平均期望收益，还取决于它的不确定性程度或风险大小。对风险规避型决策者来说，风险降低了备选方案的价值；对风险喜好型决策者来说，风险则增加了备选方案的价值。

不同的理论对备选方案的风险有不同的定义，但是大多数定义都力图提供一种方法来衡量潜在结果的偏差。衡量这种偏差最天然的方法就是：结果的概率分布的方差。由于种种技术原因，在选择理论的研究中，这种衡量方法并不经常使用，但就我们的目的而言，该方法还是适用的。当把风险考虑在内时，决策就可以看作某一行动的期望值（或中数）和结果的概率分布的风险（或方差）的联合函数。

3. 对假设的修改

风险的引入以及各种风险处理方法的改进为在理性框架下理解和改善决策做出了重要贡献，但是，这些改进只是修改理性选择理论中有关信息假设（knowledge assumptions）的第一步。大多数现代理性选择理论都对纯理性选择理论进行了额外的修改，可以根据其假设的四个维度来对它们进行区分。

- 信息：对决策者所掌握的有关现状和其他行动者的信息有哪些假设？
- 行动者：对决策者的数量有哪些假设？
- 偏好：偏好是评价结果（和备选方案）的依据，对于偏好有哪些假设？
- 决策规则：决策者根据决策规则选择备选方案，那么假设的决策规则是什么？

尽管大多数理论至少在上述某一个维度方面"放宽"了纯理性的假设前提，但是在与纯理性概念的假设出现偏离时，这些理论就表现得相当谨慎。例如，大多数有限信息理论（theories of limited knowledge）并不同时是多重行动者理论（theories of multiple actors），而大多数多重行动者理论（例如，微观经济学中的博弈论）也并不同时是有限信息理论；实际上，有限信息理论和多重行动者理论都从未提及模糊偏好或不稳定偏好的概念。至少从这个意义上讲，纯理论模型——通过为各种不同的理论提供整体框架并构成这些理论的重要（尽管重要性有所不同）组成部分——仍然在该领域占主导地位。

1.1.3　拥护者与怀疑论者

理性决策模型的拥护者们会注意到理性假设的广泛使用和这些模型在预

测行动者总体行为方面的成功，他们很容易把对模型的认可和使用当作对理性决策模型的有力支持。相反，怀疑论者不太愿意信赖这些被普遍使用的模型，并提醒大家注意这样一个历史事实：许多现在被抛弃的理论都有过长期辉煌的过去。同样，怀疑论者也不愿意承认这些模型具有非常强大的用途，常常强调模型在预测个体行为方面不那么成功的事实，他们很容易认为理性决策模型的守旧和不完善之处使其缺乏魅力。

拥护者和怀疑论者都赞成有限理性，拥护者认为有限理性是纯理性理论适度自然的扩展，怀疑论者则认为有限理性是对纯理性的重大挑战，并且预示着决策概念将更加以行为为基础。

1.2 有限（或有界限）理性

对现实世界中决策的研究表明，并不是所有的备选方案都是已知的，并不是所有的结果都要考虑，并不是所有的偏好都在同一时间出现。决策者们不会考虑所有的备选方案，相反，他们仅考虑为数不多的几个备选方案，而且不是同时研究，而是按顺序研究这几个方案。决策者们不会考虑备选方案的所有结果，他们把注意力集中在某几个结果上，而忽略其他；他们通常不会去寻求与结果相关的信息，也不采用有些可获信息。决策者们没有一组完整的、一致的偏好，相反，他们的目标看起来不完整，也不一致，而且并不是同时考虑所有的目标。现实中的决策者所运用的决策规则与决策论中设想的规则也不相同，他们创造了新的评价标准，而不考虑决策论中诸如"预期价值"或"风险"之类的术语，他们要寻找一个"足够好"的行动，而不去寻求"最佳可能"的行动。

上述观察的结果是，决策过程学习者多年来一直对纯理性选择理论的有效性和有用性持怀疑态度。理性选择理论也通过引入"理性是有限的"这一观点，逐步适应现实情况。有限理性的核心观点是个体都试图理性。尽管决策者试图做出理性的决策，但他们被有限的认知能力和不完全的信息所束缚，因此，虽然他们有最美好的愿望，也付出了巨大的努力，但是他们的行动不是完全理性的。

近年来，有限（或有界限）理性的思想已经充分融入传统的理性选择理论，这使有限理性的观点受到了广泛认同。有限理性已逐渐在大多数个体决策理论中占据了主导地位，它们已被应用于发展企业的行为和演化理论，还成了一些理论的基础，如交易成本经济学以及博弈论、信息和组织经济学；有限理性也已运用于政治、教育以及军事方面的决策中。

1.2.1　信息约束条件

决策者在注意力、理解力和沟通方面受到严重限制。大多数个体决策的学习者认为人类的信息处理都或多或少明显受到生理条件的约束，但是还很少从严格的生理学角度研究过这些限制。同样地，组织决策的学习者们假定了一些较为明显的信息约束条件，这些约束条件是由组织各种不同个体的方法产生的。

- 注意力问题。注意力集中的时间和能力是有限的。人们不可能同时关注所有的事情：接收的信号过多，与决策相关的事情过多。由于这些限制，决策理论最好应该被称作注意力或搜寻理论（theories of attention or search），而不是选择理论。注意力理论或搜寻理论主要研究如何配置稀缺的注意力。

- 记忆力问题。组织和个体存储信息的能力是有限的。记忆会出错，记录可能未被保存，历史可能未被记录。更为有限的是个体和组织检索已储存信息的能力：无法确保在适当的时候检索出以前学习过的内容，在组织内部某一部门存储的信息难以为另一部门所使用。

- 理解力问题。决策者的理解力也是有限的。他们很难组织、概括和运用信息来推断事件的因果联系和所处状况的相关特点，他们通常拥有相关的信息，却不能发现信息之间的相关性，他们或者根据信息得出一些不可靠的论断，或者无法把已获信息的不同部分联系起来得出一致的解释。

- 沟通问题。决策者交流信息、共享复杂的和专业化的信息的能力也是有限的。劳动的分工推进了专业化人才的集中和使用，但是也加大了知识、能力、语言的差异化。不同的文化背景、不同的年代、不同的专业领域之间很难沟通，不同群体的人们用不同的框架来简化这个世界。

决策者在尽力克服这些约束条件的过程中，逐渐制定了一些程序，这些程序构成了有限理性理论的核心，它们既保持理性选择的基本框架，又对其稍加修改以适应决策者所面临的难题。

1.2.2　应对信息约束条件

决策者运用各种各样的信息和决策策略来应对在信息和信息处理能力方面所受到的约束。当代许多对个体选择和组织选择的研究都集中于研究应对策略，即在以未来期望为基础，但不具备古典理性选择理论中所假定的具有完全信息的情况下，如何做出选择。

1. 有限理性的心理

对个体决策的心理学研究已经发现决策者应对认知约束的多种不同方法。这些研究运用了一些固定模式以便从可观察的情况中推断出那些不可观察的情况，它们将态度（自由型、保守型）和个性（依赖型、外向型、友好型）划分成不同类型，并根据这些类型将人们分类；对人们的行为或行为的结果进行观察，并把它们归属于不同的意图；还把问题的"核心"抽象出来而忽略其他；运用成熟的理论、文章和图表等形式来理解这个世界，这些理论、文章和图表填补了缺失的信息，也缩小了理解力上的差异。

这些心理学研究所采用的理解世界的形式能够使人们对世界的解释趋于稳定。对大多数人而言，今天解释和理解世界的方法与昨天相比没有变化。决策者寻找信息，但是他们所看到的是他们期望看到的，期望之外的则完全被忽略。假设决策者的决策理念既定，那么他们的记忆不是对过去的回忆，而是对他们过去以为可能会发生的事情的构筑以及对他们现在认为肯定已经发生的事情的再构筑。我们对心理学研究的回顾就止步于此，因为对个体信息处理和问题解决的心理学研究进行全面的回顾需要太多的篇幅和精力。现在的目的是要简要地描述以上研究所产生的几个主要猜测，尤其是对四个重要的简化过程的猜测：编辑（editing）、分解（decomposition）、启发法（heuristics）以及框架（framing）。

（1）编辑：决策者们倾向于在进入选择过程之前对问题进行编辑和简化。复杂的问题或情境可以进行简化，例如，决策者可以按一定的顺序根据标准进行选择，在考虑信息是否符合第二个标准之前，先排除所有不符合第一个标准的备选方案。在其他一些情况下，他们可以考虑备选方案的所有信息，但是要按照统一标准进行选择而不能根据重要性的不同进行选择。

（2）分解：决策者尝试分解问题，把大问题转化为它的各个组成部分。分解的假定前提是对问题的各个组成部分可以进行如下定义：逐个解决某一问题的各个组成部分能够合理地解决该问题。例如，决策者在解决某个广告项目的资源配置问题时，可以首先把该项目普遍性的问题分解为与每个产品相关的次问题，然后再把这些次问题分解为与特定地理区域相关的小问题。

分解有一种形式是从后往前分解。一些问题从后往前解决要比从前往后解决更容易。因为，就像迷宫，这些问题的最后阶段只有几步而已，但起始阶段却需要许多步骤。从后往前解决问题对那些接受了"我能"（can do）决策理念的决策者来说尤其具有吸引力，因为它符合决策者积极主动的角色。

从后往前解决问题也鼓励了这样的观点：决策者决定希望出现什么样的结果并努力使这样的结果出现。

分解与组织的关键概念密切相关，如劳动分工、专业化、权力下放和等级制度。现代组织富有成效的重要原因之一就是能够将复杂的大型任务分解成可以独立管理的小任务。要使分解成为一种问题解决的策略，各种问题之间就不能密切相关。例如，如果对某一广告项目采取的行动会严重影响其他项目行动的结果，那么单独解决这个项目势必会造成混乱的局面。分解策略的一般性表明，世界上的各种情况实际上是松散地联系在一起的，因此次问题可以独立解决。但是这种一般性也有可能误使人们把分解应用于它不能起作用的情况中。

（3）启发法：决策者先识别出所面临的情况属于何种类型，然后将适当的行为规则运用于这些情况中。例如，对一些专业技能的研究表明，专业人士通常会用对相似情况的识别和规则遵循来代替计算。与新棋手相比，优秀的棋手一般都进行更多的计算，但他们的最大优势并不在于他们分析的深度，而是在于他们识别各种不同的情况的能力以及他们所存储的适用于各种情况的规则。虽然对经验丰富的销售人员的问题解决研究较少，但情况应该与此类似。

另举一个例子，人们似乎并不擅长通过建立决策树来计算未来事件的概率，但是人们能够凭借记忆来了解类似事件在过去发生的频率，并在这方面表现得相当出色。因此，人们能够以记忆为参考来映射未来事件的概率。

这样的程序在有关问题解决和决策的文章资料中被称为"启发法"。"启发法"是拇指原则，可以用来计算某些类型的数字或解决某些类型的问题。问题解决的心理启发法一般情况下都被涵盖在对有限理性的讨论中，因为它可以弥补人们认知上的限制，尽管如此，启发法仍被认为是规则遵循行为的一种形式。规则遵循行为所依据的逻辑与后果的逻辑大不相同（见第2章）。

（4）框架：在对需要解决的问题、必须搜集的信息以及评价标准进行定义时所遵循的理念构成了决策的框架。决策者运用一些典型范例来明确应该用什么样的观点来对待问题，应该提出哪些问题以及用什么样的方法提出这些问题。框架使注意力集中，并能简化分析，它们将注意力导向不同的选择和偏好。如果某一决策的框架是保持利润，而另一决策的框架是保持市场份额，那么两者进行决策的方法肯定是不相同的。同一种情况也会导致不同的决策，因为在同样的情况下，决策的框架有时是重视"创新的价值"，有时又是"不丢面子很重要"。

决策者的典型做法是狭义地为问题设定框架，而不是广义地为问题设定框架。他们决定本地选择和本地偏好（local options and local preference），而不进行全面的利弊权衡或考虑所有的备选方案。他们通常会满足于发现了一组足以解决问题的条件，而不去发现最有效率的一组条件。在确保决策理性方面，主要的问题是为在空间、时间和因果关系上相邻的当前活动分配适当的权重，而不是为在空间、时间和因果关系上疏远的活动分配权重（见第6章）。目光相对短浅的决策者的框架与眼光长远的历史学家（至少经过思考）的框架之间的紧张对立就反映了这一点。

决策者使用的框架是他们有意识地和无意识地拥有的所有经验和知识。这些经验和知识中的一部分隐藏于早期的个人经历中，并形成了个体解决问题的方法；还有一部分则是对决策情境出现顺序的反应。框架能够坚持情境出现的特定顺序。由于在后出现的情境中，近期使用过的框架能够或多或少地被唤起，因此，近期使用过的框架具有优先地位。此外，对过去使用过的框架的回忆不仅增强了决策者运用框架的技能，而且更容易证明在本框架内对他人采取的行动有合理的理由。

框架有着活跃的来源，这极大地补充了制定和使用框架的内在过程。决策者采用的框架都是顾问、作家或朋友提出的，他们模仿他人，尤其是同行、同一协会或同一组织中其他人使用的框架。当然，相因而生的决策本身也是这样的框架。决策的规范性理论试图使相因而生的框架合法化，该框架关注的是备选方案是什么、它们各自的预期结果是什么、决策者的偏好是什么。

2. 有限理性的数字统计

决策者们面对的是比他们希望的要复杂得多的现实世界，因此他们创造了一些方法来监控和理解现实的复杂性。通用的方法就是用数字来概括和代表现实，比如会计报表和居住成本指数。这些数字代表某一组织中的或组织环境中的现象：会计利润、能力得分、占用率、生产成本。现象本身是难以捉摸的——虽然真实但难以描述和衡量，例如，会计报表面临大量的不确定性：资源丧失价值的速度有多快（折旧或损毁）？联合成本应该怎样分摊？如何计算库存的数量和价值？负债的质量如何评估？合同的价值是多少？好名声的价值呢？这些情况都比较模糊，并且极有可能在将来产生冲突。因此，人们创造了一些特定的数字，这些数字起初被视为新生物，遭到了怀疑和嘲笑。但现在，这些有魔力的数字经常神秘地出现在统计学家或经理人的谈话中。例如，美国某一届政府对核电厂的补贴预计是 400 亿美元，下一届政府有可能下降到 128 亿美元，但实际项目没有任何变化。

同时，这些奇妙的数字也相当真实，比如像居住成本指数或收入（利润和亏损）报表中的数字，它们逐渐被等同于它们自身所代表的事物。如果居住成本指数下降，决策者所采取的行动就好像是居住成本下降了——即使他们清楚地知道，对许多人来说，居住成本实际上上升了。因此，"居住成本"的全部概念就从一个抽象的假定的数字变成了触手可及的真实情况。

可以把这些数字划分为以下三种类型。

- 代表外部现实。这种类型的数字用来描述决策者所处的环境。衡量外部现实的数字包括，如其他国家的资产负债表、校区五岁儿童的数量、一国穷人的数量、居住成本、失业率、某晚收看某个电视节目的观众的数量。

- 代表过程。这种类型的数字用来衡量已完成的"工作量",包括机械师或律师花费在某一产品或客户上的时间比例、工作的总小时数、生产某个产品所需要的时间,还包括资源配置的记录,例如,在管理上配置多少资源、在纯研究和应用研究之间如何配置资源、在研究生教育和本科生教育之间如何配置资源。

- 代表结果。这种类型的数字用来说明决策或活动的结果。在商业企业中,此类数字包括销售额或利润等。在学校中,学生的成绩用数字表示,敌人伤亡的数量、犯罪率的变化或预算赤字都可以用这种数字衡量。

创造这些奇妙的数字属于问题解决的一部分。通常在面对大量概念性和技术性难题时,决策者和专业人士都试图找到正确的答案,而数字则预先假设了一个应该衡量什么的概念,同时又假设了一种把概念转化为可衡量的事物的方法。统计失业率要求有一个标准来判断什么样的情况属于某人"没有工作",正在"寻找工作"。由于这一概念和衡量方法都不是很清晰,统计失业数据也就成了一个技术性难题。同样的,定义和衡量公司利润、国民生产总值(GNP)、个体理性都绝非易事,需要有更高层次的专业技术。

创造这些奇妙的数字同样也是政治的一部分。决策者和其他人都试图找到符合自身利益的正确答案。不同的利益团体会就这些数字,比如失业率、利润、GNP、个体理性等,进行谈判以满足各自的利益。如果居住成本指数影响了价格或工资,受影响的团体就可能会组织起来寻找一个对自己有利的数字。如果要根据利润对经理们进行考评,那么经理们将会努力影响那些能够影响利润的事物,如议价、折旧率以及会计规则和惯例等。如果政治领导人关心 GNP,他们肯定会就这一数字进行谈判磋商。管理包括会计管理和数字管理,同样也包括对数字所代表的事物进行管理。

数字的这种对真实性和个人利益的同时追求使参与者与旁观者都迷惑不解。现实主义的愤世嫉俗者认为对真实性的追求是虚伪的,因为他们注意到个体、专家和决策者有很多办法"发现"真实性,而真实性又恰巧与他们的自身利益相一致。理想主义的专业人士则认为对个人利益的追求是虚伪的，因为他们注意到统计学家们总是在努力提高数字的技术质量，而不考虑政策的结果。但是两者都未能发现追求真实性的过程与追逐利益的过程实际上是交织在一起的，互相做出一些让步，甚至从某种意义上讲是彼此的互相支持。

决策者们知道许多关键数字的微弱性，也了解这些数字的政治基础。通常情况下，决策者会试图完善和影响这些数字。但同时，如果决策者和其他人能够稳固这些数字的权威性，并就这些数字达成一致，共同增强对这些数字的信心，他们也会从中获益，并为今后的共同决策和沟通奠定基础。与这些数字的有效性相比，它们的认可度更加重要，而且决策者可能会为了保持数字的一致性而不运用正确的技术或放弃既得的政治利益。

1.2.3 满意化与最大化

大多数对理性决策的规范解释都认为，决策者在选择时，会考虑各备选方案的结果，并选择预期收益最大的备选方案，但是决策规则的行为学研究观察到，决策者似乎更倾向于选择"满意化"而不是"最大化"。最大化表明选择的是最佳备选方案，满意化则表明选择的备选方案优于某一标准或目标。

零售店的店主在定价时，会对一组不同的价格在相关群体中引起的不同需求进行比较，然后选择最符合他偏好的价格。另一种比较简单的方法是他运用成本加价法来保证每一种商品都有合适的利润空间。在购买设备时，如果采取最大化策略，就要寻找到最优价格和最好质量的组合；而采取满意策略，就要找到符合标准且价格在预算之内的设备。市场营销经理可以选择寻找产品、价格、广告费用、分销渠道的最佳组合；或者，他也可以创造出"一揽子"产品以符合特定的销售额、市场份额或利润目标。

1. 决策者选择"满意化"还是选择"最大化"

满意化和最大化都不可能以纯粹的形式出现。最大化要求对所有的备选方案进行比较，从中选择最佳方案。满意化则要求按照一定的目标比较备选方案，从中选择足够好的方案。最大化要求各个备选方案的偏好应该前后一致，实质上也就是要求把偏好的各个方面归结为一个单一的标准——尽管这个标准不必确切存在。满意化为偏好的各个方面都规定了目标，并且把目标当作独立的约束条件。在满意化的情况下，如果首先找到了符合各个标准的足够好的组合，那么，即使随后出现了更好的组合，也不会选择这个更好的组合。满意化也有可能产生没有一个组合能够满足所有标准的情况，在这样的情况下，就无法做出决策。

在有关人事的决策方面，最大化就是要发现最佳可能的员工与任务组合，而满意化则是要发现一个能足够好地完成任务的员工。决策者可以将某项工作定义为一组任务（这组任务足可以完成这项工作），并设定业绩目标（业绩标准、工作要求）。决策者按顺序考虑每个员工，通过观察现有员工或其直接下属，或向他人询问来了解此员工是否足够好。例如，大学在考虑是否继续聘任某教授，或者个人在考虑自己的伴侣时，有一系列决策规则可供挑选，这些决策规则从纯满意化规则（某人作为教授或伴侣时能否符合标准，做出满意的业绩）到纯最大化规则（某人对任期或婚姻而言，是否是所能发现的和已知的最佳可能人选）各不相同。

在运用经验性的数据判断决策者是（或何时）选择最大化，还是（或何时）选择满意化方面，存在一些问题。由于很容易证明经验式的观察和理论化的描述是同义反复，都是"真实"的，所以把这二者结合起来的难度就更大了。坚信最大化策略的人可以用偏好的循环定义来解释许多与最大化明显不一致的情况；而坚信满意化的人则可用目标的循环定义来解释许多与满意化明显不一致的情况。

在判断组织是用满意化策略还是用最大化策略时，可以根据下列三种信息中的一种或一种以上来推断组织的决策规则：（1）听取参与者对决策过程的讨论而得到的信息；（2）观察决策过程得到的信息；（3）观察决策结果得到的信息。这三种不同的信息能够产生不同的印象。

当参与者讨论决策过程时，他们似乎普遍接受了最大化的理念，但是他们对决策过程的描述听起来则更倾向于满意化。在参与者中存在一种强烈的倾向，他们总是会认为目标对决策过程至关重要。尽管参与者努力把许多独立的目标归结为一个共同的目标（如利润），但如果找不到能够实现所有独立目标的解决方法，这些独立的目标实质上就可以看作独立的约束条件。此外，对备选方案的考虑也不完全按照顺序进行。即使说不太可能在某个时间仅考虑一个备选方案（就像在纯满意化的情况下一样），在同一时间也仅能考虑少数几个方案。

对决策过程的观察表明，目标通常是正式的或非正式的实践的一部分。把目标当作约束条件是很普遍的，至少在决策过程的起始阶段是这样。在同一时间仅考虑少数几个备选方案是一种趋势，但是通常的做法是这种考虑会或多或少地持续一段时间，而不是在发现第一个满意的备选方案后就马上停止。决策者有时会在某个问题的一些方面用最大化策略，在其他方面用满意化策略。有时决策者试图把实现目标的概率最大化。类似维持到下一个周期、符合最后期限或履行合同这样的目标尤其重要。尽管在有些情况下，会认为人们常常在一组精心设计的选择中运用最大化策略，但实际上纯最大化模型并不适用于这种类型的信息。

在观察决策结果时，很难区分最大化和满意化。大多数决策都可以同时用最大化和满意化进行解释，因此，有必要找到一些情况，在这些情况下最大化和满意化产生了明显不同的结果。最大化强调的是备选方案的相对地位，最大化程序对备选方案不同质的变化反应灵敏，比如一种备选方案相对于另一种备选方案有所完善。一方面，最大化搜寻（maximizing search）对预期收益和成本的变化反应灵敏。另一方面，满意化则强调备选方案相对于目标的地位。满意化程序对当前选择的绝对价值的变化反应灵敏，因此，如果备选方案中包括被选中的方案的话，满意化程序也对备选方案的同质下降变化非常敏感。满意化搜寻（satisficing search）则对备选方案相对于目标的当前地位反应灵敏。

同时，也有必要了解另外一些情况。在这些情况下，被选中的备选方案的地位或者相对于其他备选方案，或者相对于目标，但不同时相对于两者，是不断变化着的。例如，以人们追求能源保护为例，采用最大化策略者会对相对价格的变化反应灵敏，但对于他们是否能达到目标（除了次要的）不敏感。满意化策略者则对是否能达到目标反应灵敏，而对相对价格（除了次要的）的变化不敏感。对新投资、环境保护和课程决策等领域实际决策的观察表明满意化已成为现代决策的一部分，却很少有纯满意化的形式。

以上描述符合许多对决策行为的观察，除此以外，还有两个理论化的理由——认知原因和动机原因，来解释为什么决策行为学学习者认为满意化更令人信服。从认知的角度讲，目标简化了复杂的世界，个体不用理会那些种类繁多的标准，而只需要将世界简化为两个部分——足够好的部分和不够好的部分。从动机的角度看，心理感觉的不同又充分揭示了决策与现状的差距，这一点也是比较可信的。

2. 满意化、适应性愿望和现状

在理性选择的经典理论中，潜在结果的重要性并不取决于它是"亏损"还是已放弃的"利益"。现状所代表的模糊的愿望水平是不相关的。该理论的这一看法长期以来一直受到学生的反对，经济学家们努力说服学生（和经理们）将现金支出等同于已放弃的利益。很自然地，可以用满意化来解释学生的反对。满意化假定人们更关心相对于目标而言的成功或失败，而不关心成功或失败的程度。如果按照当前的愿望水平，把自掏腰包的开销看作消耗（也因此是不可接受的），而已放弃的利益则不是，那么与后者相比，人们就更有可能选择避免前者。选择满意化的决策者会区分什么情况属于冒着损失"未拥有之物"的风险，什么情况属于冒着损失"已拥有之物"的风险。

用高于或低于某一愿望水平或现状来代表备选方案是一种趋势，这一趋势对决策者来说具有重要的意义。一个杯子是半空还是半满，这取决于决策者的愿望水平和经历。经历是重要的，因为愿望水平足够好和不够好的分界线是不稳定的，尤其是个体会调整自己的愿望（目标）以反映他们的经历。在缺乏他人业绩信息的情况下，对愿望水平的研究表明，决策者会根据以往的业绩来调整愿望，但是他们愿望的调整比完全根据以往业绩进行的调整乐观一些。这样，一个正的常量加上以往经验的指数加权移动平均值（an exponentially weighted moving average）就可以得出当前愿望的近似值。

一般来讲，经验性数据都支持这样一个概念：如果根据经验调整愿望，那么以往的成功可能孕育失败，以往的失败也可能孕育成功。尽管有迹象表明，穷人没有富人幸福，但是对彩票中奖者的研究发现中奖者并不比其他人更幸福；对残疾人的研究则表明他们和其他人一样幸福。这样的结果导致一些人把生活描述为"享乐适应"（hedonic treadmill，又译"快乐水车"）。如果个体根据经验调整愿望，那么他们的满意度和不满意度都不可能长期存在。

当然，世界比这个简单模型所能体现的要复杂得多。人们不仅根据自己的经验调整愿望，也根据他人的经验调整愿望。愿望不仅和报酬的水平相关，也和报酬变化的速度相关。愿望不会立即调整，并且它上升的速度远快于降低的速度。因此，愿望的负向偏差也比正向偏差更明显。这种"对不满意的偏爱"也是搜寻和改变所处情况的强大动力。

1.3　注意力和搜寻理论

在有限理性理论中，注意力是一种稀缺的资源。在无限理性的决策者模型中，被唤起的备选方案、结果和偏好的组合以及产生这一组合的过程的重要性未能体现出来。并不是所有的备选方案都是已知的，必须寻找备选方案；并不是所有的结果都是已知的，必须进行分析研究以得出结果；并不是所有的偏好都是已知的，必须探索和唤起偏好。注意力的配置影响已获得的信息，并因此影响决策。

强调注意力的重要性的观点在社会学和行为学中比比皆是。在心理学中，注意力的配置是编辑、框架和问题解决"组"观点的核心；在政治学中，它是日程安排观点的核心；在社会学中，它是生活中的许多事情都是"理所应当"的观点的核心，并且它还可以作为约束条件而不是备选方案。在经济学中，搜寻理论是决策研究的关注焦点。对决策的研究，从很多方面来讲是对搜寻和注意力的研究。

1.3.1　注意力的分配

通常人们都认为传统社会缺乏物质和人力资源，而不缺乏时间。与此相反，现代社会则常常被描述为充满激励和机会。要做的事情总是比有时间做的事情多，所需要的注意力总是比已有的注意力多。在现代社会中，人们通常对进度安排和时间的重要性以及"信息超载"有很多抱怨。一些产业也因此而兴起，竞相吸引个体的注意力，并指导人们如何合理管理时间。信息技术也未能明显改善这些问题。时间的压力与日俱增，并且因传真、电话和电子邮件的普及而更加严重。计算机的使用也大大地增加了而不是减少了信息承载量。

时间、注意力和信息管理问题对决策的研究至关重要。在注意和信息方面受到的限制，使处于决策系统中的行动者陷入了两难境地，也使那些试图理解决策的人遇到了难题。如果对注意力进行分配，那么仅凭备选方案和愿望的特点就无法预测决策，决策将受到决策者注意到（或未注意到）特定偏好、备选方案和结果的方式的影响。因此，决策就取决于注意力产生的环境：谁注意什么？在什么时候注意？在决策时，利益相关的决策者可能不在现场，因为他们可能在其他地方；在决策时，由于注意力被其他一些事情所吸引，就可能会忽略某些事情。注意力的配置方式在很大程度上决定着决策产生的方式，"时机"和"动员"（mobilization）也都是其中很重要的问题。

决策者对注意力问题进行了大量简化。例如，决策者会对最后期限和他人的主动行动做出回应。他们把注意力集中在那些明确的选择上。在决定如何清醒地投资注意力方面，他们尽可能拖延时间。这些简化并不一定适合决策学习者。决策者经常被指责对注意力管理不善，还被指责处理了"错误的"事情，或者在"错误的"时间处理了正确的事情。与长期问题相比，决策者更关注短期问题。危机似乎总比计划先行一步。

1.3.2 信息和注意力理性理论

可以通过理性的计算来研究如何对信息和注意力进行投资，这种理性的计算同样可以运用于其他的投资。任何理性的决策者都不会获得所有可能的信息（除非这些信息具有某种直接消费价值，比如在狂热体育迷的案例中）。理性的决策者对信息的投资可能会达到边际预期成本等于边际预期收益这一点。信息的成本就是把用于寻找和理解当前信息的资源投资在其他地方所能获得的预期收益。在有些情况下，信息对决策没有价值，尤其是从决策的角度看，如果某个信息不会影响选择，那么它就不值得获取或注意。

由于信息的成本昂贵，决策者就会寻找一些方法来降低注意力、计算和搜寻的平均成本。信息和交易成本经济学家假定决策者和组织的确努力寻找方法来降低这些平均成本，并在优化信息成本方面取得一定成效，在这个假设前提下，他们对沟通、动机、合约和权威的组织进行了一系列预测。例如，他们考虑运用其他资源"购买"时间的可能性。股东雇佣经理人进行管理以满足股东的利益，经理人又把责任委托给员工。由于代理人可能不知道那些委托人的利益，或者可能未充分考虑那些人的利益，代理人的使用就引致了委托成本，委托成本既包括时间上的成本，也包括金钱上的成本。

最优信息密码的设计是信息和信息运用理性化的典型例子。理性的密码应该使发送信息的预期成本最小化。通常人们都会说"当遇到麻烦时大声呼救"而不会说"当一切正常时大声呼救"。大声呼救需要花费精力，因此应有所保留地使用。由于"遇到麻烦"的情况少于"一切正常"的情况，所以在"遇到麻烦"的情况下大声呼救所耗费的精力是最小的。同样地，假设美国独立革命时期的爱国者保罗·里维尔（Paul Revere）是一个最优密码的设计者，那么他在传递英军从波士顿发动袭击的信号时，必须计算各备选密码的预期成本。在这样的假设下，他的密码"1 表示从陆地进攻，2 表示从海上进攻"，就告诉我们他认为从陆地进攻的可能性大于从海上进攻（当然，假设他认为英军不知道他的密码）。

组织运用许多经过特别设计的密码来记录、检索和沟通信息，例如，会计制度、人力资源管理制度和库存制度。但是最为人们所熟悉的信息密码就是语言。语言和其他密码将连续的世界划分成不连续的状态。语言把所有可能的色彩层次划分成为数不多的几种颜色。语言在大量复杂的关系中识别出一小组亲属关系（不同的文化有不同的划分）。如果语言是在考虑各备选密码的成本和收益的基础上发展起来的，那么，与决策相关的差别就应该比与决策不相关的差别更容易通过语言进行沟通。如果颜色的细微差别对决策很重要，那么语言就应该能够反映这种细微的差别。如果颜色的差别对决策不重要，那么反映差别的语言也就不存在。

有必要想象一下能够优化密码或语言的密码发展过程；同样地，对次优密码的观察也很有必要。决策的各备选方案通常都是模糊不清、相互重叠和不断变化的，成本和收益也同样如此。决策要求在时间和空间上对备选方案权衡比较，但很难进行这样的权衡，并且在选择变化之后，语言还可能持续一段时间。而且，其中还包括一些策略性的问题。如果密码能够从决策者的角度有效地辨别可能的行动，那么同时它们就可以指导决策者如何策略地进行选择。由于语言是在这些复杂的情况下发展而成的，人们就猜测：语言的一些令人迷惑的成分，尤其是它们的模糊性、不一致性和烦冗，实际上是解释现实世界为什么在很多方面都与理性信息模型的简化形式不一致的最有效的方法。

理性的注意力、信息和信息结构理论都已成为现代经济学和决策论中引人入胜而且非常重要的领域。这些理论对会计、沟通和信息管理的很多实践有着重要贡献，它们也被用来预测组织形式和实践的重要特征。但是，所有这些理论又都有其特别之处。在决定最优信息策略、密码、投资或结构时，需要有信息选择、信息质量、信息处理和信息理解条件方面的完整信息，它还要求对偏好有精确的规定，以便在时间和空间上进行复杂的利弊权衡。实际上，受到限制的问题已经通过假定限制条件不存在而得以"解决"，而注意力、搜寻和信息行为学的学习者却都在探索另外一组不同的观点。

1.3.3 作为注意力和搜寻理论的满意化

注意力行为学的学习者更为关注满意化的观点，对注意力和信息决策的理性化却并不关注。满意化最初被认为是相对于最大化的另一种决策规则。研究满意化的重点是带有阶梯函数特点的满意化效用函数。实际上，满意化更应该是搜寻规则，而不是决策规则。满意化规定在哪些条件下开始搜寻，在哪些条件下停止搜寻，并且它能够把搜寻引导向出现失败的领域。业绩与目标的对比情况决定着搜寻。如果业绩低于目标，就会增加搜寻；如果业绩达到目标，就会减少搜寻。随着业绩的起落，搜寻也随之增减，形成了对业绩的反馈。

因此，满意化与决策心理学的关系更为密切。决策者根据目标来组织他们的搜寻或决策活动，这一观点得到广泛认可。选择的"根据某些特征排除"模型（"elimination by aspects" model of choice）认为决策者并不权衡利弊，他们只是按顺序，通常按重要性的顺序，来考虑每一个标准，排除不符合最低标准的备选方案。选择的"前景理论"（prospect theory）则认为决策者在预期收益大于目标时比预期收益小于目标时更有可能规避风险。

1. 失败引致的搜寻

在搜寻的满意化模型中，最重要的步骤是比较业绩与目标。决策者为一些重要指标设置了愿望水平，比如，企业的销售额和利润、博物馆的贡献与参观量、学校的招生与就业，然后根据这些愿望水平评估业绩。失败增加搜寻，成功减少搜寻。在纯满意化模型中，只要业绩低于目标，搜寻就会继续；一旦业绩超过目标，搜寻就会停止。对纯满意化模型进行自然修改，就会使搜寻随业绩与目标的差距而变化，并且随着差距的增大，搜寻的变化有递减效应。

作为搜寻理论，满意化有三个重要特征。

（1）搜寻是恒定（thermostatic）的。目标（或目的）实质上搜寻的是分支点，不是在备选方案中直接进行选择的方法。目标就相当于差别鉴定网（discrimination nets）或恒温器（thermostats），决定着搜寻行为的开始和结束。因此，决策研究人员通过观察决策者的搜寻引发器所了解到的目标实际完成情况比通过观察他们的"目标"了解的情况要多。

（2）按顺序考虑目标。满意化搜寻过程不是平行进行的，而是按顺序进行的，在某个时间仅考虑某一个问题——一个目标、一个备选方案、一个问题。从决策者的行动看，决策者似乎认为围绕在问题某个症结的周围寻找的话，就能找到解决办法，因此，他们所考虑的第一个备选方案通常都是和问题发生地相关的本地方案。如果在得克萨斯的销售额下降了，决策者就会在得克萨斯寻找问题和解决方法。因此，顺序效应非常重要，如果有些可接受的一般方案先出现的话，那么后出现的优秀备选方案也很有可能被忽略。

（3）搜寻在面对逆境时是主动的。从很多方面讲，规范决策论是一种被动的理论，它强调按世界的本来面目充分利用世界。决策论指导决策者计算赢的概率、下最好的赌注，然后等待结果；而满意化则鼓励采取主动行动扭转不利局面。面对一系列糟糕的备选方案，满意化的决策者会改变问题的约束条件以寻找好的备选方案；而最大化的决策者则会从糟糕的备选方案中选择一个最好方案。

2. 宽裕

有限理性的满意化理论假定了两个适应性过程，使愿望和业绩的关系更加密切。首先，愿望要与业绩相适应，也就是说，决策者要知道他们应该期望什么。其次，业绩要与愿望相适应。业绩失败时增加搜寻减少宽裕（slack）；业绩成功时减少搜寻增加宽裕，以与愿望相适应。

上述理论预测，如果业绩超过愿望，对新的备选方案的搜寻就会减少，宽裕就会积累，愿望也会随之上升；如果业绩低于愿望，则会增加搜寻，减少宽裕，降低愿望。目标达到时，搜寻也就停止，但如果目标足够低的话，就不可能有效地使用所有资源。因此，未利用的机会与未实现的收益之间的缓冲器，即决策者已实现业绩与潜在业绩之间的差异就是宽裕。

宽裕包括未发现的和未利用的技术、营销和降低成本方面的机会，还包括未发现和未利用的策略。搜寻力度或效率的变化导致宽裕的变化。由于在组织内部也可能无法共享有关机会方面的信息，因此组织内的宽裕资源有可能被次级单位抢先占用了。某些单位可能不如其他单位工作努力；某些经理可能会乘坐头等舱，或拥有更舒适的办公室和更多的员工；专业人士可能会变得"更加专业人士"；工程师可能会满足于漂亮的设计，而不去建造最有效率的机器。

相对于潜在业绩来说，宽裕能起到缓和业绩的作用。在好时期积累的宽裕是应对坏时期的缓冲器——潜在业绩的储备库。因此，已实现的业绩的变化就会小于环境大幅度的变化。由于用这种方式管理业绩，所以宽裕使能力无法完全表现出来。很难决定宽裕的程度，而且如果必要的话，也很难估计业绩能够达到何种水平。在日常工作中表现得比较接近自身能力的个体和组织，在面临逆境时能够取得好的业绩。但是，由于无法清楚地知道宽裕的程度，减少宽裕就成了高度策略性的问题：组织中的每个单位（或每个个体决策者）都希望他人先放弃宽裕。

因此，用上述方法来管理宽裕。决策者用宽裕来应对逆境，缓解利润或资源的波动，或把宽裕当作应对协调成本的缓冲器。宽裕也可以用来抑制愿望的上升。决策者可以故意降低业绩以调整他们自己对未来的期望，甚至，他们这样做是为了影响他人对未来的期望。决策者限制业绩是为了避免业绩超过目标，使目标上升。

3. 对搜寻模型的阐释

决策者的搜寻并不都是由失败引致的。社会体系和组织运用有意期望的方法来进行搜寻，他们创造出"搜寻部门"来解决问题（战略、规划、研发）和发现问题（质量控制、顾客投诉）。这种搜寻是有秩序的、标准化的搜寻，不取决于成功或失败。

但是，满意化搜寻简单的恒温器模型能够捕捉到一些重要真相。失败引致的搜寻是这个模型的基本观点，也很显然是一种一般现象。需要是发明之母。面临失败的威胁时，决策者通常就会想出办法来降低成本、生产更好的产品、更有效地营销产品。宽裕在其中充当了缓冲器的角色，在好时期增加宽裕，在坏时期减少宽裕。但是，简单的搜寻模型把不断变化的业绩与固定的愿望进行比较，这使它无法揭示满意化模型所能揭示的所有情况。

首先，愿望是不断变化的，而且是内生变化（endogenously）。愿望受特定个体和组织以往业绩的影响，也受那些能与之相提并论的个体和组织以往业绩的影响。一般来讲，如果业绩提高，愿望就随之上升；业绩下降，愿望也随之下降。

适应性愿望对组织有很广泛的影响。前文已经提到过，适应性愿望和失败引致的搜寻一起，能使业绩与愿望趋于一致。当业绩超过目标，搜寻减少，宽裕增加，目标上升；总体来讲，这能够降低业绩。当业绩低于目标，搜寻增加，宽裕减少，目标下降；总体来讲，这能够提高业绩。

因此，可以把目标调整的过程看作宽裕调整的替代品。如果目标调整得快，那么宽裕和搜寻就会调整得慢，反之亦然。由于愿望具有适应性，所以对成功与失败（它们决定着搜寻行为以及下文会讲到的风险承担和吸取经验教训）的主观评定就不仅取决于当前业绩，也取决于当前对业绩的愿望（也因此取决于业绩的历史情况）。

其次，搜寻不仅由失败引致，也可以由成功引致。如果宽裕的存在减轻了合作和控制的压力，决策者就可以自由追求他们自己的嗜好、本地偏好。他们的行动可能是机会主义的，也可能是专制的。如果他们是某个组织的成员，就可能会宣称要从该组织独立出来，或者可能会寻求与外部组织（专业组织或社团利益）建立联系。这些活动都属于宽裕搜寻的形式，是由成功引致的，而不是由失败引致的。

宽裕搜寻与逆境下的搜寻在特征和时间上都不相同。宽裕搜寻与主要目标的联系比较松散，也不严谨。宽裕搜寻所进行的试验与决策者或组织的主要目标相比，平均来讲，效率都很低，尤其是在短期内。大多数这样的试验都没有优势，但是这些试验允许出现新奇的、愚蠢的和不一致的情况。与失败引致的搜寻和制度化搜寻的结果相比，宽裕搜寻的结果中数较低，方差较高。这些活动有可能以"浪费"宽裕的伪装出现，这种可能性是长期适应性扩展理论的重要组成部分。

最后，搜寻不仅是需求驱动的，也是供给驱动的。在决策中，可以把搜寻当作一种描述信息获得的方法，但是如果把搜寻看作探测和寻找那些被动地隐藏在环境中的备选方案和信息的话，就有一定的局限性。现代社会的重要特征之一就是信息不是被动的。当使用者在寻找信息，信息甚至也在寻找使用者（例如，购买设备）时，在这样的情况下，就可以把信息获得比喻成结合。或者，在信息主动躲避信息寻找者（如军事机密）或信息寻找者主动躲避信息资源（如投资者和股票销售人员）时，就可以把信息获得比喻成猎取。一般来讲，信息的市场状况是信息接收者行为和信息传递者行为的共同结果。不考虑信息交易的双方，就无法理解信息市场。

　　满意化搜寻扩展模型的大体结构可见图 1-1。这个结构表明了愿望的变化、宽裕的变化和搜寻的变化之间的密切联系，宽裕对业绩直接的和间接的影响以及制度化搜寻和供给方搜寻的外生效应（exogenous effects），还表明了这个动态系统中其他个体或组织的业绩。

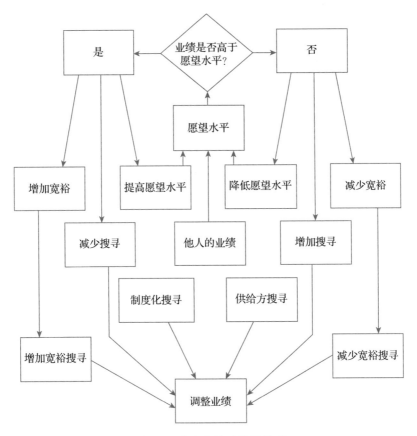

图 1-1　满意化搜寻扩展模型

4. 对创新的理解

满意化搜寻的一般观点可以用来推测个体和组织变化的长期动态：过去成功的那些个体或组织今后能继续成功吗？或者，成功孕育了失败吗？富人变得更富还是变得贫穷？

很难回答这些问题。成功和失败都能刺激一些激励机制，这些机制中有的可以激励今后继续成功，有的又会导致今后的失败。但是，成功的稳定与否在很大程度上取决于搜寻环境是否丰富。失败引致的搜寻提高效率，减少愚蠢情况的发生。成功引致的搜寻则引入了更具风险性的备选方案，它倾向于进行相距较远的搜寻，并且会在成功概率较小的情况下进行较大的变化。如果成功引致的搜寻（宽裕搜寻）产生的收益高于失败引致的搜寻产生的收益，或者如果先前的成功是由持续进行的制度化搜寻或供给方搜寻产生的，那么富人会变得更富。

在技术成熟的社会，成功孕育着失败。因为在这样的社会，宽裕产生了低效率，并使成功引致的搜寻收效甚微。另一方面，在技术不成熟的社会，成功孕育着成功。因为在这样的社会，很难预先判断哪个创新会是一种突破，所以任何创新的结果都会有大量成功的机会。宽裕搜寻为相对频繁的试验提供了资源，也因此增加了产生重大发现的机会。

那么会不会有持续的创新者？假定所有的行动者都很有能力，在满意化搜寻理论中，重大的成功创新都是由愚蠢产生的，而愚蠢反过来又是由宽裕（因此也是成功）和运气的组合产生的。个体和组织必须足够愚蠢而能看到一些东西，也必须足够幸运能发现一些东西。只有少数的几个创新能够成功，参与其中的个体和组织也因此被认为"富有创新精神"。成功会导致宽裕，也因此会产生更多愚蠢的创新观点。

结果就是，持续成功的组织会比其他组织更具创新精神。但是，由于大多数创新都是不成功的，大多数创新者也无法重复他们的成功，他们的资源会减少，最终将导致他们潜在创新越来越少。所以，创新的成功增加了创新活动的数量，而创新活动数量的增加也增加了新的成功的概率。但是除非有大量的机会，否则创新活动数量的增加不可能使成功的概率足够大，大到能够支付搜寻带来的成本增加，所以，最终会导致创新的长期下降。

1.4　风险与承担风险

正如上文所述，理解风险和风险承担是理性选择理论关注的重要内容。实际上，"风险"经常被用来表示理性选择理论中的剩余方差。如果决策者的货币效用与货币线性相关，并且决策者根据预期货币价值最大化进行决策，那么，就可以假定风险偏好可以解释所观察行为与即将被观察行为之间的任何偏差。这种策略对许多正统的选择理论学家们和集体决策行为学习者具有一定的吸引力。

决策行为学学习者却倾向于另外一种方法，他们试图理解导致承担风险的行为过程。重点是要理解个体和组织的风险承担，而不是把这一概念归入总体预测。因此，风险行为学学习者对可能结果的变动性如何影响选择产生了浓厚的兴趣。

为简便起见，影响个体和组织风险承担的因素可分为以下三类。

- 风险评估（risk estimation）。决策者对决策中的风险进行评估。对风险的评估影响着实际承担的风险。如果低估风险，决策所承担的风险就会比预期的风险大；如果高估风险，决策所承担的风险就会比预期的风险小。
- 风险承担倾向（risk-taking propensity）。不同的决策者对承担风险有不同的倾向。在一些选择理论中，决策者被描述为对风险有"偏好"。对风险承担的观察表明，"偏好"这一术语暗示了个体的风险倾向主要是有意识的偏好，但这并不正确。实际上，只有部分风险倾向是通过有意识的选择产生的。

- 结构性因素（structural factors）。风险承担就是在这些结构性因素中产生的。风险评估和风险承担倾向都受所处背景的影响。决策的组织特征把系统效应引入了风险承担。

1.4.1 风险评估

决策者寻求得到在技术上和社会上都有效的风险评估。技术上有效的评估就是能够反映决策者所面临的实际情况的风险评估。社会上有效的评估就是可以与他人共享的、稳定的并有信心相信的风险评估。但是无法确保风险评估在技术上和社会上的有效性，而且这两种有效性也并不明显。

1. 提高技术有效性

决策者认为结果的不确定性至少是由下列三种原因的其中一种造成的：内在不可预测的世界（inherently unpredictable world）、信息不完全（incomplete knowledge）、与战略行动者的不完全合约（incomplete contracting）。每一种原因都可以用来降低不确定性。

内在不可预测的世界 有些不确定性是无法降低的，是世界上各种机制内在的不确定性。对这些来自不确定环境过程的内在不确定性，决策者就要判断它们发生的概率。人们对个体进行的不确定的未来事件的概率估计进行了各种各样的研究。总体来讲，这些研究都表明，经验丰富的决策者在估计未来概率时绝不是一筹莫展，在自己熟悉的情况中，他们对未来概率估计得相当好。

但另一方面，他们用来预测未来的大脑系统也有一定的缺陷。例如，对未来事件的估计更多地依赖决策者自己以往经历中出现的类似情况，这就是为什么决策者能在自己熟悉的领域里游刃有余。他们所参照的样本与他们要决策的情况有一定的联系，但是，相关事件的情况与记忆中的样本会有一定的差异，这些差异就产生了偏见（biases）。

　　决策者会考虑某个事件与自己心目中这个事件应该是什么样子的原型相符的程度，由此来评估该事件的概率。决策者认为与原型相符的事件发生的可能性很大，甚至于认为这些事件具有"代表性"，但是与原型最相符的事件并不一定是最经常的事件，尤其是决策者总会忽视有关事件基准概率（base rates）的重要信息。例如，即使历史上最伟大的棒球击球手在他们最好的赛季成功的概率也只有 40%，但是人们总是期望他们在任何时候都能击中球，因为击中球是人们心目中的伟大击球手的原型。同样，尽管伟大的设计师一生中的好设计也仅有几件而已，但是人们认为他们的每一次失败都出乎意料。

　　实际上，有迹象表明，决策者会把注意力集中于那些确定发生的或确定不能发生的事件，或者忽略那些非常不确定的事件，从而否定不确定性的存在。决策者把概率的极端情况归纳为确定或不可能，这更突出地说明决策者总是否定不确定性的存在。尽管概率为 0.001 的事件与概率为 0.000 01 的事件概率差距非常大，甚至在某些情况下这种差距起着关键的作用，但很少有决策者能够把两者区分开。

　　信息不完全　决策者总倾向于夸大他们对环境的控制，过高估计他们的行动所造成的影响，而低估包括机会在内的其他因素的影响。他们认为事情的发生是因为他们的意图和技能（或因为缺乏意图和技能），而不是因为环境的作用。他们的成功加强了这种倾向。其结果就是，尽管决策者很清楚地知道，有些不确定性是无法解决的，但他们还是认为不确定性可以消除，而不对不确定性进行估计。

　　"可避免的"不确定性被认为是由于无知或缺乏信息、获取的对世界的信息不完全造成的。决策者认为，由于他们所掌握的有关信息与实际情况有差距或不清晰而产生的不确定性，可以通过勤奋工作和想象消除，所以他们努力判断，或者如果可能的话，提高信息的质量。他们强烈倾向于用对不确定性的否定来表述有关即将发生什么事情的信息。他们试图确认现有的信息，而不是去获得或注意未经确认的信息。例如，购买代理人在几分钟内就会形成对将要购买的产品的印象，而余下的时间则用来寻找符合他们最初假设的信息。

由于决策者在理解不确定的世界时所用的策略需要可靠的估计，所以决策者所偏好的是事实而不是学术性信息，是具体案例而不是一般趋势，是鲜明生动的信息而不是苍白无力的信息，是具体的信息而不是抽象的统计。在信息不一致的情况下，决策者总是依赖其中的一种而把其他排除在考虑之外。

不完全合约　有些不确定性是由于不完全合约，即未能与环境中的关键人物互相理解造成的。环境中的许多其他行动者的利益可能会与某一特定决策者的利益相冲突。决策者以他人可能的行动为基础来采取行动，而他人行动的基础也是如此，由此而产生的不确定性导致决策者设计情报系统来监视他人的意图。这种不确定性也导致了决策者为了消除对资源的依赖而去追求资源，同样还导致了决策者进行谈判来阻止他人采取他们所希望的未来行动，而不是努力预测这些未来行动的概率。

决策者倾向于谈判和控制环境而不是预测环境的做法与我们前面进行的观察是一致的。决策者对待不确定性的方法与处理其他问题的方法一样，都把不确定性看作可以消除的。决策者寻求控制环境中未被控制的部分。最后期限和保证比依赖时间或依赖业绩的浮动价格更为普遍，而后者又比在时间和业绩上进行赌博更为普遍。

2. 提高社会有效性

个体、社会制度和信息制度都要求在对世界的理解上有相当的稳定性和一致性。没有这种社会有效性，决策者在行动上就有困难，社会制度也难以持久。信念（belief）的社会活力受到了经验和意义模糊性的威胁，也受到了对现实世界大量不同解释的威胁。差异化的过程不断地打破一致化的趋势。

成功导致信念的分散化（decentralization）和试验化（experimentation），失败则导致抛弃信念和不一致。

应对来自不一致和不稳定的压力正是各种机制，这些机制促成了共享的和稳定的风险评估。经验被进行编辑以消除不一致的地方，从而使得先前的信念与现在的信念在个体记忆中的一致程度比两者实际上更为一致，而不一致的数据和预测都可能被忘记。收集信息是要支持决策而不是改变决策。信念也被进行调整以与行动相一致，同时受到他人信念的影响。

对生动鲜明和详细的信息的偏好以及对烦冗和过于特殊的信息的偏好，符合增加活力和建立信心的情况。详细的信息总是充满了烦冗和不相关的内容，因此，从进行有效风险评估的角度来说，这种信息容易产生误导并且效率不高。然而，决策者对详细的信息有明显的偏好。只要决策过程的目标是有信心地认识世界，而不是精确地认识世界，对证据的双重处理就是一种财富而不是负担。在社会背景下，这种证明合理化的过程可以被解释为社会影响和个体偏好的综合。但是，在个体只是试图向自己证明自己的选择很合理的情况下，也会出现同样的效果。随着信息处理量的增加，即使精确度没有任何提高，信心也会随之增加。

把决策者看作可以共享的和稳定的风险评估的追寻者（决策者对这种风险评估很有信心）的观点与研究人们对于不同赌博的反应的结果相一致。人们一度推测，决策者不仅规避结果的不确定性，还规避结果概率的不确定性。实际上，人们寻找的不是信息的确定性，而是社会有效性。他们实际上拒绝输赢明显的赌博，而喜欢那些概率不是很清楚的赌博，在这些情况下，他们认为他们的估计和行动都是建立在有效的信念基础之上的。但是，如果缺乏社会有效信息感或能力感，即使概率不是很清楚，他们也会拒绝这种赌博。

1.4.2 风险承担倾向

在组织中的风险承担水平不仅受风险评估的影响，也受到风险承担者接受或回避风险的倾向的影响。考虑以下对风险承担倾向的四种不同理解：
（1）风险承担倾向是个性特点；（2）风险承担倾向是对目标的反应；（3）风
险承担倾向是理性选择；（4）风险承担倾向是人为的可靠性（artifact of
reliability）。

1. 作为个性特点的风险承担倾向

在这种解释中，风险倾向被认为是个性特点。例如，很多理性选择理
论，尤其是那些用货币效用的非线性来衡量风险的理论，都假定个体是风险
规避者。假定个体偏好那些能够确定地带来固定收益的备选方案，而不偏好
那些有同样预期价值但收益或多或少的备选方案。风险规避的假定有时被认
为是人类无法解释的特性，有时被认为与货币边际效用递减的假定相联系，
而有时又被随意解释为是竞争优势下的生存手段。

但有人认为，如果人们都规避风险，那么承担风险就必须有报酬。因
此，有风险的赌博只有在预期收益比那些没有风险的赌博高，或者，投资的
风险量与带来的收益正相关的情况下，才能被人们接受。如果同意风险规避
是人类特性这一假设和"有风险的市场才是有效率的"的假设，上述观点就
是正确的。但是这些假设并未被普遍接受，人们进行的直接观察也发现风险
和收益负相关。这些假设仅在金融市场上具有较大的优势，或者至少有较高
的认可度。

但是对风险规避是一般特性的怀疑并不排除这样的可能性：个体都具有
稳定的风险承担倾向，而且每个个体的风险倾向都是不同的。按照这种解
释，不同的个体对风险有不同的偏好，一些人本能地规避风险，一些人则本
能地喜好风险。对风险的偏好是在人生的早期阶段形成的，并在成年以后保
持下来成为个体稳定的特性。

因此，某一人群（如某一组织）中风险承担者的配置情况主要受选择的
影响。规避风险的人选择（和被选择）的职业和组织与那些更能接受风险的

人是不同的。成为水下焊工或赛车手的人与那些成为邮局工作员或教授的人肯定不是同一类型的人。创建拥有某种"风险倾向"组织的方法就是要吸引具有同种风险倾向的人。

决策者个体的风险倾向都是稳定的，但不同决策者的风险倾向又有差异，证明这些差异存在的证据很复杂，但是似乎有理由怀疑这样的差异是否存在，人们之间是否存在着同样的差异，甚至各种文化或亚文化之间是否存在着同样的差异。但是，这些证据也同样表明，至少在同一文化中，与其他影响相比，风险倾向中个体特性的差异对风险承担造成的影响相对较小。

2. 目标导向的风险倾向

在大多数风险承担的行为学研究中，个体的风险倾向不是个体稳定的特性，而是随着情况的不同而变化。最能说明这一点的就是决策者区别成功（或预期成功）与失败（或预期失败）的方法。随着个体所处位置与个体目标或愿望水平关系的变化，风险倾向也会变化，因此在成功和失败的情况下，风险倾向也是不同的。

当决策者所处位置接近目标，并且要在预期价值相同的两个方案中进行选择，那么，如果结果包含收益，决策者就倾向于选择风险较小的备选方案；如果结果包含损失，决策者就会选择风险较大的方案。这个经验式的结果具有一定的可信性，适用于大学生、商务人士、优秀的赛跑选手以及食谷类的小鸟。

当个体发现自己远远超出目标，他们就会承担较大的风险，部分是因为他们所在的位置失败的概率很小，还有部分原因是超出目标很多，形成了强大的缓冲，导致他们未对采取的行动保持足够的警惕。如果决策者远远落后于目标，尤其是面临倒闭的威胁时，他们的风险倾向就更加复杂。一方面，由于他们与目标的差距越来越大，他们就倾向于承担越来越大的风险，希望增加实现目标的概率；另一方面，由于他们越来越接近倒闭，他们就会变得僵化，一味地重复先前的行动并避免风险。因为不断落后于目标和逐渐接近倒闭是相关的，所以失败对风险承担水平的影响就取决于决策者是把注意力集中于他们的希望（根据他们的愿望水平、目标而定），还是把注意力集中于他们的恐惧（根据他们接近倒闭的情况而定）。

由于以下两个重要的反馈，成功（结果减去愿望）和风险承担之间的联系变得复杂了。

第一，结果受风险承担的影响。至少，承担较大风险的决策者意识到他们收益的方差大于承担较低风险者收益的方差。在风险与收益正相关的情况下，平均来讲，风险承担者会比风险规避者做得好。在风险与收益负相关的情况下，平均来讲，风险规避者会做得更好。

第二，愿望水平（目标）适应于结果。成功导致愿望水平上升，失败则导致愿望水平下降。一般来讲，适应性愿望通过使成功者承担较大的风险，使失败者承担较小的风险，缓和了成功和失败产生的影响。因此，适应性愿望缓和了业绩和风险承担。对该缓和系统的动态特性和长期竞争结果的研究表明，当与适应性愿望水平结合起来时，可变的风险偏好就具有了存在的优势。

3. 作为选择的风险承担倾向

在风险承担倾向的第三个观点中，具有风险的行为不再是个性特点或愿望水平的函数，而是理性的选择。根据本章的精神，个体是在理性地计算什么水平的风险最能满足他们的利益。例如，考虑在某个竞争环境里的风险承担策略，在这个环境中，各方的相对地位有着重要的作用。假设某人希望"第一个完成任务"，其他任何事情都无关紧要，那么他选择的风险水平就应该使"第一个完成任务"的概率最大化。一般来讲，使"第一个完成任务"的概率最大化的策略当然与预期价值最大化的策略完全不同。

例如，假设某人接受挑战参加网球比赛，他享有规定比赛点数的权利。假定比赛时间的长短本身没有内在价值，那么一个理性的网球选手会选择参加多长时间的比赛呢？回答该问题的关键在于知道得分超过对手的概率是如何既取决于赢得每一点数的概率又取决于比赛时间的长短。比赛的时间越长，好选手赢得比赛的可能性就越大，因为随着"样本"规模的增大（事实上，相对较快地），结果的变动性就会下降。这样，比赛的结果就会越来越确定，风险性越来越小。

如果减少试验的数量（也就是增加样本错误或风险），就增大了任何处于劣势的选手（平均来讲经常输的选手，比如体能弱的网球选手或赌场的赌客）赢的概率。这就解释了为什么好学生偏好那些随机错误少而差学生偏好那些随机错误多的专业、课程和考试。

预测一下第2章的内容，同样可能会观察到个体对风险的理性选择不是取决于对预期结果的计算，而是取决于实现某种身份的需要。文化定义了各种不同角色应有的风险行为，例如，教师会认为（或观察到）男生在操场上承担的风险大于女生。加入不同的团体要求有不同的风险偏好，同样，管理理念中也对应该承担的适当风险水平提出了大量建议。管理的定义中就包含承担风险、大胆行动、做出艰难选择和有所作为的意思。

4. 作为人为可靠度的风险承担倾向

不可靠度可能会造成在无意识的情况下承担风险，不可靠度包括能力、沟通、合作、信任、责任或结构的中断。由于缺乏可靠度而承担风险的情况很容易被忽视，因为这些情况不具备那些策略性的、故意的或依据情况而定的风险承担所具有的意图性和故意性的特点，然而，它们是风险承担的重要组成部分。

例如，风险承担行为受决策者信息变化的影响，这些影响源自信息与可靠度的关系。某一行动可能结果的分布的变动性主要来源于对信息的了解程度。决策者或执行决策者了解的信息越少，结果分布的变动性就越大，也就是说，风险就越大。因此，信息的增加对业绩的分布主要有以下两种影响：一方面，信息的增加提高了能够预测到的业绩的中数；另一方面，信息也增加了结果的可靠度（也就是说，减少了风险）。因此，随着信息量的增加，决策者就会提高平均业绩并减少承担的风险。

同样，社会控制也会增加可靠度，并因此减少风险。放松或加强控制，使控制变得有效或不太有效的机制与有意识的风险承担几乎没有什么关系。一般情况下，可靠度随着教育和经验的增加而增加，随着组织规模的扩大而减少。在好时期，组织宽裕增加并降低可靠度；在坏时期，组织宽裕减少并提高可靠度。组织任务和组织构成的多样性也会降低可靠度，所有这些变化都会影响到决策者承担的实际风险水平。

1.4.3　组织对风险承担的影响

组织是评估风险和在承担风险时考虑风险倾向的背景。这个背景具有非常重要的作用。组织的形式和实践是风险的决定性因素，也因此是风险承担水平的决定性因素。

1. 风险评估的偏见

决策者在组织中的经验使他们的风险评估存在一定的偏见。决策者的经验不是随机的，但至少都严重偏向于以下两方面：决策者在组织中过去的业绩都非常成功，并且他们很少经历罕见事件。这两个看似一般的事实却对风险评估产生了系统性的影响。

成功引致的偏见　组织是个体或组织整体成功或失败的背景。反过来，成功或失败影响着风险的评估。假设所有的结果都是能力和运气（风险）的组合。能力和风险对结果的相对贡献是不同的，在这个问题上的偏见会转化为评估风险的偏见。如果把结果更多地归因于运气，就可能导致高估风险，也因此会降低承担风险的水平。同样，如果把结果更多地归因于能力，就可能导致低估风险，也因此会提高承担风险的水平。

对个体如何判断事件因果关系的研究表明，成功和失败对个体的判断产生了系统性偏见。与把成功归因于运气、失败归因于能力相比，个体更有可能把成功归因于能力、把失败归因于运气。他们认为幸运的成功是他们应该得到的，不幸的失败是风险造成的。连续的失败导致高估风险量，因为在样本很多的情况下运气不佳；连续的成功则导致低估风险量，因为在样本很多的情况下运气很好。

因为组织会把成功者提升到有权力和权威的位置上，不成功者则不会得到提升，所以，正是成功引致的偏见与决策密切相关。成功增强了管理者对自己处理未来事件能力的信心，并使他们非常相信自己的智慧和见解。他们很难识别出运气在自己的成就中的作用，他们对于自己战胜各种困难的能力也很有信心。在组织文化中也存在同样的自负。成功的组织会树立起"我能"的态度，使员工低估风险。这种"我能"的态度在年轻而成功的高速发展的组织中尤其盛行，在这样的组织中，环境诱使决策者相信自己知道成功的秘诀。因此，成功的经理人（以及那些记录他们成功史的人）倾向于低估他们所经历过的风险和他们现在所面临的风险，并且那些意图规避风险的决策者实际上却做出了风险喜好者的行为。

当然，组织所诱使的风险低估可能对组织很有用。一方面，它补偿了成功的负面效应以及在风险承担上的上升愿望调整。另一方面，它诱使个体做出自我牺牲来承担风险以服务于组织或更大团体的利益。在为了成功必须承担风险的情况下，大多数过于自信的决策者，毫无疑问，都会在他们未能机智面对的风险面前束手就擒，但是也只有过于自信的决策者才能成为英雄。在高业绩、迅速决策和高风险行业（神经科医生、空军飞行员、投资银行家）的行动者都有一个共同的职业模式：异常自信。过于自信通常会导致灾难性的后果，但在有些情况下，个体由于过于盲目自信而变得愚蠢却能使组织受益。

估计极端概率的偏见　正如所观察到的，人们总是趋向于假定极不可能发生的事件一定不可能发生，极可能发生的事件一定会发生。组织背景下的一般体验式学习进一步加强了这种趋势。考虑下述情况：某一事件对组织非常重要但概率很低。组织中的个体将评估该事件的概率，并根据经验修订概率估计。

例如，假设该重要事件发生的概率非常低，一百年才发生一次，比如，核电厂的基础设施发生灾难性事故、百年不遇的洪水或重大的科学发现等。真正经历过这种罕见事件的少数个体或组织，由于他们自身的经历，会高估这些事件发生的概率；但是在大多数组织中的大多数个体从来不会经历类似的罕见事件，因此，经验会使大多数组织中的大多数个体低估这种极不可能发生的事件的概率。

对这种事件低估会产生两方面的影响。第一，在组织无法控制事件概率估计的情况下（比如，自然灾难、革命），低估会导致计划的不合常理。在制订计划时，人们倾向于忽视那些极不可能的事件，认为它们发生的概率为零。如果在制定计划时排除了极不可能的事件，就会忽略：（1）许多这种极不可能的事件一旦真的发生，会造成十分严重的后果；（2）尽管这些事件极不可能发生，但是它们发生的概率没有一个真正是零。虽然无法精确地预测哪种具有重要结果的极不可能的事件会发生，但是几乎可以肯定，某个这样的事件肯定会发生，但是计划趋向于忽略所有这样的事件。因此，人们为未来制订计划，但对未来的理解却并不准确。

第二，在组织能够对事件概率估计进行控制的情况下，低估极不可能事件的概率会产生反常动力并影响结果。考虑在"高可靠度"的组织中（比如，核电厂、航空交通控制系统、太空项目），组织尽最大努力避免事故的发生——对制度进行管理以使事故成为极不可能事件。在这种高可靠度的制度中，大多数个体决策者都从未经历过失败。他们逐渐认为制度比制度本身的可靠度更为可靠，这使他们对制度可靠性的信心膨胀起来，有可能导致放松对可靠度的警惕，长此以往就会降低可靠度。

同样，考虑下述情况：组织进行研发希望获得重大发现。突破性的创新发现是极不可能的事件，大多数从事研究的个体都从未经历过，因此，他们逐渐认为突破比突破本身更为罕见。这就会降低他们寻找重大发现的动力，从而进一步降低重大突破的概率。

以上两种情况中的大多数个体都会逐步意识到要根据组织中不合常理的情况修订他们的概率估计。在高可靠度的情况下，个体会低估事故的概率，从而增加危险；在突破性创新情况下，个体会低估创新的概率，从而减少创新的可能性。但是，这两种情况并不完全平行。在高可靠度情况下的违背常规可以自我纠正，如付出重大代价等。可靠度的降低增加了个体经历事故的可能性，也使他们更有可能认识到低估的危险。另一方面在研究中违背常理却无法以同样的方式自我纠正。寻找创新的动力降低，不仅降低了创新的可能性，还进一步证实之前的低估是正确的。

2. 根据个体特性的选择

由于风险承担倾向是个体的特性，所以可以影响组织风险承担的主要方法是，影响具有特定风险承担倾向的个体在组织中的进入、退出和提升。

谁应该进入？谁应该退出？ 进入和退出组织一般都被看作自愿的结合和离开，是有意选择结果的行动。以这种观点看来，当（且仅当）个体和组织都能接受这种结合时，结合才能成立并继续下去。因此，实际上，只要个体和组织都没有更好的选择，两者的结合就能继续下去。当然，这个过于简单的进入和退出理性模型会受到本书中所讨论的大量条件的影响，但是，可以把该模型看作一个非常宽松的框架，它能够突出个体和组织互相选择过程中的重要特点。

尤其是，通过该模型可以了解进入和退出的过程是否会受到风险承担倾向的影响。一种可能性是，组织有完善的体制来监测风险承担倾向，并直接把是否聘用或保留某人考虑在决策内。如果风险承担倾向是可观察的，那么唯一的问题就是组织是偏好风险喜好者，还是偏好风险规避者。最普遍的猜测是，组织，尤其是那些有正规的聘用和解聘程序的组织都偏好风险规避者。理由很直接：聘用上的大错误比大成功更明显、更容易追究原因，与奖励制度的关系也更密切，因此，理性的雇佣代理人都偏好可靠的员工，而不偏好那些喜欢高风险的员工。这个理由有一定的道理，但是很少有证据能证明它是完全正确的。

另一种可能性是，组织不（或不能）监测风险承担倾向，而监测其他一些与风险承担倾向相关的事情。例如，假设雇主注重能力，那么他们在评价能力和确保员工有能力时，就会倾向于那些能够获得并展示能力的人。由于能力很重要的一部分是可靠性——能够在相对较小的错误容忍度内完成某些任务，能力本身选择的个体就具有规避风险的特点。因此，很不明智的是，追求一般能力的组织不恰当地选择了风险规避者。

谁会得到提拔？ 如果把风险承担看作特性，不同的个体有不同的特性，我们就不仅要知道谁会进入或退出组织，还要知道哪些个体能获得高层职位。过去人们认为，组织或者偏好风险喜好型经理人，或者偏好风险规避型经理人，监测职位即将提升的人的行为，偏好那些适合组织特性的人。同样在过去，最普遍的看法是（原因类似于上述理由），组织偏好提升那些风险规避型经理人。因此人们预测，高层经理人的平均风险承担倾向低于低层经理人。

令人惊讶的是，验证这一预测的信息量虽然不多，但足以表明该预测是错误的。高层经理人的平均风险承担倾向，在某种程度上，要高于低层经理人。当然，一种可能性是，组织监测风险承担倾向，并特意有区别地提拔一些易于承担风险的经理人。但是，另一种可能是，组织提拔易于承担风险的经理人，不是因为组织有意识地寻找风险喜好型管理者，而是因为组织要提拔那些工作非常出色的人。

要研究这种情况如何产生，可以考虑下面这个简单的例子。假设组织内部有严格的等级制度，通过竞争才能得到提拔，并且提拔还取决于相对的声誉，工作上的业绩表现能够积累声誉。如果存在一个分布，分布的中数是个体的能力水平，分布的方差是个体的风险承担倾向，工作中的每项业绩都是分布中的样本。个体通过业绩积累声誉，他们的声誉就是已实现业绩的平均值。如果组织内部有职位空缺，那么在职级上仅次于该空缺并且声誉最高的人就会得到提拔。

假设风险承担倾向是个体的一种特性（个体并不是有意识地选择承担风险，他们只是冒险型或谨慎型的人），并且能力和风险承担倾向相互独立，那么，随着业绩样本规模的增大，个体声誉就接近他们的实际能力。因此，对个体职位的分配就完全取决于员工的相对能力。随着职级的上升，平均能力也随之增加，组织内每一层次的平均风险偏好也大致相同。

但是，在实际中组织业绩的样本量却非常少。在业绩样本非常少的情况下（能力和风险承担倾向的变动较小），声誉就不完全取决于能力，而是能力和风险承担倾向的共同结果。如果等级制度森严（也就是说，仅有个别人可以从一个层次上升到另一个层次），那么对个体职级的分配就严重依赖于风险偏好。随着职级的上升，平均能力的提高很有限，平均风险偏好却增长迅速。因此，原本依据能力提拔员工的程序，实际上却是依据员工所承担的风险量来提拔员工。

3. 经验、学习和可靠度

如果工作中的经验能够积累技能和知识，那么累积的知识就能提高平均业绩和可靠度，并减少业绩的变动性。只要竞争、提升和等级的影响相对很小，有经验的人由于有较高的平均业绩，就很有可能继续留在组织内工作，并且随着工作期限延长而提高的可靠度，也会表现为风险承担的减少。

而且，组织能够通过个体经验的积累来提高平均业绩和可靠度。组织制定一些规则、程序和实践来确保老员工的经验能够传给新员工。这种惯例化的过程是把集体经验转化为平均业绩提高的重要因素。同样，它对可靠度也有很大的影响，并且随着组织的发展，它会降低组织中的个体承担风险的平均水平。

4. 风险策略

当然，在充满竞争的世界中，必须权衡由平均业绩的增加而产生的正面影响与由可靠度的增加而产生的（可能是负面的）影响的利弊。一般说来，增加能力与可靠度是取得成功的好策略，但是要第一个完成任务，不仅需要做好他人能做好的任务，还需要做一些与众不同的事情，并且要足够幸运，能使你的特别之处有所回报。

尤其当竞争者数量众多时，如果获得的经验在很大程度上提高了可靠度，但平均业绩的增加却很少，那么这种经验对于提高竞争优势没有任何益处。尽管经验（正如先前工作所反映的）和有关标准信念的信息（如在学校里的成功所反映的）能够公正地预测个体在组织中是否成功，但是在高度竞争环境下，巨大的成功与经验或信息的关系并不像传统观点中所定义的那么密切。

组织内部和外部的竞争环境影响着最优风险策略。假设竞争职位提升的个体决策者可以有意地、策略地选择风险。任何特定决策者的声誉都取决于业绩的样本，而样本的中数则取决于两件事情：能力（是固定的）和风险承担（可以选择的）。如果等级制度相对森严，决定声誉的业绩样本很少，那么能力差的人只有承担高风险才能成功。但是，如果能力差的人承担了高风险，那么能力强的人在高度竞争的环境中要取得成功也只能选择承担高风险。如果可以任意选择承担风险的水平，那么任何想成功的人都会选择承担最大限度的风险。在这种情况下，对能力没有进行任何筛选。风险的"噪声"使人们无法探测到能力的"信号"。在组织的各个层次上，平均能力水平大致相同，平均风险偏好也都一致并且很高。

应该观察到，风险承担对获得提拔的重要性的变动对个体选择组织也有很重要的意义。如果希望得到提拔的个体可以根据组织的特点选择组织，那么，能力强的个体就会选择那些认同他们能力的组织。他们会选择那些声誉建立在大量业绩样本基础之上的组织，在这样的组织中，绝对业绩比相对业绩重要得多，策略性的风险承担受到了尽可能多的限制。因此，那些声誉建立在少量样本基础之上的组织则对希望获得提拔的能力差的人有特别的吸引力。

1.4.4　"风险承担"与"风险偏好"

风险偏好的概念，与理性选择理论中的其他偏好概念一样，把决策论学习者分成了两类。第一类由许多正统的选择理论家组成，他们认为风险偏好可以通过选择表示出来，并把风险偏好与货币效用的线性偏差相联系。对这类学习者来说，"风险"与决策者所遵循的任何可观察的行为规则没有任何联系，它只是已表示出来的偏好函数的特征。第二类由许多选择的行为学学习者组成，强调进行风险性选择或避免风险性选择的行为过程。这类学习者发现许多影响风险承担的因素与各种可观察到的承担或规避风险的"偏好"相距甚远。

的确，决策者通常会注意机会和风险之间的关系，并更关注后者，但是相对来讲他们在考虑风险承担时，对概率估计不太敏感。尽管选择理论认为赌博是在风险情况下进行决策的典型例子，决策者却把"风险承担"和赌博区分开来。他们认为，虽然应该承担风险，但从来都不应该赌博。对于变动性，他们积极地避免它或控制它，而不会通过权衡变动性和预期价值的利弊进行选择。

有时，决策者会比其他时候承担的风险更大，但是风险、风险承担和风险偏好的概念，在某种程度上，都是决策学习者创造出来的。人们经常会无意识地承担风险，也会无意识地避免风险。决策者承担风险的大小主要取决于他们对所面临的风险的估计是否正确，他们认为自己是否成功，他们是否掌握相关信息，他们是否意识到自己处于某个特定的竞争之中。

A PRIMER ON
DECISION MAKING

How Decisions Happen

第 2 章

规则遵循

在第 1 章中，决策被描述为是经过有意的理性计算而产生的。纯理性和有限理性的共同点是，它们都认为决策是在根据对结果的偏好评估各备选方案的基础上产生的。这种后果的逻辑与适当性逻辑（logic of appropriateness）形成了鲜明的对比。根据适当性逻辑，行动通过遵循与身份一致的规则而与情境相符合。本章的观点是，决策是由于遵循规则和实现身份而产生的。

2.1 规则遵循的决策

个体和组织实现自己的身份时会遵循一定的规则或程序，这些规则或程序要适合他们认同自我身份的情境。在考虑这些规则和程序的时候，他们既不考虑偏好，也不考虑对未来结果的期望。

2.1.1 适当性逻辑

适当性逻辑是规则遵循的基础。决策者在进行决策时，必须考虑（明确地或含蓄地）以下三个问题：

- **识别**问题：处于什么样的决策情境？
- **身份**问题：我是什么样的人？或者这个组织是什么样的组织？
- **规则**问题：像我或像这个组织一样的人或组织，在这样的情境下会如何行动？

这一过程并不是随机的、武断的或者无足轻重的，它是一个系统的、经过推理的并且通常都非常复杂的过程。在这些方面，适当性逻辑可以与推论逻辑相媲美。但是，以规则为基础的决策过程与理性决策过程不同，以规则为基础的推理过程是一个确立身份，并使规则与已识别的情境相符合的过程。

2.1.2 身份和规则的熟悉度和中心性

以身份和规则为基础的决策在现代社会非常普遍。社会制度使个体社会化并接受教育，遵守与其年龄、性别、社会地位等身份相联系的规则。决策由那些扮演决策者的人做出——家庭中的角色、学校中的角色、组织中的角色。个体通过学习知道作为母亲、经理人、大学生或男人意味着什么。大学教会学生从事各种职业所需要的适当规则。个体通过学习知道医生或工程师应该如何行动。

作为决策方法的规则遵循在行为学理论中也很常见，经济学家和政治学家讨论情境的重要性；人类学家讨论文化和规范；社会学家讨论角色；心理学家讨论身份、产生体系和模式。每一学科都以自己的方式认为决策是由适当性逻辑产生的。

规则和身份本来应该是一种有趣的现象，但是由于规则和身份非常引人注目，以至于人们很有可能把它们当作行为的背景。不仅决策者认为规则和身份是理所当然的，观察者也这样认为。在选择的理念体系下，任何可发现的意愿，不管它多么受规则的限制，都被夸大了。历史和新闻中的故事总是夸大在一定规则下理性选择策略的作用，总是忽视那些创造、保持、解释、改变和忽略身份与规则的丰富过程。由于这种观念，有些理性选择理论学家认为，规则是更高层次的理性过程所产生的结果。他们将规则理性化，从而使规则成为内生的。

另外，规则遵循学习者却把第 1 章中所讨论的理性选择模型仅看作与决策者身份相联系的规则遵循的一种形式。理性也是一种规则，它要求人们做出相因而生的决策。理性还是一个普遍规则，因此，遵循其结构的行动非常普遍，那些向行动者和观察者保证按照理性规则进行决策的程序也很普遍。在这样的概念体系下，规则遵循是基础，理性则是由规则遵循派生的。

2.2 规则、身份和行动

规则和身份是生活中各个方面决策的基础：家庭、非正式团体、市场、政治运动和革命。个体和社会制度依赖于规则，并依赖于行动的标准化、惯例化和组织化。从该观点看，任何背景下的任何决策都是由身份和适当性逻辑形成的。

在规则遵循的框架下研究决策需要回答一系列与研究后果的逻辑不同的问题：如何解释和识别决策情境？如何定义组织身份？如何创造和改变这些定义和身份？如何保存和传达它们？如何使情境和身份相符合？为什么规则会是现在的样子？

2.2.1 组织中的规则和身份

考虑一下规则和身份在正式组织中的角色，就会发现规则和身份无处不在。在组织中，大多数人都会按照一组明确的规则进行工作，他们把这些规则当作自己身份的一部分。医院里的医生、生产线上的工人、销售代表、课堂上的教师或执勤的警官等都是如此。同样，对那些在组织中的主要任务就是决策的人来说也是如此。组织规则定义了成为适当的决策者意味着什么。

对于决策时（比如，投资收益）应该考虑哪些因素也有一些规则：谁能够进入决策过程；如何计划、报告决策，如何证明决策的合理性。比如，聘用在测试中得分最高的应聘者，或者根据总成本并在成本基础上加40%来定价这样的例子。还有一些规则控制信息的流动和使用，规定如何收集信息，谁来收集信息，如何总结和筛选信息，如何沟通并与谁沟通信息，如何存储信息，存储多久。比如，根据某种要求"按部就班"进行的劝诫，或有关发布会议通知或工作职位的规则。同时，还有一些规则规定了评估和监测业绩所采用的标准，比如生产计划、人事绩效合同这样的业绩标准。

组织根据现行的规则和身份选择个体。当聘用某个工程师、机械师、文员或卡车司机时，组织聘用的是他们的身份，这些身份与任何个体都具有的其他身份交织在一起，如父母、朋友、某个族裔或宗教团体的一员。组织同样也定义自己的具体身份，以这种身份培训员工，使员工接受这种身份并将其认同为自己的身份。正式和非正式的组织规则融入组织的身份和角色，并利用和帮助定义组织的身份和角色。组织根据技能、责任和规则所定义的角色分配任务。角色与其相关规则互相协调并控制着组织的各项活动。

组织同样有身份。如果某个组织希望成为适当的商业企业或适当的军事单位，那么它就必须以特定的方式进行组织和行动。人们通常用组织的法律结构、全国性或区域性特点、技术构成和个体身份组合来描述组织。如果组织要确认人们对其身份的描述，它所构建的组织形式和程序就要符合这些描述。只有这样，组织才能获得能够合法代表其自身的身份。

但是，个体和组织遵循一定的规则和身份并不意味着能够轻易地预测他们的行为。以规则为基础的行为还是具有不确定性。情境、身份和规则可能都是模糊的。决策者运用识别过程来分辨情境的类型；运用自我认识的过程来分辨身份的类型；运用搜寻过程和回忆使适当的规则与情境和身份相符合。很容易把这些过程看作人类做出明智行为的标准程序。这些过程需要思考、判断、想象和关注，它们能够产生理性的行动，但是它们与理性分析过程完全不同。

2.2.2　身份的概念与个体行动

适当性逻辑与身份的概念密切相关。身份是对自我的概念，为了使行动与情境相符合，自我的概念被融入规则。当堂吉诃德说"我知道我是谁"[1]时，他所说的是围绕"游侠骑士"身份的自我。如果某个管理者受命"担任决策者并采取行动"，那么，他就会受到鼓励，把适当性逻辑应用到身份的概念中。

个体根据自己的职业、团体、家庭、族裔、国家和宗教身份描述自我。

身份既是个体构筑的，也是外界强加于个体之上的。创造和接受某个身份是一个动机和认知过程，通过这一过程，等级（order）被引入自我的概念和个体行为。创造和接受某个身份包括学习以特定的方式采取行动。身份发展是个体发展的一部分，与语言的发展和对自然和社会环境的理解密切相关。

1. 个体化和社会化

身份的概念深深植根于广泛的文化背景。例如，在美国的许多文化中，对身份的定义从根本上说是一项个体化的任务。个体是独立的、独一无二的，个体由他们的各种复杂行为和他们扮演的各种不同角色所定义。身份是"自我"的事情，人们对自我的比喻都是发现和创造之类的比喻。像"发现自我"或"正在与自我接触"这样的表达方式非常普遍。在这个创造的过程中，个体受到鼓励积极采取行动，观察自己的行为以及自己内心的想法、情感和动机，从而获得自己的身份。人们认为，个体通过展示与众不同的服装、行为和想法，努力使自己的身份不同于他人（尤其是父母和其他权威和传统人物）。

另一种观点认为，身份是在进入社会所定义的关系和角色的社会化过程中产生的。通过学习，个体知道作为合格的会计或士兵应该有什么样的行为。他们学到了会计规则和作战规则，学到了适当的情境准则和对这些情境的适当反应。教育制度、宗教和法律制度花费了大量时间来教导人们身份的意义以及如何把适当的行为规则应用于具体的生活情境中。

从社会化的角度看，身份是人们采用的或强加的，而不是创造或发现的。自我的意象不太强调忠实于个体独特的目标或愿望，而更强调忠实于重要的关系和文化期望。个体认为身份就是建立和庆祝与他人的联系以及他们在社会关系等级中的地位。注意力集中于外部真实的或虚构的团体，而不是注意个体的意见、能力和判断。由于每个情境所重视的关系各不相同，因此，身份随情境的变化而变化。

以上两种有关身份形成的不同观点导致了对自我的比喻形象的差异，这种差异非常重要。在个体化的比喻形象中，行动是由于自我施加的标准或自我选择的角色或规则而产生的，而在社会化的比喻形象中，行动是由于通过学习知道了对他人的义务、责任或承诺而产生的。因此，尽管第一种观点强调身份对行为的约束，但在某种意义上，它认为身份是自愿选择的。第二种观点则认为身份不是经过选择得到的，而是通过遵循得到的。

两者的差异非常重要，但同时，两者既是两种不同的思想体系，也是对世界的两种不同描述。大多数对身份形成的研究都发现个体化过程与归属（belonging）过程互相作用，不同的文化在其行为和行为理论中，可能会强调这种相互作用的某一方面，但是更"个体化"的文化也可能显示出社会化的强大影响，更"社会化"的文化也可能展示出强烈的个体差异，而且两种过程交织在一起。许多文化中的父母和孩子都能证明，青春期身份的形成和反叛是个体差异化和得到群体认可的社会化互相交织的复杂过程。

2. 身份的社会基础

有人说，"我是个好会计。我所做的事情都是好会计应该做的事情"。那么他所说的既是对个体身份的确认，也是对个体行动的社会基础的认可。个体采用家庭、学校、宗教团体、同年龄段和公司的行为规则。他们运用以社会为基础的区别建立了对自己的理解。随着个体集群对环境所造成的问题进行定义和解决，他们逐渐制定了共同的行为规则，形成了对待经验的共同态度。这些规则和态度被融入社会角色或身份，个体的身份也由此形成。作为"好会计"意味着知道、接受并遵循大量由社会制定和保持的规则，这些规则在相当多的细节方面控制着个体的行为。个体可以从社会模式（social templates）中找到自我。

社会所定义的身份，从三个意义上讲是个体身份的模式。首先，社会所定义的身份定义了作为会计、经理人或水管工的根本性质，使个体认为身份是有意义的事情。在这个意义上，身份就像标签，人们通过它来认知个体。个体区分警察和邮递员的方法几乎和他们区分猫和狗的方法一样，即寻找某些与标签相关的属性和行动。识别牙医需要知道牙医有什么样的行为，并把所观察到的行为与角色联系起来；而作为牙医就要知道牙医的行为，并据此采取适当行动。

社会身份是个体身份模式的第二个意义是，社会身份是预先包装的合约（prepackaged contracts）。个体接受合约以交换个体认为有价值的东西。群体通过奖励那些与身份定义一致的行为和惩罚那些不一致的行为，加速了身份的形成。合约详尽地规定了作为会计意味着什么，个体同意按照合约承担会计的角色。为了得到某种补偿，个体同意按照社会定义的身份行事。"补偿"在组织背景下可以是货币性的，但也不必如此。只要能够得到群体的批准或关爱，个体也会接受某个身份。尤其是社会对个体作为合法的会计（父亲、教师等）的认可，不仅对个体的自尊很重要，而且对个体有效工作的能力也非常重要。未能履行合约义务的决策者就有可能丧失其合法地位或权威。

从理论上讲，合约身份可能是特别的，每个人的工作都是独一无二的，但实际上普遍的情况是，身份至少在某种程度上被标准化了。身份的社会标准化使身份成为一系列定义明确的可靠规则，构成了社会制度的障碍。标准化身份简化了对组织制度结构的思考，也简化了对它的执行。标准化身份还简化了劳动力市场和管理，简化了教育和培训。例如，交通系统就依赖于对"适当的司机"的社会标准化身份。

社会身份是个体行动模式的第三个意义是社会身份通常会成为道德规范（assertions of morality），被个体和社会所接受，是好的、道德的和真正的身份。即使没有外部激励或约束，个体也会将某个身份"内部化"（internalize），接受并追求这个身份。身份受良心的保护，也受到像骄傲、羞耻和尴尬等情感的保护。社会对不适当行为的反应包括谴责其不道德和不适当之处。羞耻感和负罪感是以适当性逻辑为基础的社会控制的重要组成部分。决策者不遵循后果的逻辑会被认为愚蠢或幼稚，但如果他们违反了身份的道德义务，就会被认为缺乏基本道德并受到谴责。除此之外，适当性逻辑中所包含的道德内容也使决策容易感情用事。

3. 激励和身份的内部化

为鼓励人们遵循与身份相关的规则而提供激励，这与身份内部化的关系十分复杂。一方面，个体（和组织）非常倾向于接受那些容易承担的或有报酬的身份，因为能够确认他们的能力。学习和经验的积累增加了身份所具有的能力，同时也增加了身份内部化的可能性。与人们无法有效履行的角色和规则相比，人们更有可能内部化那些他们能够有效履行的角色和规则。在本行业非常有能力的专业人士更有可能使该行业的规则内部化。个体会认为如果自己或自己的朋友在某个身份上表现优秀，那么这个身份要比其他身份重要得多。

例如，在等级制度严格的组织中，曾在决策中表现突出的高层管理者会把决策者的角色内部化。他们可能会把自己当作决策者并按决策者那样行动，因为他们逐渐认识到成为决策者不仅要获得社会的认可，还要符合决策者的标准。相反，经历过决策失败或缺乏决策经验的个体就不太可能将决策者的角色内部化。因此，人们认为经验丰富的、成功的决策者在决策中具有较高的社会可靠度，而那些缺乏经验的、不成功的决策者则不太可靠。

由于能力会导致身份及其规则的内部化，就有人猜测任何有报酬的身份都会被内部化，合约身份一定会成为内部化的身份。一般来讲，这种猜测是错误的。如果这个猜测有一些正确的地方的话，那就是似乎有些数据支持"动机守恒"（conservation of motivation）假设：身份内部化（至少在短期内）的程度与采用这种身份的外部激励的作用反向相关。随着个体观察和解释自己的行为，他们形成了内部激励（内部化身份），这些内部激励可以用来解释强制性的外部激励（合约身份）无法解释的行为。可以用外部的巨大威胁或丰厚的报酬来解释那些不需要内部承诺的行为，却不能用它们来刺激内部化。内部化的身份可能出现（并因此形成）在外部激励很微弱的地方。

对承诺的研究表明，身份的内部化与对自我行为的内部解释的形成有关，而与激励没有直接关系。增强身份内部化的标准策略是强调某种行为（通常都是小行为）所具有的身份含义。例如，要求人们在请愿书上签字以表明他们关心生态环境或社区。这一行为很小，社会却使成为这种公民的意义非常明确。当然，通常成为这种公民都有一定的报酬，但是关键的策略是不奖励这种行为，奖励的是取得这种身份的意义。如果以后要求人们为生态或社区建设做出较大牺牲，为了避免违背他们的新身份，人们就会乐意做出这些牺牲。

这种策略通常都富有成效。如果告诉孩子们他们是保持教室卫生的好学生，他们就会认为自己是这种类型的学生，会更加积极地打扫教室卫生，这比批评他们不爱卫生有效得多。这是由于荣誉而产生的身份改变：赋予个体自己认为很有价值但还未得到的身份，以期外部对该身份的确认能够使个体接受并实现这种身份。把年轻女子的雕像当作该女子本身，雕像就会成为这名女子，当然，这种皮格马利翁式的（Pygmalionic）魔力也受到一定的限制。和大多数策略一样，解释策略（strategies of interpretation）为人们所熟知，而且通常都认为该策略是可操作的。即使一种解释被认可了，它最终的稳定性还要经过体验式确认（experiential confirmation），因此，完全不符合实际的解释就会由于随后的无法确认而被抛弃。由于要对体验式无法确认（experiential disconfirmation）本身进行解释，因此可以通过模糊地定义皮格马利翁式的身份来保护这种身份（其代价就是他们的命令也会模糊）。

但是，到目前为止，身份形成的策略性因素还不是很重要，重要的是要知道形成个体和群体身份的社会过程之间如何相互作用。身份是由外部激励和约束所创造的，是由能力或自主性创造的，也是通过学习角色已被认可的意义而产生的。身份是由社会所形成的、与组织规则结构相联系的合约、激励和认知。以上对责任的详细描述控制着决策的许多方面。

2.2.3 哪种身份？哪种情境？哪种规则

为了按照适当性逻辑进行决策，决策者需要决定他们的身份是什么，他们处于什么样的情境之中以及对于和他们一样处在发现自我的情境中的人们，哪些行动是适当的。大多数决策都需要大量相关的身份和规则，注意力在相因而生的行动中非常重要，它在规则遵循中也同样重要。如果提醒决策者注意他的公民身份，决策者行动的方式可能与他作为家庭成员行动的方式大不相同。动机、认知和组织因素在唤起身份或规则中有着重要的作用。同样，由于身份和规则几乎对各种事情的描述都很模糊，因此动机、认知和组织因素决定了与被唤起的身份或规则相符合的行为。

1. 多重身份、多重规则

"身份"这一术语的单一性，与各种对个人整合性（integration）和一致性（consistency）的热情一起，致使人们想象自我是内部一致的——"一个全面、整合的个性"。在这样的性格下，行动反映了行动者身份稳定和一致的特点。当然，事实上，任何特定行动者都具有多重身份，不止一种身份。自我是不完全整合的身份的集合。

在有关人类行为的研究资料中经常会看到对多重身份问题的研究。决策者的身份是父母也是警察，是朋友也是物理学家，是爱人也是女人。个体所接受的大量不同角色与一致性的自我的概念明显不一致，但由于个体的多重身份之间相互支持，两者之间的不一致也得以缓和。这种整合的实现，部分是由于把一致的身份集中在一起，部分是由于在解释一种身份的时候意识到其他身份的存在。作为"决策者"所应有的开放性使决策者身份能够在不同的时间和其他不同的角色保持一致。

尽管构成个人身份的形象的集合达到了一定的结构限量，但自我并不是一个天衣无缝的整体。个体可能具有多种不同的自我形象，这些形象随着环境的改变而改变。与自我的核心方面相比，对自我的外围方面阐述较少，也很少唤起自我的外围，对自我外围的一致性要求也较低。人们在不断地发展和试探自我的外围，但还没有全部接受它。追求适当性就需要体验新的身份，体验不一致性，体验"自我发现"。

同样，身份的规则不是独一无二的，也不精确。相同的身份有可能唤起不一致的规则。对父母的期望是严格和有爱心，对决策者的期望是深思熟虑和处事果断，同样一组标准操作程序可能会命令或禁止同样的行为。好的实践可能会比较模糊，尤其是在新领域内。

2. 唤起身份和规则

人们无法同时得到有关个体身份各个方面的情况。不同的环境或不同的关系会产生不同的行为、对自我和他人不同的态度以及不同的动机。会计不会在任何情境下都表现得像会计一样，男性也不会认为在所有情境下"男子汉气概"都同等重要。看似微妙的环境变化对行为有重大的影响，看似明显行为约束也是可以克服的。例如，在体验式环境下，如果指导普通人去唤起自己与电击他人这种行动相一致的角色，那么结果证明他们愿意去电击他人。

同样，人们并不能唤起所有潜在的相关规则，有些规则可能会被忽略。在某个情境中身份或规则的相关度至少来源于以下四个一般心理机制的相互作用。第一种心理机制是体验式学习（experiential learning）。由于个体在过去因为做某些事情而得到奖励或惩罚，因此个体学会在某个情境中唤起（或不去唤起）某种身份。个体更有可能唤起那些有大量正面经验的身份，而不太可能唤起那些少量的或有负面经验的身份。

第二种唤起身份和规则的心理机制是分类（categorization）。对情境的反应是围绕身份的核心概念而做出的。自我的核心方面比其他方面更容易被唤起，也比其他方面更容易保持一致。因此，用竞争的观点看世界的人就会认为某一情境的核心分类特点就是它的竞争状况，而其他人则会注意到其他的分类特点。个体对他人的判断也取决于对个体的自我概念至关重要的身份。个体对有关核心身份的信息处理得非常迅速，而且都是大面积处理。个体在处理他们自我概念的核心方面时，会解读很多信息，得出有关自己和他人行为的比较极端的结论。在划分世界类型时，具有单一种类划分标准的个体所表现出来的行为较少依赖唤起过程（并且可能没有认真地与世界校准），而划分标准较丰富的个体则较多地依赖唤起过程。

第三种心理机制是近因效应（recency）。最近被唤起的身份和规则有可能被再次唤起，这就会导致在时间上和情境上的稳定性，并有可能造成一些问题。每天扮演管理人员角色的个体，有可能在回家后把管理的角色带入自己作为配偶的角色；作为对抗律师的个体刚谈完一份棘手的合同，有可能把这个身份带入自己在餐馆中就餐者的角色或在高速路上司机的角色。

第四种心理机制是他人的社会背景（social context of others）。现实中或想象中他人的存在强调了身份和情境的社会意义而不是个人意义，并更加符合社会期望。例如，如果某个身份强调他人的存在，那么唤起这种身份会引导人们用均等的原则来分配报酬，对自我的关注又引导人们运用"公平"或"公正"的原则。与众不同也是一种社会背景，能够唤起身份。在有他人存在的人群中，唯一一个红头发的人会非常注意头发的颜色，认为头发颜色是一个显著特点。在一群老人中的一两个年轻人可能会注意到他们的年轻。第一阶效应（first-order effect）使那些与众不同的人更加清楚地知道自己的身份，第二阶效应（second-order effect）使小群体中身份的确认和差异化能够唤起主导群体中的差别程度。

3. 在运用身份和规则中的组织性因素

社会机构，比如一些正式组织，在把身份和规则应用于情境方面发挥了重要作用。组织提供了身份和规则的内容，并提供了唤起身份和规则的适当线索，个体行动由此而形成。组织不仅为适当的身份定义了适当的行为规则

（教新员工或新生称职的经理人或教授在各种不同背景下应该有什么样的行为），同时还构建了唤起身份或规则的场合。组织与外部世界的界限，或组织中各次级单位间的界限调控着个体身份和规则之间的不一致。

身份和规则的结构不是一成不变的，而是根据外部和内部的压力不断变化。例如，近些年来，西方出现了由工作、性别和家庭身份的分离向各种形式的身份融合转变的趋势，许多组织都在努力解决这一复杂情况。在这一过程中，家庭、性别和组织身份都进行了再次构筑，唤起这些身份的程序改变了，并且对适当解决同时存在多重身份的问题的理念也进行了重新定义。

提供楷模　组织中许多正式和非正式的培训都是在培训如何定义身份，为情境分类和应用适当规则。这种培训需要提供有关适当行为的模型和范例。新员工或新经理会把经验更为丰富的员工或经理当作自己的楷模，他们努力模仿和学习这些楷模。每个组织，正如每个社会，都会提供在社会重要岗位上的领导者、教师和牧师的楷模，他们为各种行为提供原型范例，也使其他人不必再为获取这些行为而浪费精力。这些楷模在现代被称为"大师"，这一概念融合了楷模身份的认知和动机因素。

个体从组织的楷模中选取自己身份和行为的模型。同时，个体选取的模型也取决于组织对楷模的解释。通过在组织内部详细阐述和澄清适当行为规则，适当行为规则在具体情境中就有了具体意义。决策者指导决策者并且在寻求接受指导。社会工作者通过与他们的客户以及其他社会工作者的交谈来理解自己身份的意义。

提供线索　可以不把组织描述为合约的签署者和激励的提供者，但可以将其描述为剧本的写作者和线索、台词的提供者。组织是舞台经理，它们提供在特定情境下唤起特定身份的台词，组织空间和时间上的线索使身份的不一致性最小化。它们不是通过谈判和讨价还价，而是通过管理注意力来处理冲突。它们强调在适当的时候共享身份，从而降低了在同时同地唤起相互冲突身份的可能性。

组织为人（比如，"主席先生""医生""老板"）和情境（比如，"这是一个工程……金融……人力资源……管理问题"）贴上适当的标签，通过语言来强调身份。某个团体的成员用缩略语和行业术语来定义他们所在的团体，用正式和非正式的语言来定义情境（例如，会议上的术语和餐桌上的语言完全不同），他们还用服装来唤起组织中的参与者和与组织成员有联系的组织外人员的角色。统一的制服表示同样的命运，而且有可能缓解一些无法预料的和突发的意外事件。医生的制服是一种标志，提醒着自己医生的身份，同样，它还提醒病人作为病人的角色。因此，穿上或脱下"工作服装"的行动就表示身份的变化。

组织还通过地点来提醒人们所处的情境：正式的地点（如会议室）提醒人们正式行为是适当的。地理位置的变化会唤起不同的规则。实验室的科学家从实验室转移到公司总部工作后，他的行为也会随之变化。地点和空间特征可以把个人生活和身份与组织生活和身份分隔开。

提供经验　组织也是练习身份和规则的场所。在组织中，唤起身份、遵循规则、监测结果。由于追求某种身份而获得的经验会产生学习，在学习的过程中，身份的规则改变了。人们对这些经验进行管理以稳定组织内部身份的一致性，但是这种管理从来都是不全面的。经验同样还发展出一些使管理控制有所放松的规范、规则和身份，并通过反复试验和生存分异来提高它们的有效性。将在随后的 2.3.3 和 2.3.4 小节中简要阐述规则发展（rule development）的体验式因素。

2.2.4　规则违反

大多数时候行为都会遵循规则，但同时，也很难想象一个社会制度中没有违反规则情况的存在。人们会忽视或忽略规则。决策者可能会做一些他们不应该做的事情，也会未做一些他们应该做的事情。有时是大多数个体违反规则，有时规则违反则属于单个、独立的情况。

1. 无知、不一致性和不相容性

许多与规则的偏离都是无意的偏离，可能是由于缺乏资源或能力，决策者无法遵循规则。比如，命令采取行动，却没有采取行动所需的资源，尤其是当某个权威机构命令行动，而资源却是由另一个机构提供的时候。可能是决策者不知道规则，尤其是在规则数量众多而又非常复杂的时候，也可能是规则非常模糊，尤其是新规则或那些由于政治上的妥协而产生的规则。

许多与规则的偏离都是由于规则自身的不一致性产生的。如果每个情境只能唤起一种身份，每个身份只能唤起一种规则，那么基于规则的决策就会变得程式化。情境通常都会唤起好几种身份或几种规则，有时这几种身份的需求之间有明显的冲突。当国家利益与阶级利益相冲突，工人们就会遇到难题。当工作角色的需求与家庭角色的需求相冲突时，家庭成员就面临难题。

规则可能是那些合法但又相互独立的权威机构强加的，比如，组织规则可能与行业标准相冲突，或者审计规则与业绩规则相冲突。决策者面临的最后期限可能与所需的程序相冲突，也可能要求决策者既要进行广泛的意见征询又要保守秘密。随着规则增多并且愈加复杂，协调机制就会减弱，独立的权威机构就有权强制施行规则（例如，会计中的公司规则与行业规则之间），这时由于不一致的需求而产生的规则违反情况就会增加。

但是并不是所有违反规则的行为都是无意的或者是由于规则的不一致而产生的，也有许多故意地、有意识地违反已知规则的情况。有时制定规则的集团和执行规则的集团不同，它们分别代表不同的利益，需要不同的动员模式。采纳某种规则的力量与执行这一规则的力量也可能不相同。政治上的胜利者在是否遵循由政治程序产生的规则方面比失败者有更多的利害关系。失败者可能受到失败的打击而要制造麻烦，他们会认为规则不适当，希望通过执行过程来继续政治上的争论。

当然，政治上的利益冲突并不是有关规则的唯一利益冲突。制定规则最根本的理由之一就是，如果某个行动不符合个体的个人利益，个体可能不会

"正确地"行动。在现代研究中,这一问题通常被称为委托人(在此情况下,即组织的所有者、管理者或管理实体)和代理人(在此情况下,即个体成员或工作人员)之间的"激励不相容性"(incentive incompatibility)。不相容的规则会产生类似的冲突。代理人追求自己的身份和规则,他们的行动方式可能与委托人的身份和规则不一致。例如,职业道德可能会与组织利益发生冲突。

2. 容忍度、共谋和腐败

有时违反规则是经过某个组织或更大团体同意或批准的(甚至是它们要求的)。有时对偏离规则的容忍来自一种信仰,即相信灵活性具有一定的优势。规则不可能符合每个情境,因此需要对它们进行"微调"以满足不断变化着的环境的要求。决策者经验丰富的标志之一就是知道在什么时候灵活掌握规则。对违反规则的容忍度也是授权给个体的一种形式,授权给那些能力很强、在特殊情况下能够实现规则意图的个体。组织也允许在解释规则时有一定的变动,以试验这些规则逐渐还会有哪些解释。

以有效性的名义违反规则更容易出现在规则相对严格的时候,而在规则容易变动的时候则不常出现。此外,在可以用业绩标准来证明忽视规则具有积极作用时,就容易出现这种规则违反,而在缺少公认的业绩标准时则不常出现。因此,对规则的灵活掌握在年轻的组织中比在历史久远的组织中更为普遍,在商业组织中比在公共组织中更为普遍。

因为制定规则主要是为了宣扬美德,而不是控制行为,所以社会制度也可能忽略作弊行为。对那些美好但让人厌烦的规则"睁一只眼,闭一只眼"符合规则的社会功能,即维持制度的共有价值观但避免为了符合价值观而付出代价。在这样的情况下,如果规则违反是私下的,社会制度有可能特别地容忍作弊行为。在许多这样的情况下,人们都会达成一些含糊和非正式的协议来接受规则违反。实际上,参与者认为,即使所有事情本身都与它们所表现出来的有差距，即使各方都知道这一点，也没有一方愿意承认这些差距。这种虚伪性保护了规则，支撑了社会制度中团体的意义，也允许规则有一定的灵活性。

但有时对变动性的容忍就不那么仁慈了，它使个体行动者面临"风险"。当个体为了满足一种规则而必须违反另一种规则，或为了实现个人或群体目标而得到允许违反规则时，个体随后可能因为违反规则而受到指责。如果决策者支持的规则与其遵循的规则不同，两者之间的差异能够揭露出任何重要决策者违反规则的事实，决策者也会因此而受到惩罚。通过这种方法，组织控制了内部那些由于违反某种规则而容易受指责的成员。这种微妙（通常并不是那么微妙）的要挟是现代生活的普遍特征。

2.3　规则的发展与变化

许多对以规则为基础的决策的研究认为，规则、形式、程序和惯例都是既定的。这种研究确认了决策启发法、标准的组织惯例或制度化规范，并分析有关决策行为的规则的深刻意义。它详细阐述了规则如何塑造行为，决策者如何在规则下进行决策以及他们如何处理规则的不确定性。这一策略在2.2节中已经讲过。

但是，对如何唤起、解释和使用规则的研究仅仅是整个规则内容的一部分。适当性逻辑是一个适当性不断发展变化的逻辑。决策者遵循规则，但是规则会变化。身份具有持久性，因此个体学习和追求那些与角色相一致的行为规则，但是规则本身则通过各种分析、谈判、学习、选择和传播而不断变化。随着规则的变化，决策行为也发生变化，其结果就是，对以规则为基础的决策的研究不仅要研究如何定义身份和情境，如何应用规则，还要研究规则的发展。由于身份和规则都属于社会建筑，都是在其他决策者和历史经验的背景下形成的，因此要理解决策者的行动就需要知道社会和历史背景如何塑造了他们的行动以及继续前进的历史如何在未来塑造他们的行动。

如何理解规则产生的过程？如何根据经验修改规则？如果遵循他人使用的规则，应该如何修改规则？如何根据有意的策略行动、政治冲突修改规则？如何在记忆中保持规则，如何将规则传递给新的决策者？由于组织的生存分异和发展，规则的分布是如何随时间的变化而变化的？简言之，规则是如何发展成为现在的样子的？

2.3.1　对规则如何变化的不同观点

身份和规则的变化是组织适应环境过程的一部分。个体、组织和环境之间相互适应，这一观点是许多现代行为学理论的核心。这些理论假定随着个体和组织的标准惯例逐步符合环境的要求，个体和组织就能够生存下来并逐渐强大。对组织来讲，环境的要求包括组织内部结构和联盟的要求以及组织外部的要求和机会。

规则与环境通过以下几个相互交织的过程而彼此适应。

- 分析（analysis）。通过决策者对未来结果有意的期望和评估进行分析。
- 讨价还价（bargaining）。通过偏好和身份不相同的决策者之间的谈判、冲突和妥协讨价还价。
- 模仿（imitation）。模仿他人使用的规则、惯例和形式。
- 选择（selection）。根据从未变化过的规则不同的产生和幸存概率以及使用这些规则的决策单位进行选择。
- 学习（learning）。通过以经验为基础的惯例的变化和运用惯例变化的方法学习。

以上是身份和规则预测未来和反映过去的过程。分析属于前瞻性过程。以分析为基础的理论，如适应机制（primary mechanism of adaptation），认为规则反映了对未来的期望。选择和学习则是回顾性过程。以选择或学习为基础的理论认为，规则反映了过去。讨价还价既可以是前瞻性的过程也可以是回顾性的过程（或两者都是），这取决于讨价还价者行为的基础。模仿与讨价还价一样，它的前瞻性或回顾性取决于被模仿者行为的基础。

2.3.2　把握未来：计划与合约

许多对决策的现代思考都假定，人类的期望和有意行动在当前预演着未来。这一假设在理性行动与权力理论（theories of rational action and power），包括策略行动理论（theories of strategic action）中都有所体现。理性行动者模型解释了组织规则和形式的适应性是由于行动者的偏好和对未来结果的计算而产生的。根据这个观点，行动者之间互相竞争资源并随着时间的推移，理性地调整以适应彼此的策略。身份、规则和形式都是由于在竞争背景下相因而生的行动而发生了变化。因此，个体和群体有意识地创造了规则，把规则当作一种控制工具。为了控制他人和自己的行为，他们构筑了适当行为的身份和概念。他们接受了自己的义务，把它当作创建一致的社会关系制度过程的一部分，而这一过程也预演着引人入胜的未来。

在这些观点中，变化来自对未来的想象以及把未来强加于现在。如果遵循实现对未来的预见或命运所必需的行动进程，就可以确认这些预见或命运。可能会认为这些预见超出了人的能力以外，在这种情况下的理论就在某个最终目标或设计下把适应性与命运联系起来。同样，有时也把这些预见描述成人类决策者的创造，在这种情况下的理论就是个体或组织预期选择理论。适应性就反映了实现这些预见的愿望和意图。

在对组织行为的传统研究中，总是通过计划和合约来把握未来。签订合约是为了避免不确定性在未来不明确。计划也是在对未来期望的基础上制定的，然后要按照能够预演预期中的未来的方式执行计划。预算就是明显的例子。预算以对收入和支出的预测为基础，有时世界变化太大，无法实现预算，但通常的情况是，预算能够自我确认。如果收入或支出偏离计划，就会采取行动使收入或支出符合计划；如果销售额下降，就会开展新的营销活动；如果支出下降，就会寻找新的资金用途。典型的情况就是在预算期的期末总会支出一大笔钱以花光预算。

2.3.3 把握过去：体验式学习

尽管规则具有未来依赖适应性这一观点在社会科学中很普遍，但是通常都被归入理性行动的一般理论。相反，有关身份、规则和制度的理论则强调历史依赖适应性。可以用以历史为基础的发展观点来理解组织形式和惯例、文化、制度或信息体系的产生、消亡和变化。人们总是把经验运用到惯例中，从而将过去强加于现在。规则也是过去的遗留物。

历史过程就是包括学习、文化和自然选择理论在内的变化理论的运行机制，现在通过历史过程包含了过去。虽然这些理论对如何在不断发展的人口中支撑和传播历史信息结果的设想有所不同，但是它们属于同一个理论体系。在各种情况下，都是通过探索和使用来体验过去的。探索产生了丰富多样的经验（体验、差异性、多样性），而使用则产生了经验的可靠性（选择、一致性、统一性）。推动发展的因素包括从已体验过的过去中解释、保留、传播和检索经验教训的机制。

在本节的学习过程中，将讨论规则如何根据经验而变化。在 2.3.4 小节中，将讨论环境选择的过程。在学习过程中，规则发生变化；而在选择过程中，规则本身没有变化，但是规则组合发生变化。尽管两种过程在这方面存在差异，但两者也具有大量共同的问题和观点。大多数现代决策学习者认为规则的发展是这两种历史依赖过程和选择、讨价还价、模仿过程相互交织在一起而形成的。

1. 体验式学习的基本观点

体验式学习的基本观点是根据直接经验修改规则。社会制度根据经验创造、取消和修订规则，规则通过这种方法把握历史。直接体验式学习的理论描述了如何把根据历史经验获得的结论运用到行动中来创造以后的历史。这些理论一般都假设了一个包含 4 个阶段的循环过程：（1）用现有的规则采取行动；（2）该行动导致多种结果；（3）根据这些结果得出结论；（4）运用结论来修改规则。这一循环过程见图 2-1。

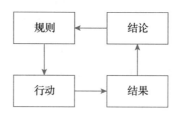

图 2-1　体验式学习循环过程

资料来源：James G. March 和 Johan P. Olsen 的文章《过去的不确定性：组织在模糊性下的学习》，发表于《欧洲政治研究》，3（1975）：147-171。

循环过程的第一步在 2.2.3 小节中已有讨论，它取决于识别情境、定义身份以及检索和应用规则的机制。第二步的部分内容，尤其是与在有其他学习者的背景下的学习相关的内容，将在 2.3.5 小节中进行讨论。本小节讨论后两个步骤的一些特点，后两个步骤就是把对结果的反馈转化成规则的过程。要理解如何根据学习来修改规则需要观察如何把模糊的样本转化成对世界的结论，如何用结论来改变惯例。

2. 把经验运用到学习中

为了形成学习，对经验的解释必须包括有关发生了什么，为什么发生以及所发生的是否令人满意等方面的信息。但是，一般经验所提供的事件样本都较少，很难以它们为基础形成对复杂世界的解释。经验由一组已观察到的事件（以及对它们的解释）构成。已观察到的事件是实际上已发生的事件的样本。因为过去发生的一些事件有可能无法观察到，也就不能形成经验。反过来，已发生的事件是潜在事件的样本。历史是从有可能在历史过程中发生的一组所有可能事件中选取了某些已发生事件而实现的。

双重样本使已观察到的历史成了历史可能性纷繁复杂的代表。通常很难精确观察或充分理解历史事件，因为许多相互联系的事情会同时发生，而相关的信息却不完全或带有偏见。组织也是有着不同兴趣、不同能力、不同身份和不同感觉的个体的复杂混合体。不同的个体从同样模糊的历史中学习到的内容也不相同。各种不同的学习综合在一起产生了规则的变化。本小节将简要介绍规则如何从经验中学习以及记录、回忆、解释、扩展和评估经验的一些基本特点。

回忆经验（recalling experience）　在回忆经验时，决策者会受到事件在记忆中的可获得性的影响。在使事件可获得的众多因素中，有三个因素尤其相关。

第一，个人经历过的事件比个人没有经历过的事件更容易获得。即使历史学家在很大程度上扩展了人们对德国纳粹时代的了解，但是，经历过那段时期的人比那些未经历过或在 1945 年以后出生的人更容易获得 1937～1945 年间的德国历史事件的信息。亲身经历过失败和成功的人比那些间接经历过的人能够更加清晰地记住并更加容易地回忆起失败的痛苦和成功的喜悦。与他人的经历相比，个体总是更容易回忆起自己的经历。因此，可获得的启发（availability heuristic）总是使成功的决策者（在风险承担方面有成功经验的决策者）低估所面临的风险，使失败的决策者高估风险。

在个体如何评价自己对联合项目的贡献的研究中，也出现了可获得性偏见。如果让夫妻双方独立评价他们承担家务的比例或者让参与联合项目的参与者评价他们对项目的贡献，那么把得到的回答加起来总会超过 100%。由于个体更容易回忆起自己的贡献，而不容易回忆起他人的贡献，因此，可获得的启发使个体认为自己的贡献很大，大于其他人眼中个体的贡献。

第二，个体更容易获得与其身份相同的他人的经验，而不容易获得那些与其关系疏远的他人的经验。女性比男性更容易记录和回忆其他女性的经验。医生比不是医生的人更容易记录和回忆其他医生的经验。系统地追踪报道某个政治候选人的记者们会高估"他们的"候选人获胜的希望。如果让丈夫们估计他们总体（而不是各自）对家务的贡献，让妻子们估计她们总体对家务的贡献，得到的结果仍然超过100%。

第三，人们更容易记录那些生动、具体的信息，而不容易记录那些沉闷、抽象和统计式的信息。电视广告就反映了广告人对这一原则的清醒认识。广告人会用生动的事例来表明客户的满意，而不是用数据表格来表示客户的满意。他们会提供有关产品性能的具体例子，而不是有关性能的数据。教师也发现学生试卷答案的明显特点：相对于教师讲课中出现的频率，学生能更经常地回忆起案例和生动的口号，而不会经常回忆起抽象的数据和模型。

解释经验（interpreting experience） 学习过程并不一定会产生对经验的有效解释。在对经验的解释中存在相当普遍的偏见，例如，人们总把事件归因于行动者的意图，即使这种归因很难成立。人们总是认为历史事件是必然事件，而不认为历史事件是从所有可能事件的分布中抽取的某些事件。人们无法有效地利用世界上可获得的信息。人们对数据的质量和数量也不敏感，而这些数据却是他们得出结论的基础。

对经验的解释具有三个一般性的特点，这些特点与学习尤其相关。第一，解释保护信仰。也就是说，对经验的解释要能够支撑以往的观点。与以往的理论或图表不相符合的事件就不大可能被回忆起来，而那些支撑以往信念的事件就更容易被回忆起来。同样，会认为那些与以往的结论相矛盾的论证无关紧要，而认为那些支持以往结论的论证是重要的。

例如，个体在解释各种变量之间的关系时，都会依据他们最喜欢的理论而不是去寻找同样可以解释该关系的其他因素。地中海国家的心脏病突发率很低，橄榄油生产商对此的解释是饮食中的某些脂肪非常有效；酿酒商则认为这说明酒有一定的治疗价值；享乐主义者认为这是因为生活在重视家庭联系的文化中，生活节奏缓慢，空气清新。

某一决策的支持者通常用各种结果来证明他们对该决策的有效性的信仰。如果结果是正面的，就说明决策非常有效；如果结果是负面的，就说明决策还不够深入而且贯彻的力度也不够。面对经验时，信仰的这种弹性（resilience）是社会运动、政治和宗教信仰以及设备购买的显著特点。

第二，个体运用简单的因果理论来解释经验。个体认为大多数时候都可以在结果的周围找到原因，因此，他们根据时间和空间上的相邻性把行动和结果联系起来。如果今天提高了价格，明天销售额下降了，决策者就可能认为这两个事件之间有联系。如果今天提高了价格，十年以后雇用了新的会计师事务所，决策者就不大可能把这两个事件联系起来。

在结果的周围寻找原因这一假设并不是愚蠢的假设，它在多数情况下都是正确的，即使它不正确，邻近的结果与较远的原因之间也因为有一系列互相邻近的因果链而产生了联系。而且，在组织背景下，相邻性的假设是组织施加控制的基础。如果组织规定经理对他部门内产生的结果负有责任，那么组织的这种行为就好像是它认为原因就存在于结果周围的部门中。如果组织据此采取行动，就增加了该假设正确的可能性。

第三，对经验的解释是社会解释。对事件原因的看法是在社会联系的网络中发展和形成的。个体按照社会认可的标准程序讲述有关事件，并"试探"其他个体的看法，通过这些来解释历史。个体通过确立这些解释在他人心目中的可信度来证明这些解释。事实的确立就是因为人们对事实有共同的信心。例如，个体通常用空间上的相邻性来证明因果关系，这种空间上的相邻性就是由社会定义的。组织结构图造成了一种假设，因果的距离与组织结构图中的距离相关，组织的关系与资源也是通过谈判来安排的，在谈判中，经理们寻求控制那些与他们"接近的"结果。

在商务组织中，社会公认的有效结果就是收入（或损益）报表。大多数决策者都会制作这样的报表并根据它来改变行动和规则。把报表中的结果与其他结果联系起来考虑，就能根据报表中的结果得出结论并有效利用这一结论。制作收入（或损益）报表的关键行动者主要是商业企业与其协会、会计师事务所与其协会、公共机构和法院。在美国，一些机构是严格的政府机构（如证券交易委员会、国会），也有一些是政府和私人的混合机构（如金融会计标准委员会）。

所有的参与者都是在规则和激励相结合的情况下采取行动的。他们的角色促使他们采取某些行动，他们的职业身份又促使他们采取其他一些行动。他们的个人激励包括为了个体或组织的利益而关心制作这种或那种类型报表的结果，例如，尽管会计应该独立于行政之外，应该对行业、政府和股东负责提供能反映其客户真实业绩状况的报表，但是会计是由管理层聘用的，他们清楚地知道要想维持这份聘用关系就需要在某种程度上微妙地处理会计报表。

收入报表是问题解决、联盟形成以及对制定会计准则的想象的社会组合，同时也是问题解决、联盟形成以及对决策者试图遵循会计准则并将其应用于具体情境中来制作收入报表的想象的平行组合。人们不断地讨论对收入报表的理解，因此，会计规则和特定会计报表的具体情况也在不断地变化着。

扩展经验（augmenting experience） 由于历史通常仅提供了小部分的经验样本，所以从经验中直接学习就需要评估这部分样本的有效性，如果有可能的话，还要增加样本，并扩充样本中所包含的信息。个体一般都会增加小部分样本，却对样本的规模不敏感，认为小部分样本提供的信息和大规模样本提供的信息一样有用。与样本的规模相比，他们更重视评估从经验中得来的数据的质量。

尤其是个体会"过度解释"经验，认为他们经历过的事件所提供的信息比那些标准统计理论所提供的要多。他们的重点是深入地体验有限的历史，而不是增加经验。例如，决策者既能从进行决策和采取行动的过程中学习到一些东西，也能从其结果中学到一些东西。由于从过程中学习一般都发生在从结果中学习之前，所以前者就能起到更重要的作用。因此，如果进行某个特定决策的过程或采取相应行动的过程令人痛苦，决策者就不会再做类似的决策。如果这一过程有报酬，他们就会做这样的决策。决策过程的影响通常都独立于最终决策结果，因为决策过程的影响产生得非常快，从决策过程中得出的经验教训会成为随后从决策结果中学习的框架。

同样，决策者在从决策结果中学习之前，也会从他们对结果的期望中学习。期望加强了那些预期结果好的行动，而弱化了那些预期结果不好的行动。由于一般都会根据好的期望进行决策，因此决策的直接经验通常都是正面的。决策之前的期望总是倾向于好的一面，这导致期望总体上比实际上所实现的更加美好。因此，如果不再次解释愿望或经验，那么从一组特定决策中先学到的经验会比后学到的经验更有可能是正面经验。

评估经验（evaluating experience） 从经验中学习不仅要理解经验如何从行动中产生，而且还要评估行动的结果。结果是正面的还是负面的？政策是成功还是失败？行动提高了业绩还是降低了业绩？通常在判断"成功"或"失败"时都存在一定的模糊性。

一般来讲，人们都会学着去喜欢他们所得到的东西。这种从正面解释结果的行为在很大程度上降低了由于期望过高而导致的决策后失望（见 4.3.2 节），并且，学习的重要特点之一就是愿望对现实的适应性。如果所得到的东西能够影响希望得到的东西，那么成功与失败在学习方面的基本区别就成了决策过程的内在因素。

通过满意化决策者如何区别超出愿望水平的结果与低于愿望水平的结果尤其可以看出这一点。在第 1 章中已经提到，决策者有业绩目标或对业绩的愿望水平，他们能够非常敏锐地区分出是超出愿望水平还是低于愿望水平，但是他们不善于区分成功或失败的程度。在体验式学习中对结果进行评估时也可以继续运用这种观点。

假设决策者有（可能是不断变化的）对业绩的愿望水平。超出愿望的结果就是"成功"，这促使他们倾向于保留那些作为行动基础的规则。低于愿望的结果就是"失败"，这促使他们改变那些作为行动基础的规则。因此，学习过程不仅取决于结果与行动（因此也与规则）的关系，还取决于对结果的期望。

如果决策者不根据由环境变化引起的业绩变化来调整愿望，就会经历长期的成功或失败，成功或失败就取决于环境变化的影响是正面的还是负面的。相反，如果根据业绩的变化立即调整愿望，决策者成功还是失败基本上就是随机事件。在以上两种情况中，学习过程产生的收效相对较小。

"成功"和"失败"也是社会建筑的一部分。在越南战争后期，一位美国议员提议军方"宣布胜利然后返回美国"。对这一提议的反应说明人们对单方面武断评价结果还有一定的顾虑，但是"成功"和"失败"也并不只能由结果来定义。决策者不仅调整他们的愿望水平，还会调整他们对什么是"有价值的"的定义。而且，这种调整还是自我赞许式的，因为决策者会逐渐重视他们所得到的东西。如果销售额上升，市场份额下降，决策者就会把销售额当作适当的目标。如果海外市场回报很低，那么决策者就会主观地降低海外市场的重要性。

成功和失败作为社会建筑反映了组织或团体的社会结构，不同的群体对同样的结果有不同的定义，从同样的历史中学习到的内容也不相同。内部的冲突和竞争使人们在解释事件时总存在差异。同样的结果是成功还是失败，取决于这个结果是自己的群体取得的，还是与自己相竞争的群体所取得的。当一种产品销售成功而另一种产品销售失败时，负责第一种产品的群体就会认为之前开展的广告运动很成功，而负责另一种产品的群体则认为广告运动是失败的。一个集团的胜利就是另一个集团的失败。

3. 不完全的学习循环过程

图 2-1 所表示的简单的学习循环过程不一定能够实现。图 2-1 中的一个

或多个环节有可能中断，导致不完全的学习循环过程，这一过程有以下几个特点。第一，规则通常都很严格。个体从经验中得出的结论不能立即转化成对规则的改变。不完全循环过程当然是一个非常标准的情境。规则不会为了符合个体认知或信仰的每个变化而改变。从许多方面讲，这就是规则的要旨。阻止规则根据个体信息的变化进行调整，这种阻止使他人能够预测决策者以规则为基础的行动，能够促进协调合作，也使规则根据每个个体的不同情况积累历史经验。

第二，学习通常都是迷信的。也就是说，过去的行动和环境的回应（结果）之间的联系并不存在或者是模糊的。例如，想象决策者在这样一个世界选择规则，在这个世界里几乎任何合理的规则都会产生成功的结果（近似于扩张性市场或经济中的情况）。虽然不管决策者用什么样的规则都会成功，但是学习使决策者坚信他们碰巧遵循的规则非常有效，他们可能不会注意到运用许多其他规则也会取得成功。在这样一个迷信的世界里，成功的决策者可能会出书来揭示他们成功的"秘密"，但其他决策者对于应该遵循哪些正确规则有不同的观点，并且很少有决策者能够注意到几乎每个规则都是有效的。

相反，考虑下列情况：所取得的好结果并未遵循任何现有的行动规则，例如，决策者面对的是合约性市场或经济。在这种情况下，决策者会发现他们在选择规则时很犹豫，要寻找一个有效的规则，却没有注意到任何一个规则都是无效的，他们也就不大可能出书了。

以上两种情况是纯迷信式的学习情况，行动和结果的联系被误解，但学习还是发生了。对经验的解释使规则得以采用，并且信仰和行动也是由对经验的解释形成的。因为学习和解释是内在一致的，所以很少有自我改正的机会。学习和解释可能是错误的，但是它们不会轻易地暴露自己的错误，而且它们的错误通常也不会有很重大的作用。如果一个天才的网球选手或政治家坚信她成功的原因是她所戴的手镯，那么戴手镯的仪式（或决策者遵循的任何其他规则）可能不会对结果产生负面影响，但是很有可能会逐渐发现它的不相关性。

尽管纯迷信式学习的情况非常罕见，但是几乎所有从经验中的学习都有迷信的成分。通常会在难以判断因果关系的情况下相信那些各种各样的策略、产品、技术或规则的有效性。当个体用简单的模型来学习复杂的相互作用的世界时——由于个体信息和经验的局限他们必须这么做——他们所学到的许多内容都是以行动和结果的关系为基础的，而行动与结果之间更多的是偶然关系而不是因果关系。

第三，记忆通常都是不完美的。规则不一定决定着行动。必须保存和检索规则。记忆也很难保持。传播和社会化过程也并不总是完美的。那些负责社会化的人们可能在时间上受到约束，他们在某些群体的认可度可能比其他群体高。一些规则可能与亚文化或组织中的次级单位运用的规则相冲突，因此会被忽视或忽略。地理或文化距离可能会阻止信息的有效传播和对正确行为的有效模仿。

有时很难检索规则。某个规则对于个体和组织的可获得性取决于使用该规则的频率和近因效应。最近被唤起的规则比那些有一段时间没有被使用的规则更有可能被检索到，这就导致了对规则的集中使用，就好像集中使用特定标准来选择政治候选人一样。规则"居住"在社会或组织结构的某个部分，距离规则近的部分比距离规则远的部分更容易检索到规则。在遥远的前哨岗位通常都很难检索到总部的规则。

第四，历史通常都是模糊的。可能在历史发生当时就是模糊的，因为相关经验的样本太少而因果关系又太复杂。即使在发生当时很清晰，历史也会随着时间的推移而变得模糊。记录决策回忆的主要形式是包含有经验的规则、程序和形式。决策回忆的重要特点就是它们记录的是历史的经验教训，而不是历史本身。因此，结论吸收了不确定性，规则的体验基础也趋于消失。在某种程度上，历史的细节可能会被共同经历或个体记忆保存下来，但是这两者都可能遭到重大扭曲，从而受到社会的区别对待和怀疑。

2.3.4 把握过去：环境选择

体验式学习是将过去融入于规则、程序和形式的过程之一。还有一个过程是环境选择。这两个过程代表了适应性的不同形式，两者之间有许多共同的特点，但是两者根本的区别在于它们假定环境要求和组织规则相符合的机制不相同。

环境选择的基本观点是人群对环境的适应并不是根据改变人群中个体成员的特性进行的，而是根据固定特性组合的不断变化进行的。在决策者群或决策组织群中，规则和形式的分布随着规则的诞生、消亡和发展以及使用这些规则的机构和个体的诞生、消亡和发展而变化着。简言之，规则库的构成在变化着，而不是个别规则在变化。

1. 进化的比喻

通过选择来适应的观点来自进化生物学，现代对人口生物学的许多讨论和问题都与对决策形式和规则的研究非常相似。在标准的进化论中，进化需要三个条件：

（1）变异（variaion）：产生形式多样性的方法。

（2）选择（selection）：选择最适当的形式的方法。

（3）保存（retention）：随着时间（代）的推移保留已选择形式的方法。

在达尔文传统的自然选择模型中，变异产生于突变——有机体遗传基因罕见的、随机的变化，变异还来自有性繁殖所产生的统计组合。通过选择，人口发生变化。相对于其同类，有机体在数量上的增长主要是因为能优越地"适应"特定环境而产生的高生育率和低死亡率（生育年龄的生存分异率）。能够产生生存优势的特性会通过基因继承（受到突变和统计样本的影响）遗传到下一代，从而保存这些特性。

各种影响变异、选择或保存过程的因素使基本模型非常复杂。生态系统中物种的组合受迁徙模式的影响，迁徙模式决定了从地理位置上谁可以与谁交配；物种的组合也受社会等级制度的影响，社会等级决定了在某个社会里谁可以与谁交配。物种的组合同样还受到物种之间互补关系的影响——共生关系、捕食和竞争关系；也受到利他关系的影响，在利他关系的相互作用中，牺牲一种有机体的能力为基因库做出贡献，后代从基因库中得到基因，就保存了其他有机体对基因的贡献。

通过繁殖而产生的基因突变和基因统计样本使概率在适应性概念中起着重要的作用。因为模型只能预测各种可能的特性分布，很难预测个体是否成功，总会出现有利的突变被排除、不利的突变却被稳定下来的情况。繁殖可能产生各种各样的组合。此外，概率会随着一代一代的繁衍而增加，因此有可能发生持久和不可逆转的基因漂变（genetic drift），并且几乎无法精确地进行长期预测。

由于受到概率的影响，这个模型就成了一个通过竞争资源而控制环境的模型。由于有机体在环境中竞争资源，基因库中物种的分配就会逐渐"符合"环境。直到最近人们才认为相关环境是外生因素，相关环境产生的影响随竞争条件的变化而变化，但是由于一些自然过程而使环境所具有的基本资源结构和特点不受基因库进化的影响。

2. 规则的变异、选择和保存

通过环境选择的规则适应性的学习者并未把注意力集中于基因库，而是集中于决策者群或组织群中的规则、形式和程序库。上述的生物学比喻显然是有用的，但是规则的变异、选择和保存过程在很多重要的方面与基因库的进化不同。

首先考虑一下形式和规则变化的过程，由于没有变异，选择的适应性能力很小。规则的根本性创新就像基因突变一样，相对来说非常罕见而且不太可能成功，但是与生物有机体变异不同的是，规则的变化不是由概率产生的。规则的变化通常都有一定的目标导向，在决策者解决业绩不佳问题的过程中会产生规则变化，而且规则的变化在更多情况下都是对现有规则和技术的改善，而不是对规则和技术的再次组合。规则的变化也可能是由于模仿不完全或个体偏离规则而产生的。

规则的变异同样也可能是由各种各样的"愚蠢"而产生的，如做了某些没有适当理由的事情，推动变化的实践包括创造能够放松正常控制的场所，使游戏性（playfulness）免受由于可靠性和一致性而产生的压力的影响。这些"臭鼬工厂"（skunk works）产生的主意大多数都不是好主意，像多数基因突变一样，但是它们偶尔也能产生一些有效的变化。因此，变异与风险承担（在第 1 章中讨论过）有密切联系，因为风险承担的定义就包含变动性或接受变动性的意思。在第 1 章对如何推动或阻止风险承担的讨论中就隐含了如何推动（或阻止）变异的观点。

大多数（但不是全部）有关社会组织变异和选择的理论都认为特性中可遗传的变化可以通过体验式学习产生。从这个意义上讲，这些理论就更倾向于拉马克（Lamarckian）的观点而不是达尔文的观点。通过有意识地传播信息和规则，社会制度，包括组织在内，将学习到的特性传递给人员不断变动的下一代。组织不断发展并传播它们的规则（例如，餐饮连锁店的店址不断扩大），组织间的合并会把一个组织的规则移植到另一组织中。新的企业和单位会模仿老的企业和单位来制定规则。组织会模仿那些在社会等级中地位重要的组织来制定规则（比如，州法律模仿国家法律）。咨询师和行业联盟会把知名客户的规则传授给新客户。

最后，考虑一些选择机制的区别。在这种情况下，基因的选择模型和规则的选择模型有较多重合的地方。在对规则和组织的研究中，大多数变异 / 选择模型都把竞争的重要性和生存分异当作选择机制。组织和规则都会消亡。实际上，大多数新组织似乎消亡得相对较早，而且它们的生存率情况表明，初始者之间存在相当大的同质性。很少研究规则的产生、消亡和改变，但是可以肯定选择也是其中的因素之一。

因此，规则通过变异和选择而发展的过程的特点就是，概率的作用减少，社会传播的作用增加，并且环境的作用也不同。特性不是通过孟德尔（Mendelian）的有性繁殖样本遗传的（尽管为了模仿理论会创造与此类似的情况）。此外，突变也不是随机的，有导向的搜寻和问题解决以及有意识地增减宽裕都会影响突变。形式通过发展和社会传播而得以广泛传播。迁徙和社会等级制度的影响更加明显，特性也可以通过学习而获得。虽然环境仍然决定着生存，但是社会制度能够在某些条件下创造它们的自身环境，并创造社会现实。此外，共同进化起着更为重要的作用。

2.3.5 规则发展的生态基础

规则发展的显著特色就是它生态的、共同进化的特点。规则的生态环境是由于学习和选择的每个重要方面之间的联系而形成的。体验式学习取决于行动和结果之间的联系，也取决于对这些结果的评估，所有这些都受学习的生态环境中各种相互作用的影响。环境选择取决于幸存下来的结果，也取决于产生或改变规则的过程，所有这些过程都受选择的生态环境中各种相互作用的影响。

例如，决策者从经历中学到一组新的经验教训，对其中一个经验教训的学习会与该决策者对其他经验教训的学习相互作用。在组织中，某个部门的学习会与其他部门的学习相互作用。在一个组织中的学习会与在其他组织中的学习相互作用。这些相互作用使人们很难在某个社会结构体系下理解和评估学习，而在相对简单一些的世界里理解和评估学习则相对容易一些。

在第 6 章会详细讨论规则共同进化的特点。规则共同进化的特点使有关"适者生存"这样简单的直觉知识也变得复杂了。这一特点也使观察到的规则群（以及观察到的决策群）具有历史依赖的特点。今天遵循的规则并不只是解决某种有关当前环境的优化问题的方法，而是代表了规则共同进化的历史，既相互作用又具有路径依赖的特点。

1. 能力陷阱

规则适应性的生态环境较为普遍的影响之一就是被称为能力陷阱或锁定（lock-in）的现象。它以各种各样的形式出现在许多适应性体系中，反映了某个规则、技术、策略或实践不断提高的能力干扰了人们用另一种潜在较优的（但是决策者当前还没有能力使用的）规则、技术、策略或实践取代它的现象。

决策者从经验中学习到该使用哪种规则，同时也学习到如何改善所使用的规则。这两种学习形式相互作用。某个规则使用得越多，使用该规则取得的业绩就越好，因此，该规则就越有可能通过经验而得以强化。规则越被强化，就越有可能被人们使用。这种良性反馈循环使当前所使用的规则具有了相当大的能力，也使人们更加难以通过学习过程用另一种（潜在较优的）规则来取代它。学习的自然过程就轻易地以这种方式产生了能力陷阱——一个稳定的次优解决方法。

在个体、组织或社会层次上，能力陷阱就表现为技术上的锁定。个体发现很难从一个计算机或文档处理系统转而使用另一种（较优的）计算机或文档处理系统。在短期内，他们的业绩会由于新系统的使用而下降。组织追求和改善有效的生产和营销策略，从中获得能力，并因此排除了那些潜在较优的能够产生新能力的策略。社会支持的技术（如 QWERTY 键盘、内燃机）可能不是最优的，但是在此技术基础上发展起来的能力水平非常之高以至于无法用新技术来取代它。

2. 相互作用对结果的影响

学习中的决策者之间的相互作用使学习经验教训之间的相互作用更加复杂化。每个决策者都要适应某种环境，这个环境中有其他学习中的决策者，并且每个决策者都处于学习中的个体和次级群体之间相互作用的组织中。因此，要充分理解规则变化的动态就不应该仅把注意力集中于单一决策者或决策机构制定规则的过程。任何特定行动的结果都取决于其他决策者采取了什么样的行动。

环境的影响不仅是不断变化的而且是内在变化的，这一见解是决策研究中反复出现的主题。如果决策系统是由多重行动者组成的，见第 3 章和第 4 章，那么任何个体行动者的决策就会变得复杂得多，因为他们必须考虑其他决策者的偏好、身份和可能的行动。决策的这种背景对于理解规则发展具有重要的意义。随着规则的发展，它们之间的相互作用共同决定着它们的结果。使用第一个规则的报酬受使用第二个规则的影响，而使用第二个规则的报酬同样也受第一个规则的影响。例如，交通规则明确地规定在双向双车道的道路上应该靠哪边行驶。

规则发展相互作用的特点在竞争中表现得更为明显。特定策略、规则或技术的有效性取决于竞争者、竞争和环境的特性。例如，一组竞争者在学习如何把资源配置到一组不同的活动中，在这种情况下，任一竞争者的结果都是各种活动的潜力、在不同的活动中不同竞争者不断变化的能力以及不同竞争者在不同的活动中资源配置的共同结果。这种情境产生的行为模式受到了生态结构的严重影响。学习的结果取决于竞争者的数量、他们的学习速度、他们调整愿望的速度，每个竞争者从他人经验中学习的程度以及各种活动的潜力之间的差异。

决策者和其规则之间的关系不一定对称。一些决策者可能会干扰或推动其他决策者，但其本身不受影响。决策者也可能会充当食肉动物或猎物（如证券商和无辜的投资者），但它们之间的关系也不一定是竞争关系。规则发展相互作用的特点在合作型活动中表现得很明显。沟通的规则、语言和技术的发展在很大程度上受到沟通所具有的合作和互动的特点的影响。有许多不同的方法来表达"是"，但是（在希望和他人对话的人们中间）语言也共同发展，因此人们都用同样的方式表达"是"。有很多种不同的通信技术，但是个体使用某种通信技术的频率在很大程度上取决于他人使用该技术的频率，反之亦然。这些网状的外部效应形成了学习过程的重要特点，也使自主学习理论（theory of autonomous learning）产生了误导作用。

3. 愿望、传播、合法性

结果中相互作用的因素与影响规则适应性其他方面的相互作用的影响是平行的。

考虑其中的三种因素。

第一，愿望（以及对主观上的成功和失败的定义）是社会的。愿望不仅受决策者自己的业绩影响，还受他人业绩的影响。如果愿望和他人的业绩相联系，那么对某个业绩的评估就取决于他人的业绩，这就降低了业绩自我参照的指数化效应，从而（平均来讲）提高了结果严重偏离愿望的可能性，降低了从成功转向失败或从失败转向成功的可能性，这两种影响都能导致学习的产生。如果某个群体的愿望趋同于其成员业绩的中数，并且由于一些结构性原因，该群体中某些成员的业绩一直比其他成员好，那么该群体就会被分成两组，其中一组总是能够实现群体的愿望，另一组却总是无法实现群体的愿望。在这两种情况下，学习都会变得迷信。

第二，在学习和环境选择中，规则通过传播而"繁殖"。一个决策者从经历中得到的经验教训会通过惯例的传递和信息的交换在决策者中传播。其结果就是，规则发展理论需要考虑社会网络结构以及信息通过这些网络传递的途径。网络结构包括协会（如贸易协会），从一个组织转到另一个组织的顾问和雇员网络、教育机构和出版物。模仿性传播是决策规则、惯例和技术广泛传播的重要原因。

第三，在学习和环境选择中，规则的合法性受他人使用的规则的影响。在决策者群中，适当行为的定义是通过解释所观察到的行为而由社会构建的。什么是适当的决策者？做决策者应该做的事情就是适当的决策。什么是适当的决策规则？规则就是由适当的决策者使用的规则。决策者怎样才能知道适当的决策者应该做什么或者什么样的规则才是适当的？这些可以通过观察其他决策者做什么来了解。

实践、形式和规则随着使用它们的决策者的增多而越来越具有合法性。普遍使用的规则会被制度化，用来定义合法的决策惯例。当然，合法性并不是完全由他人的使用所决定的，通常会有一些官方的和半官方的机构负责使某些特定的实践合法化。比如，某个行业团体制定工程师的标准操作程序或制定医师的职业标准，这些规则就具有了合法性。有时标准的制定甚至发生在广泛运用实践之前。行业合法性的认证既可以出现在实践被广泛认可之前，也可以出现在实践被广泛认可之后。同样，法律可能会要求或者甚至明显地寻求强制执行后来出现的实践。一般性观点是，使规则在某个地方具有合法性的主要方法之一就是在另外一个地方使用该规则。

2.4　适当的规则或者相因而生的选择

对比本章与第 1 章就不难看出，认为决策是根据偏好和结果进行选择的决策学习者与那些认为决策是根据适当性而遵循规则的决策学习者之间有重大的区别。本章对两者之间的区别已有所阐述，在此不再赘述，但还是有必要特别注意这两种解释形式，并重申本书的立场。

2.4.1　理性与推理

在当代规范的决策研究，尤其是决策论的传统研究中，总是把理性等同于后果的逻辑。其观点就是，理性的决策者会根据对结果的偏好来考虑备选方案；对行动进行深入地讨论以明确决策者的期望和偏好；违背后果的逻辑被认为违背了理性。在这种传统研究中，对责任、义务、身份和规则的要求都是次要的；规则遵循是不假思索地和自动地进行的；身份是武断强加的。选择由于和独立、思考相关而倍加荣耀，规则却因为和依赖、欠考虑相联系而倍受羞惭。

但必须清楚在本书中没有这种论断。适当性逻辑与后果的逻辑不同，但两者都属于推理逻辑。正如后果的逻辑鼓励思考、讨论和个人对偏好和期望的判断一样，适当性逻辑也鼓励思考、讨论以及个人对情境、身份和规则的判断。两个过程都使个人承诺与社会妥当性之间产生了相互作用。

两种逻辑之间的区别并不是因为它们在作为深思熟虑的行动方面存在差异，两者的区别在于它们对个体和组织能力的要求不同。后果的逻辑更加强调个体和组织预期未来和形成有效偏好的能力，而适当性逻辑则更强调个体和组织学习过去和形成有效身份的能力。两个过程都认为人类和人类组织具有高层次的推理能力。两种逻辑都与人类身份的荣耀感和人类行动的高期望相一致。两者都是理性的、合理的决策者决策的过程。

2.4.2 互相归属

在认为决策是相因而生的选择的理论学家与认为决策是规则遵循的理论学家的争论中，双方都认为对方的观点是己方观点的特殊情况。对认为决策是相因而生的选择的理论学家来说，规则是约束条件，来自更高层次的理性行动。对认为决策是规则遵循的理论学家来说，相因而生的选择只是众多可能的规则之一，如果该选择是适当的，就会唤起并遵循这一选择。

本书意识到存在这样的归属性，但基本上对此没有进行任何阐述。对决策的经验式观察为行为研究提供了充足的例子，如果未注意到这两种观点就难以充分理解这些例子，但是两者（至少以其现在的形式）都无法充分解释这些例子，也因此都不具有解释真相的绝对权力。如果文化和社会背景中（例如，许多当代经济学、心理学和政治学）支持相因而生的选择和追求偏好的人居多，就需要注意适当性逻辑、身份和规则；如果文化和社会背景中（如许多当代的社会学和人类学）拥护角色、规则和制度的人居多，就需要注意后果的逻辑、偏好和计算。

由于决策学习者会在某种程度上超越学科的界限，因此对他们来说，把这些有争议的学科解释融入单一的世界观比较合适，也有一定的激励措施促使他们这样做。在朝这个方向努力时，他们就和决策者结成了联盟，因为很多决策者对学科争议感到很困惑而不愿加入其中，决策学习者就有可能找到互相补充的而不是互相争议的多重观点。

第 3 章

多重行动者：团队和合伙

在第 1 章，决策者被描述成理性的行动者，他们在有限信息的情况下寻求备选方案并根据自己的偏好评估这些方案。其关注的焦点主要是对备选方案及其结果的不完全信息如何限制了理性、决策者如何通过寻求满意化和问题解决启发法来处理这些局限性，以及组织中那些应对宽裕的积累和创新场合的机制所产生的一些结果。

在第 2 章中，决策者作为规则遵循者在不同的情境下采取不同的适当行为并努力实现其身份。其关注的焦点主要是"自我"概念的创立、维持以及在这个概念支持下的行动过程，这些自我概念多种多样，有时并不清晰；规则如何将历史包含其中；通过体验式学习和环境选择来捕捉过去的复杂性。

前面两章对决策者的描述很简单，只涉及单个决策者。本章及以后各章节将转而研究包含多个行动者的决策过程。

3.1 个体一致性与团队

从单人决策到多人决策，最简单的转换途径就是把所有决策参与者的偏好和身份当作一致的。这就意味着如果一个决策者获得了收益，其他决策者也会获得同样的收益，不存在利益分配的问题，还意味着每个决策参与者按照其某种身份做出的行动与被唤起的其他身份做出的行动都是一致的。当然完全一致的情况很少见，但有时候会有一些很接近的情况。

当多个具有一致身份和偏好的行动者参与决策时，冲突问题不再突出，但依然存在各种需要进行沟通和协调的问题。具有相同偏好的两个决策者可能会因为行动不协调而无法达到最佳结果。同样地，两个具有相同身份的决策者可能因为身份未能统一而无法充分实现其身份。许多运筹学和决策学方面的现代研究成果都致力于提高具有一致身份和偏好的多个决策者寻求和实施各方均满意的策略的能力。

　　描述具有一致身份和偏好的多个决策者有一个简单而传统的名称——"团队"。尽管很多常见的团队，比如大多数运动员团队，并不是这个意义上的"团队"，但这个名称很实用。典型的运动员团队里的各个运动员有着共同的目标，但是同时也存在着明显的内部冲突。这里的"团队"是个理论概念，指的是一群共同面对不确定性但相互之间不存在利益或身份冲突的个体的集合。

　　虽说在现实生活中难以找到严格符合内部一致性这一要求的团队，但是一个比较常规的做法是，把大型商业机构、政府机关、军事部门和宗教组织等视为"团队"来分析其中的决策。至少可以用以下三种方法来证明可以把多重行动者的决策体系视为"团队"。

- 近似型团队。在一些多重行动者情境中，各个个体之间的偏好和身份非常接近，几乎一致，所以把他们当作团队是一种合理的近似。
- 简化型团队。在一些多重行动者情境中，个体被组织成多个团体（比如大多数大型组织或组织体系）。为了突出各团体之间的不一致，就忽略了各团体内部的不一致，因此可以把单个的团体视为团队。
- 合约型团队。有些多重行动者决策理论认为可以把决策过程分为两个阶段。在第一个阶段，通过讨价还价、补偿性支付（side payments）以及达成协议等多种形式消除不一致性，而这些形式的讨价还价、补偿性支付以及协议又构成了对各方都具有约束力的合约。在第二个阶段，多重行动者就组成团队开始行动。

　　从决策论的观点看来，团队实质上等同于单个决策者。团队强调沟通和协调等问题，因此增加了信息成本和不确定性这些概念的相关性。然而，理解团队的决策需要运用第 1 章、第 2 章中有限理性和规则遵循的讨论，所以，本章和第 4 章将重点讨论不一致的多重行动者进行决策的问题。

3.2　个体间的不一致性

大多数多重行动者决策理论都不是团队理论，它们所研究的是在偏好和身份都不一致时，必须做出决策和必须采取行动的情境。这些不一致性是决策的显著特点，也是个体做出许多不同决策的特点，当然也是包含了多个行动者的决策的特点。埃及两名信息系统专业的学生描述了他们在为埃及内阁制定决策支持体系时获得的经验和观察到的情况。他们发现，决策过程通常很含糊；决策过程通常是涉及谈判、谋求统一意见的团体行为；决策过程会牵扯到形形色色持不同假设和价值观的利益相关者；往往利用偶然发现来进行紧急决策；决策过程中有大量信息，但大多数都是定性的、口头的或几乎无据可查的信息；相关的利害关系会导致政治操纵和压力；高层决策者时间匮乏、不愿变革、信奉直觉，却有足够的权力要求他人尽快满足自己的种种要求。[1]

尽管个体行动者之间存在不一致性，但是仍然能够在团体和组织内部做出决策，这个观点是社会选择理论、大多数的政治决策理论和现代博弈论的核心。本章和第 4 章所讲的多重行动者决策过程正是指在不必要解决利益冲突或身份冲突的情况下的决策程序。这一程序可能需要付出努力来谋求共同的目标或一致的身份，但并不依赖于此。有时候，可以被"消除"不一致性，但多数情况是适应不一致性。

3.2.1　多重偏好，多重身份

团体、组织或社会中的决策面临着个体之间的不一致性。不同的人有不同的追求，并非每个人都能得到他想要的一切。不同的人有不同的身份，他们对适当行为的定义也互不相同，互不一致。

偏好和身份的不一致性并非病态。在社会生活、经济生活、政治生活和组织生活中，这是可预知的普遍事实。这种人与人之间不一致的程度随偏好和身份的融合、资源可获得的水平以及对资源需求度的变化而变化。稀缺资源和强烈的需求导致较高的不一致性，非互补的偏好和身份也会导致较高的不一致性。由于不一致性还取决于在某个特定时期哪些偏好和哪些身份会非常突出，所以注意力也起到很重要的作用。

尽管多重行动者决策的环境有时会产生一种目标或身份相同的氛围，尽管利益共享命运相同的概念相当普遍，但是要在第 1 章、第 2 章所示的框架下理解多人决策情境绝非易事。许多决策的产生，既不是源自根据联合偏好函数进行的相因而生的计算，也不是基于对一致规则的共同认识，而是来自追求自身行动合理性及利益的个体和团体之间决策的相互作用。

多重行动者决策的观点增加了理论上的可能性：如果有多个行动者的话，那么每个行动者都要被描述为决策者。可以预计的是，这些理论在有关单个行动者（每个行动者必须具备完全信息或较不完全的信息，具有一种或多种身份）的假设方面互不相同，而且他们还必须了解彼此，了解彼此的偏好、身份和所掌握的信息。

在经典的博弈论形式中，单个行动者都是具有完全信息的纯粹理性的个体，他们强调对策略和合约的追求要能够以一种稳定的方式形成激励，也就是说，他们试图寻找到"均衡状态"。在这种状态下，没有任何激励因素使追求自身利益的行动者背离他们当前的行动。同样地，社会学和心理学中决策的交换形式也假定个体都是纯粹理性的行动者。它们强调，那些拥有别人希望得到的资源，或者希望得到别人不太想要的资源的行动者的优势（"力量"）将逐渐增强。

这些过程的行为学理论强调的是影响行动者的理性和规则遵循所具有的局限性，即行动者的信息、身份和偏好可能不清晰，在不断地变化着。这些理论往往强调在结成联盟和讨价还价过程中信息的复杂性，强调向他人学习的过程，强调在发现和维持稳定的联盟关系时信任和了解文化差异的重要性，并强调选择的不确定性和稳定性等。

3.2.2 多重行动者决策的核心假设

有关多重行动者决策过程的理论的核心假设很简单：首先，有单独的参与者——个体、团体、组织，其中每个参与者均被视为具有一致的偏好和身份，也就是说，每个单独的参与者都是一致的单人行动者或者是一致的团队。其次，参与者的偏好和身份各不相同，即并非每个参与者都想要同样的东西或者对同一行为的看法都一致。最后，参与者的偏好和身份是同时不一致的，即不可能在现有环境的约束下同时实现他们的身份和偏好。

实际上，这种假设是对真实世界的简化。在现实世界里，经常可以发现内部不一致的团体或组织与其他内部同样也不一致的团体或组织存在冲突。多行动者决策的一些更有趣的特征体现在这些更为复杂的情况中。例如，考虑一下外交政策：各国之间的外交政策本已互相冲突，而各国内部对其外交政策也存在政治冲突。再比如，有组织的团体之间存在劳资不一致的情况，而各团体内部的劳资关系也同样不一致。大体来讲，本书并不探讨这种包含多个层次不一致性的决策体系。

决策的多重行动者概念假定，每个行动者都仅根据其自身的偏好或身份进行决策，并且期望其他行动者也仅从自身的角度进行决策。这些考虑因素包含了二阶效应和三阶效应。在这样一个自以为是、强调自身权利的社会里，很难达成各方都满意的、可实施的协议。由于各方都认为他人仅在协议与他们的自我概念相符合的时候才履行协议，并且都认为他人也会有这样的想法，潜在的合作者必须找到一个"可自我执行"（self-enforcing）的协议。

第3.1节提到，多重行动者决策的理论家经常把决策过程分成两个阶段。在第一阶段（可称之为讨价还价、谈判、政策制定、政治，等等），最初充满冲突的环境转化成了达成协议的环境，这就形成了团队。在第二阶段——可称之为行政、选择、实施、履行、强制执行或类似名称，所采取的行动与协议一致，并符合后果的逻辑和适当性逻辑。

根据这种思想，理性决策的学习者经常描述一个确立目标（共同偏好）的过程以及另一个独立的后续过程，使决策与目标相吻合的过程。而基于规则遵循的决策学习者经常描述的是一个确立规则体系的过程以及另一个独立的后续过程，使决策符合规则体系的过程。管理决策的学习者经常描述一个制定政策的过程以及另一个独立的后续过程，使决策满足执行政策的需要的过程。决策文化背景的学习者经常描述的是相互冲突的规范和实践互相妥协的过程以及另一个独立的后续过程，使所采取的行动与妥协结果相一致的过程。

持上述某一种传统观念的学者非常多，他们认为把决策过程划分成以上两个阶段最合理的理由是便于分析而不是进行精确描述。在第一阶段通过谈判达成的协议习惯于在第二阶段发生转化。政治过程具有向行政过程蔓延的趋势，这种趋势一直对试图从行政中剥离出政治的种种努力构成妨碍。具体问题的解决方案经常会导致协议原则的产生，而不是协议原则产生了解决方案。比如说，在试图达成某笔具体交易的过程中，竞争者有时会发现签署长期合作协议的基础。

在此仅对多重行动者在先前协议下进行决策的过程与多重行动者为达成这些协议而进行决策的过程进行了一定程度的区分。后面的过程可以以第 1 章、第 2 章对有限理性和规则遵循的讨论为基础。本章尤为关注前面的过程，即关注多重行动者决策中的政治因素。

3.2.3　个体不一致性的含义

决策涉及利益和身份的不一致性，这一观点具有以下四重含义。

- 行动是策略的。假定行动者很精明，而且处事老练，他们发出并接收信号，形成自己的预期。在行动中，他们预测他人的反应，也鼓励他人预测自己的反应。在这个社会上，信息总服务于某个目的。行动者根据他们的策略隐藏或显露有关备选方案、结果、身份以及规则的重要信息。诚实或许可以被当作策略，但它并不具有优势。

- 信念很重要，尤其是那些关于谁想得到什么、谁有权力以及谁采取行动等方面的信念很重要。由于这些信念很重要，而且在这个模糊的世界上有必要形成这些信念，因此许多决策行为都是二阶行为。它与有影响力的信念，尤其是声誉有关。比如，马基雅维里（Machiavelli）建议，王子们应该建立起让其臣民既感到热爱又感到畏惧的威望（尽管他认为，如果某个王子不得不选择的话，那么畏惧往往比热爱更牢靠）。

- 信任和忠诚很重要并且很稀缺。策略性行动和重要信念的相互作用使人们难以建立起严密且具有约束力的协议。与盟友达成的共识本来就很模糊，而且达成的共识所要控制的行为又尚未发生，总是存在一些使合伙人背信弃义的诱惑。这样一来，面对不一致性的决策使信任和忠诚具有了非常重要的作用。同时，这种决策还导致了操纵的产生，操纵的存在使信念难以维持。

- 注意力很重要。上文讨论过注意力在有限理性模型和遵循规则的模型中的重要意义，本模型把多重行动者这一复杂因素加入这两个模型。决策取决于谁参与决策以及其参与程度。既有权力又有资源的行动者可能因为注意力分散而失败，而既没有什么权力又缺乏资源的行动者反而会因为警觉或坚持而成功。面对不断变化的注意力模式，决策可能很不稳定。

为了形成有关偏好和身份不一致的决策的观点，下一节将从不一致性的社会基础开始研究。之后一节讨论多重行动者决策理论的基石（building block），两个个体之间的合伙关系。

3.3 不一致性的社会基础

在大多数多重行动者决策理论中，个体被描述成拥有界定明确的、稳定的并且是外生的目标、价值观、需求和身份等。在面对环境中的稀缺资源时，这些稳定但互不一致的偏好和身份共同引发了决策上的种种问题。与偏好和身份一样，环境资源被认为是外生的、稳定的（或者它们的变动是可预测的）。在这个框架下，相关的个体参与者和环境的特性使决策系统具有了不一致性。

如果这一观点忽略了不一致性在社会及决策体系内部是如何产生的话，那么此观点就不全面。本节着重研究产生不一致性的认知基础和社会基础的三个方面。

- 决策过程取决于对偏好和身份的理解，而人类往往在这方面产生错误理解。
- 偏好和身份是在社会制度，尤其是等级制度中形成的。这些社会制度会对不一致性的程度和领域产生系统影响。
- 社会分化过程也导致了不一致性的产生。有时冲突并没有减少，而是被保留了下来。

3.3.1　对偏好和身份的错误理解

个体根据不完全信息形成对自己和他人偏好及身份方面的信念。他们从行动、事件和沟通中推断出偏好和身份，而行动、事件和沟通可以有多种解释。人们对那些因为人际交流和跨文化交流以及故意歪曲和策略性错误信息等原因而变得模糊的价值观进行推测。对偏好和身份的估计受到第 1 章和第 2 章所述的所有有关认知、信息处理以及人类推断等方面的局限性的约束。

其结果是，决策者所获得的有关他人的需求、获取途径、对适当行为的看法以及对他人的感受等的信息可能不确切。决策者所掌握的有关自己的偏好和身份的信息也有可能不完全。凭借瞬间的冲动、对问题的构架以及问题的发生进程，个体会发现他们在不同的场合对自身的感受都不一样。

既然人们所感知到的一致性水平取决于不完全的、误导性的信息，决策者可能会轻易地认为他们的价值观和别人的价值观是一致的，而实际上是不一致的；或者他们会逐渐认识到他们的价值观与别人的是不一致的，而实际上是一致的。前一种情况导致"无根据的"信任；后一种情况则导致"无根据的"不信任。

对身份和偏好的错误理解有时会得到纠正。随着时间的推移，尤其是由于相同决策者之间反复发生相互作用，错误会逐渐暴露出来。偏好和身份的反复出现使得偏好和身份稳定下来，因此，人们的理解也不断接近真实情况。但是，不能保证一定会出现这样的结果，很有可能的情况是人们总是坚持他们在理解上的偏见。比如，雄心勃勃的底层经理试图通过解释高层经理对他们的行为的反应（多数是冷漠的或者无意识的）来判断成功的高级经理的偏好，其结果却是把冷漠误解为同意或反对，这种误解是不可能通过反复体验而得到改变的。

更有趣的情况可能是，错误理解所导致的行动反过来使错误理解奏效了。偏好和身份逐渐接近于对偏好和身份持有的信念，而不是对偏好和身份持有的信念会逐渐接近于偏好和身份。如果杰克相信哈里喜欢他，那么杰克对待哈里的方式会增加哈里喜欢他的可能性。如果杰克相信哈里不喜欢他，那么杰克对待哈里的方式就会增加哈里讨厌杰克的可能性。

当偏好和身份是根据形成于决策体系内部的信念而形成的时候，不一致性就不再是决策的外生因素而是产生于行动过程之中。个体的态度是由他们所扮演的角色以及他人对这个角色的反应形成的。

3.3.2　等级制度中不一致性的形成

信念和价值观的相互作用并不是偏好和身份得以形成的唯一途径，决策结构本身就是决策的前提。在这些结构中，最常见的就是等级制度。在这种结构下，个体是根据一连串的权威和沟通关系来安排的。等级制度不仅把个体组织起来而且会创造出决策个体来。在此讨论等级组织及其对不一致性的影响，它们体现在以下三个方面：①等级制度和经理职业生涯的关系；②等级内部的笼络吸纳（co-optation）过程；③部门化（departmentalization）和授权（delegation）在产生和阻碍不一致性方面的作用。

1. 等级与经理的职业生涯

在现代社会里，等级制度出现在许多决策体系中。针对等级制度大行其道的原因，有两种功能上的解释。其一，等级制度是完成工具性任务（instrumental task）的有效结构；其二，等级制度与强烈的规范信念（normative beliefs），尤其是那些与基于从属／主导关系的强硬秩序概念相关的规范信念互相支持。

这两种解释听起来好像都有点儿道理，但它们结合起来使第三种功能上的解释变得模糊：等级制度是经理职业发展的要求。对于一个想要在组织生涯里取得"进步"的人来说，必须拥有晋升的机会，而晋升则是根据等级制度定义的。从这个观点看，等级制度是个体追求职业生涯的主要背景。这意味着：

首先，人们对自我——偏好和身份——的定义是由"往上爬"这一等级制度竞争的特点形成的。自我价值由晋升来体现，因而也由晋升所需要的素质来体现。奋力追求职业晋升的个体发现自己的身份是在这种竞争中形成的。为了得到认可，他们与他人保持一致；为了彰显自我，他们又必须与众不同。

其次，必须将等级制度中的各项决策解释为各种职业的融合。等级制组织里的任何决策都需要若干人的参与，其中每个人都把特定决策与他的职业契合起来。因此，任何决策都产生于特定时期的个体的生活，而个体的生活由于与职业的长期契合也得到了完美的诠释。

最后，等级制度中决策的组织方式要服务于等级晋升的过程。等级结构应该有鼓励职业发展的必要，这种必要性影响到决策机制和决策过程。为了决定谁会得到晋升，必须对经理人员的业绩水平和决策智慧进行评估。这就要求制定报表、沟通信息、划清权责、评估决策。简言之，决策体系服务于等级职业发展制度，反之亦然。

2. 等级与笼络吸纳

在等级里，那些占据高位的人（"成功者"）和那些愿意谋求高位的人（"挑战者"）相互影响，从而制约了不一致性的发展。这两类人都意识到后者可能推翻前者而掌权，但无法保证一定会出现这样的结果。于是，各有各的选择。对于成功者，他们可以在"分享"和"抵抗"之间抉择，他们可以主动与后者结盟，共同分享权力，或者拒绝这么做，赌自己有能力守住位置。对于挑战者，他们可以在"加盟"和"斗争"之间进行选择，他们可以同意结盟以在今后分享权力，或者他们可以依靠自己很快地获得全部权力，赌自己有能力走上高位。

在社会制度的发展过程中，"加盟"还是"斗争"的问题非常普遍。无论是在政治认同、反对党和政权的发展过程中，还是在科学认同、反对派及科学演变的发展过程中以及在商业身份、反对派和企业合并的发展过程中，这个问题都是显而易见的。

社会制度的稳定性在很大程度上主要是因为它能够成功地进行明智的笼络吸纳，也就是说，因为成功者愿意与挑战者中的某些人结成联盟，同时某些挑战者愿意放弃斗争与成功者联合。这种笼络吸纳需要一种交换。为了能够立刻获得一小部分权力，挑战者放弃了将来获得全部权力的可能性。为了保证自己能够继续掌权，成功者放弃了部分控制权。

成功者和挑战者双方都有意结成联盟，主要因为双方在认识方面存在一些共同的差异，还有在时间贴现方面和风险偏好方面也存在某些差异。具体而言，如果成功者和挑战者都比其合作伙伴悲观，认为在双方不结盟的情况下自己成功的机会很小；如果成功者比挑战者更看重未来收益并且如果他们都厌恶风险，那么进行笼络吸纳就是有可能的。

当然，如果不考虑笼络吸纳对成功者地位的二阶效应，那么这种分析就是不完整的。具体地说，如果笼络吸纳是通向成功的一条道路，那么这种制度就会激励一个有野心的人组织一场运动来反对成功者，因此，笼络吸纳会鼓励反对者的出现。一个有野心的人在进行笼络吸纳谈判中讨价还价的能力在一定程度上取决于一群无产者对这个领导者的依赖程度，这会在某种程度上减少这种激励所形成的危险，因此，有野心的领导者可能会尽可能地使支持者对自己的依赖程度最大化。结果，尽管笼络吸纳激励某些人将"群众"组织起来反对成功者，同时它也促使群众必须依赖某个领导者，这后一种激励使人们能够利用精确的笼络吸纳来瓦解运动。

对笼络吸纳的理性分析可以让人们对这种情况有所了解，但是这种分析明显地夸大了笼络吸纳过程的自觉性。笼络吸纳的过程是决策制度逐步发展的一部分。人们为了获得成功，为了保住自己的地位所付出的努力塑造了各自的偏好和身份，但是这些努力以及它们与笼络吸纳的联系仅在一定程度上是人们故意为之的。成功者有时会为了自己狭隘的私利而向挑战者提供好处进行笼络吸纳，而挑战者有时候也会拒绝成功者提供的好处。

为了提升自身的价值，有野心的人选择反对当权者，但是在此过程中，他们改变了自己的偏好和身份，他们学会享受与当权者进行斗争所立刻产生的荣耀。成功者逐步提高了自己的志向，并且会由于自己想要完全占有权力的愿望或者认为权威必须严厉而且强硬的观念而走向灾难。因此，策略地管理偏好和身份是一种相对复杂的博弈。

3. 等级和不一致的组织

等级制组织采用授权和部门化等策略来动员各种个体采取相对一致的行动。授权和部门化塑造一致的偏好和身份来服务于组织，但同时，它们也导致了不一致性。等级制组织把个体置于一个二维空间。一个是垂直维度，即组织内的层次。在组织里，相对于高层和底层而言，个体的位置在哪里？另一个是水平维度，个体在组织的哪个部分或哪个分支机构里？更为复杂的组织形式，比如矩阵式组织，它们的维度更多。

组织的子部门对个体偏好和身份的形成很重要，它们是交情和友情的集合，重视价值观、需求和忠诚度的培养。这些子部门作为信息网络，有助于形成在资源和其他方面的共同看法，并有助于在日程和时间安排方面达成共识。子部门还集合了很多共同经验。各成员对人生及其目的有共同的看法，大家休戚与共、同舟共济。他们设置障碍，不愿意与其他部门联系、建立友谊，不愿意为其他部门服务。他们对本团体的定义与其他团体、其他部门是相对立的。

这些分裂（cleavage）往往使组织垂直维度上的裂痕变得模糊起来。不同部门的副经理要对各自的部门忠诚，并且他们之间会相互竞争，这削弱了他们之间本应有的亲近感和共同命运感。不同部门的两个非熟练工人要对各自部门忠诚，这也削弱了他们之间本应有的亲近感和共同命运感。因此，组织的组织形式对其所唤起并维持的各种不一致性具有重大的影响。

3.3.3　不一致性守恒

很多社会过程都是趋于一致的过程。随着时间的推移，事物相互之间变得越来越相像。在相互作用的过程中，人们的态度和行为越来越接近。冲突中持不同意见者发现存在可以达成一致的中间地带。比如，模仿、妥协、讨价还价等过程正好减少了人们之间的差异。

这些趋同机制影响了人们对待偏好和身份的不一致性的方式。这些不一致性经常被认为是不幸的，甚至是非常态的，终将被自然的社会过程摒弃。于是，人们常常把减少冲突既当作社会政策的目标，又当作社会交往的必然结果。在社会组织理论里，不一致性往往显得非比寻常、稍纵即逝。

然而，从历史上看，冲突表现得更为正常、更为持久。历史表明，偏好和身份的不一致性对人类制度至关重要，尽管有人试图避免或消除不一致性，但它始终存在，这就产生了一个冲突守恒的问题。也就是说，当社会体系某个方面的不一致性减少时，其他方面的不一致性就会增加，因此不一致性的总体水平实质上总是恒定的。由此看来，对明显不一致性唯一真正的限制就是时间的稀缺性（时间不够长），因为一个人不可能永远都和他人明显不一致。

尤其应该注意的是，在组织里有三个基本的分歧过程。

- 身份的差异化。当个体具有自我感的时候，这个自我便与他人不同。虽然他经常模仿他人并套用他人的身份，他也试图表现得与众不同。他们选择成为一个有别于大众团体的一分子，并希望自己与团体内的其他成员相比显得不同寻常。组织通过强调与其他组织之间的差异和冲突，来保持内部的团结和统一。组织鼓励这种差异化。

- 永不满足的欲望。满足当前愿望的同时也埋下了将来不满意的种子。今天的成就又变成了实现明天志向的起点。满足个人愿望（比如通过为他们提供更多的资源）或许可以在短期里减少冲突，但从长期效应看，它激发了人们的欲望，更加难以减少未来的冲突。面对社会上的资源水平和资源分配的波动，人们对愿望进行调整，以把冲突维持在一个相当稳定的水平上。

- 为首位而竞争（competition for primacy）。组织和组织里的个体为了相对地位而展开竞争。在很多方面，人类行为的真正基础不是贪婪——贪图荣华富贵，而是嫉妒——对首位的贪婪。这种为首要位置进行的竞争把非零和博弈转化成了零和博弈。面对竞争首位的心理，试图通过提供更多的稀缺资源来减少冲突充其量只是一个短期战略。竞争首位强调的是，决定冲突水平的主要因素是资源的分配，而不是资源的总体水平。决策者似乎不愿关心他们的报酬是否满足了他们的要求，而关注的是他们的报酬是否让他们感觉到自己高人一等。

从不一致性是守恒的这个观点来看，"冲突管理"意味着疏导而不是减少冲突。组织里的决策过程对冲突的处理有轻重之分。组织结构重点关注的是由于分裂而产生的冲突，而不是其他冲突。组织成员之间存在"天生"的分歧，并且威胁到基本联盟和利益整体的效果，在这种情况下，这种关注尤为重要。比如，就像军事设施区分陆军、海军和空军那样，可以用一道"天然的"分歧把不同种类的技术用户分割开来，那么，如果组织的战略制定者要把注意力集中于不一致性的其他方面，就必须按照区域进行组织；如果他们要突出对技术的重视，就必须根据技术来组织。

同样地，如果社会阶层差异很明显地构成了差异化的基础，那么想要削弱阶层意识和冲突的组织设计者，就会强调组织结构的根基在于各个部门而不是组织层次；而想要强调阶层之间冲突的设计者，将不会强调部门化。考察不同的学院和大学即可发现这种差异。如果按系、机构、学院来安排教师和学生，那么就会存在系别之间的分裂和冲突，教师和学生也会由于对自己所属系别的忠诚产生分裂。如果把学院或大学当作一个整体来安排教师和学生，那么分裂更有可能存在于师生之间。

对家庭组成方式的观察也可以得出类似的结果。人们一般会根据种族、性别和年龄来动员群体，但是与性别或年龄相比，人们更有可能根据种族来组成家庭，因此，大规模的种族冲突也比性别或年龄方面的冲突更容易爆发。

3.4　不安分的合伙人

要理解价值观不一致情况下的决策过程，应该从偏好或身份都不一致的两个合伙人之间的简单的双边关系入手。假定两个合伙人都愿意与对方合作，而且合作条件很优厚，但是如果对个体偏好和身份的要求互相冲突的话，双方谁也不敢保证协作能否继续。此类情况在决策中非常多。合作经常能带来好处，但是，身份的其他义务或者背弃合作的诱惑对合作构成了威胁。

3.4.1　囚徒困境

在多行动者的决策理论中，合伙关系得以确立和维持的原因是，它符合每位合伙人的价值观。可能的合伙关系必须经过确认，并通过把潜在合作者的不一致的偏好和身份统一起来这个途径，使合伙关系具有可行性。这些问题的思考方法与前面我们对基于结果的理性行为和基于身份的规则遵循的对比很相似。

考察一下囚徒困境。这个最著名的现代案例表明，共同决策面临着重重困难。囚徒困境并没有明确体现出多行动者决策所涉及的许多含义，但是说明了此类决策的思考方法的一些规范特征。因为一个简单的故事原型，这种情景被称为"囚徒困境"。在故事里，两个囚犯被单独提审。假定每个囚犯完全只顾及自身安危（只按照自身的偏好和身份行事），更具体地说，在这个经典情况下，每个囚犯知道，如果谁都不承认对他们的指控罪行，也就是说他们互相"合作"声称自己无罪，每人可能被判监禁的时限为 A1。如果都坦白，即不互相"合作"，每人可能被判监禁的时限将长些，计为 A2。如果仅有一人坦白，坦白者（违背约定的人）被判监禁的时限将短些，计为 A3；而没有坦白（依然保持忠诚）的人被判监禁的时限将很长，计为 A4。只要对这些监禁时限长短的预期满足 A3 < A1 < A2 < A4，就没有哪个囚徒会保持沉默。于是，结果可能会是双双坦白，获刑入狱期限为 A2，对两人来讲，这个时限长于如果他们互相合作拒绝交代的结果 A1。

这种最一般的情形已经得到了广泛的研究。研究主要分两类：第一类，理性决策或规则遵循决策的学习者试图通过增添各种假设来进行推测，即通过对情况的正规分析来预测两个囚犯的行为。在第二类研究中，决策论学习者试图通过观察得出面临这种情况的两个人的实际行为。

1. 囚徒困境理论

囚徒困境的研究史就是始终在寻找可以预测在现实中所观察到的合伙行

为理论的历史。大部分历史可以按照合伙关系的两种不同观点来展开，这两个观点就是来自第 1 章、第 2 章所讨论的两种决策观点。能否把合伙关系看作两个追求后果逻辑的行动者的结合？或者，能否把合伙关系看作两个追求适当性逻辑的行动者的结合？

对囚徒困境的研究最初几乎完全是从理性决策中的合伙关系入手的。根据这种观点，合伙人根据他们自己的偏好对可能结果进行评估，从而做出自己的决策。问题的复杂性在于，既然每个合伙人都考虑他人所面对的情况，并同时进行独立决策，那么谁也不能认为他人行为出现的概率分布是固定的。

博弈论正是为处理理性行动者之间的这种相互作用而形成的，它产生了大量有关应遵循的决策规则和应实现的均衡的观点。最常见的决策规则是，必须考虑其他行动者所采取的任何可能行动所带来的最坏结果（最大的"损失"）。这项规则要求所选择的行动要能够把最坏结果所引起的损失降至最低（最小化最大的，把最大损失最小化）。在标准的囚徒困境里，如果每个囚徒都选择把可能的最大损失降至最低，那么都将选择坦白。

囚徒困境也可以从规则遵循的决策者之间的合伙关系来分析。两个个体都必须选择对双方收益有影响的行为，在这种情况下，就有一些社会定义的适当行为规则。这样一来，理性行为便只是众多可能被唤起的规则之一，这些规则很可能是通过唤起"博弈者"或"竞争行动者"的身份而得来的。

然而，并非仅可唤起这些身份。处于囚徒困境中的某个人也许会接受朋友、队友或合作者的身份。这类身份可能会唤起与"把最大损失降至最低"的决策规则有所不同的决策规则。得到深入研究的一项规则是"以牙还牙"，它要求从一开始就展开"合作"（拒不坦白），接着严格模拟对手的反应来采取行动。这项规则和"把最大损失降至最低"规则所引起的结果迥然不同，它产生了一个谁也不会坦白的稳定均衡。

对囚徒困境里的合伙关系的分析大大丰富和深化了我们对持不同偏好和

身份的人们之间的合伙关系的理解。对分析结果进行综合回顾超出了本章节的范畴，但在这里引用两个相当一般的结论汇总是很有用的。

- 可重复实验。合伙关系是在相同或相似情况下可以持续进行多次重复实验的关系还是只有一次实验机会的关系，这两种关系之间有很大差别。经过多次重复实验的合伙关系需要考虑声誉、信任、报复和学习，这些在单次实验情况里是不存在的。重复实验有可能产生互利的协作行动（比如，以牙还牙规则）。
- 不完全理性。合伙关系中的合伙人是两个具有完全理性、完全信息和完全一致性的合伙人，还是每个合伙人都不得不假定另一个合伙人可能会做出不完全理性的行动，但出现这种行动的概率非常小。这两种情况之间有很大差别，前一种情况下的均衡完全不同于后一种情况下的均衡。

2. 囚徒困境行为

对囚徒困境情境下人类实际行为的研究所产生的结果太复杂，难以在此展开。总的来说，这些研究表明了对合伙关系的两种观点的糅合。合伙人确实经常陷入"两个囚徒都坦白"的次优结果中，但是，尽管有各种理性措施激励他们"都坦白"，他们还是经常通过"拒不坦白"、成功"合作"来避免这种次优结果的出现，他们往往感受到适当性的压力，尤其是在某些身份被唤起的时候。

3.4.2 信息

由于决策者对结果和激励进行评估，还努力唤起和实现身份，可供他们使用的信息很少是"单纯"（innocent）的，有可能不是决策者本人，而是其他人对信息进行搜集和传播。既然提供信息的人与决策者的偏好和身份不一样，他们就有理由对信息进行一些修饰；而接受信息的决策者无法直接检测信息的准确性，于是在合伙关系中就出现了信息问题。

如果产生或传播决策信息的人有意影响决策，那么信息中就不仅仅存在"随机"错误，数据也因此失去了统计估计所依赖的基础——统计的独立性和随机性这两个特性。例如，多个报表并不一定反映多个独立的观察。如果有 1 个信息提供者提供了虚假信息，那么其他 99 个人也提供虚假信息。在这种情况下，样本规模就不如判断信息来源的可靠性和信息本身的可信性那么重要。

1. 策略性信息

合伙关系要求在两个阶段进行信息交换：合伙关系形成阶段需要有关潜在合伙人及其作为合伙人所带来的种种好处的信息。合伙关系下的运行需要有关合伙协议进展的信息。很容易对这两类信息进行策略性的误导，许多信息经济学研究的就是在偏好或身份不一致的情况下如何识别可以创建有效信息流的条件。大多数决策者面对的是许多无法获得一致性的情况，因此在这种情况下信息的单纯性是大打折扣的局面。

信息经济学区分了两种与策略性信息相关的问题：合伙关系形成的时候，会出现隐藏信息（hidden information，又称为"逆向选择"）的风险。一方知道一些与另一方决策有关的信息，但是在签约时不如实透露出来。比如说，潜在的合伙人可能掩盖一些不良特征，如购买保险的人可能健康状况很差，出售二手车的人所拥有的汽车质量很差。

合伙关系一旦建立起来并开始运转，就会出现隐藏行为（hidden action，又称为"道德风险"）的风险。比如，合伙人可能伪造某合同项下的业绩报告。如果外部因素（如市场条件）或者运气使得合伙人对某个结果的贡献难以区分，每个合伙人都会声称自己是根据合同条款来执行的，而事实却并非如此。

任何与合伙人打过交道的人都对这些问题了如指掌。决策者要能够对提供给他们的信息的有效性进行评价。信息提供者需要想方设法地证明他们是诚实的。合伙经纪人需要设计出一套程序把保证有效信息流的成本降至最低。

按照基于偏好的理性行动的传统，这些程序主要是从自利的信息提供者中寻求或查找事实真相的程序，其中包括信号的采用，与说真话的人相比，信号对造假者来说成本更为高昂（所以造假者不太可能采用）。例如，贵重的、不可索还的订婚戒指就是忠诚的信号；大学学位是智力水平的信号，还包括使信息提供者之间互相竞争；由局外人颁发的或者是由于长期积累起来的名声而获得的各种证书；还包括担保，保证决策者免受错误主张的干扰。当然，只要程序涉及第三方，就会附带产生诸如"谁来监督监督者"的问题。

按照基于身份的规则遵循的传统，提高合伙关系中信息有效性的程序与其说依赖于激励，还不如说依赖于信息真实度与具体角色和身份的结合。研究理性合伙关系的当代学者已创造了各种各样的委婉的词语来表示说谎，如策略性曲解、自欺欺人的信息（self-disbelieved information）、信息冲撞（information impactedness）。这些委婉的词语并非偶然产生。在理性行为理论里，人们会为了达到自己的目的而撒谎，这算不上耻辱。在强制行动理论里，撒谎就是撒谎，在许多情况下撒谎都是不适当的。特定身份（比如朋友、专业人士、科学家）具有一些预防说谎的规则，因而有助于提高信息的有效性。

2. 策略性信息的长期动态

在短期里，有些人可以从谎话中获益。比如，方便得到数据的人可以从伪造数字当中获益，但是由于他们很难让在这些数字面前处于不利地位的人看重这些数字，这就限制了他们的利益。通常情况下，那些有能力获得数字并能从数字中获益的人会比其他人更清楚地看到数字的重要性；那些无法获得数字的人有足够的智慧认识到自己所处的不利地位，所以他们经常拒绝把数字当作决策的重要依据。

这些短期的优势很重要，但是必须从较为长期的动态过程来看它们的效果。在合伙关系里，这些信息互相影响，其特征可以通过下面的道德困境（morality tale）加以描述。

一开始人们都很单纯（innocence），也很聪明（cleverness），彼此之间没有尔虞我诈，从自身利益出发精明地利用信息。不久以后，竞争破坏了单纯。不太精明的人由于失去了其单纯的本性或者失去了生存能力，在竞争中被淘汰。但是，一旦单纯不复存在，精明也就失去了它的施展对象和竞争优势。如果大家都精明，那么精明对生存的差别效应就是零，但是如果放弃精明则肯定会被淘汰。由于人们把精力都集中在精明上，而忽略了其他方面，因此，有些体制，比如一些不需要在精明上进行竞争就能解决真相问题的体制，就使精明处于岌岌可危的境地。

根据这种思想，有人认为，长期看来，或者通过自利的说谎者之间的竞争性行为（比如盎格鲁－撒克逊时期在竞争中体现公正的法律传统），通过环境的力量（比如，商业企业必须挣钱以求生存），或者仅通过时间的流逝，真相终会水落石出。

但是，有关“真相终将大白”的竞争形式还需添加一个重要的脚注，上述道德困境对此的表述并不清楚。由于各种力量在相互竞争的说谎者之间得以发动和配置，揭露真相的成本大大增加了。各方都额外聘用一名律师来保持力量的均衡，但也加大了成本。如果信息提供者多增加一份自利的精明，那么信息使用者也需要增加一份精明。为了寻求己方优势而发起的军备竞赛可能不会影响竞争结果的真实价值，但是如果对竞争的资源怀有偏见，就会影响结果的真实价值。然而，军备竞赛大大提升了竞争的总成本，因此，与那些不必承担类似成本的竞争体制相比，军备竞赛变得更加脆弱。

尽管该体制的长期演化过程是精明和单纯的循环过程，而不是其中一方将最终占主导的过程，但是很显然，策略上弄虚作假（strategic misrepresentation）的动态很有可能使信任、声誉和规则遵循在信息交换中显得非常重要，它们使那些成功地把提供真实信息的义务强加于各种身份的决策系统具有了竞争优势。

3.4.3　创造合伙人的一致性

在偏好和身份不一致的个体之间建立有效合伙关系最明显的策略是消除种种不一致的因素。这种策略包括，调整各个理性行动者所追求的动机，或者调整遵循规则的行动者的身份。

1. 调整动机

如果合伙人采取行动的基础是偏好和后果的逻辑，那么消除不一致性就意味着要调整他们的动机。与此相关的研究关注的是委托人和代理人的关系、合约以及威慑体系和信息体系的设计。

威慑理论（theories of deterrence）　调整合伙关系中动机的一个标准理论是关于威胁和威慑的理论。有时会威胁：不履行协议一方会受到制裁，如果这种威胁对双方都是可信的，合作将得以维持。设计和建立有效的威慑体系的问题受到了研究国际关系和和平的学者的重点关注，他们的研究说明了两个显著问题。

首先，如果威慑无法同时对双方产生威慑作用，那么威慑机制往往不稳定。每个合伙人的"第二次打击"能力（用对方的损失来衡量）一定要大于其他合伙人的"第一次打击"能力（用对方的预期收益来衡量）。在存在核战争可能的世界里，这表明如果每个国家都重视保护自己的资源和生命而不关心对他国造成的损失，那么就有利于形成相互威慑。在关系稍缓和一些的合伙关系里，这表明建立合伙关系的第一步是获得对自己来说价值不大的东西的控制，并且让你的合伙人控制那些对你来说非常有价值的东西。

其次，威慑机制要求威胁是可信的。威胁实际上可能是一句空话，这往往往会削弱威慑机制。孩子会估计家长是否真的会实施威胁，经理也会估计供应商是否真的会发货。如果威胁行为的危害很大的话，问题就尤为严峻。很有可能在到了真正要实施严厉威胁的时候，实施威胁却被视为不理性的做法。

如果严厉威胁未能奏效，强行实施很可能得不偿失，至少在短期里是这样。工程师可能威胁在某个日期之前得不到提拔就辞职，但是如果到时候真没有得到提拔，离开公司未必符合这位工程师的最佳利益。威胁的妙处并不在于将威胁付诸实施而在于威胁所引起的反应。但是，在理性行动者世界里，既然公司会预测威胁得以实施的可能性，威胁对行动的威慑作用将微乎其微。

由于威胁缺乏可信度会损害威慑机制的有效性，合伙人会着重强调他们所发出的威胁是不可撤销的并让人知道这一点。存在大量解决可信度维持问题的机制。（为了强调威胁是可信的）后路可能被堵死。可以把决策委托给其他人或委托给不可更改的规则系统或技术系统。当然，这样的机制往往导致强制性行动，而强制性行动一旦付诸实践，很容易成为不明智的行动。

尽管报复机制有些不合常理，但正是这种非理性使它们具有了一定的可信度。对报复者和违约者来说，报复一般都代价高昂，所以理性的人不会对他人的违约采取报复行为。然而，由于履约得不到保证，不可能达成合同，这恰好可能会使双方处境都变糟。一定数量的非理性报复或许会产生合作行为。人们知道报复会伤害到报复者自身，理性的人会避免报复，因此利用这一点来欺骗理性的人；然而，即便报复可能是自我毁灭性的，也必须预测非理性的人报复的可能性。

通过威慑来确保协议得到履行的一个古老的例子是抵押品交易。其基本思想是如果不履行协议，抵押品就会被没收。为了确保履行协议并要回抵押品，那么抵押品对抵押者的直接价值应该高于抵押品对被保证人的价值，这种做法一般来说都有助于协议的履行和抵押品的要回。

比如，有些工资理论认为，员工工作初期，公司所支付的薪水低于员工所创造的价值，而后期则大于其创造的价值。这样一来，新员工怀着对未来报酬的预期而勤奋工作，老员工也将继续努力工作，如果不这样做，他们将失去他们本该获得的剩余报酬。年轻人交出了他们应得的部分报酬作为抵押，来保证他们后期也会适当行动。

合约　理性模型关注的是动机——产生行动的预期结果，包含理性行动者的合伙关系需要每位合伙人的动机与他人的愿望相一致。其基本做法是：让合伙人之间的交易（补偿性支付）按照合意的行动来进行。家族和商业组织可以被视为合约网络。如果母亲和女儿合作，各自都会从对方那里得到好处，这种预期是她们合作的基础。老板和下属进行合作的理由也是如此。

合伙关系要求一些安排和实施这些调整动机的协议，尤其是在预计到合伙关系的期限很短暂的情况下，每个合伙人都有可能对他人不放心，没有安全感。合伙人要求合约清楚地规定每位合伙人的责任，并且规定如果履行了这些职责的话，就会进行交易，从而减轻这种不安全感。然而，既然每位合伙人都知道，其他人只有在符合自身利益的情况下才会履行合约，并且每位合伙人也知道其他人也明白这一点，因此，在确保协议得到履行的过程中，合伙关系面临着以下标准的问题：

可证实性问题　如果可以对行动进行观察，双方当事人可以签署一个合同，该合同规定每位合伙人应采取的行动，安排合适的补偿性支付条款，从而使双方都愿意采取适当的行动。如果无法直接对行动进行观察，那么就要通过结果来推断合同的履行情况，但是，结果和行动之间关系的复杂性会影响这种推断的质量。比如，通常用业绩来评估合伙人的努力程度或能力高低，但结果也可能受到许多不可观察因素的影响（环境承受能力、技术上的可能性），这些情况使得他们之间的关系以及合伙人的努力或能力变得模糊。

不完全性问题　通常，人们希望合伙关系能一直适用于许多不同的情境，但是人们无法预先准确地规定未来情境。每位合伙人可能会宁愿等待，直到各种未知的突发情况出现之后再商讨确切的协议条款，但这种策略严重制约了各种可能的合伙关系的类型。于是出现了一些对未来进行承诺的合约，但它们肯定是不完全的。它们规定合伙人采取的行动都是那些无法预先决定的行动，合同中也无法清晰地列举这些行动。每位合伙人必须关注这些不完全合约的解释和执行情况，必须预料到其他合伙人也会对此给予关注。

指标错位问题（problems of misplaced specificity） 解决可证实性和不完全性的常见方法是，根据可观测到的绩效来拟定合同，比如，教师可能会和学生达成合约，规定学生在今后的考试里取得某个分数，雇主可能会和雇员签署协议，规定在损益表上的绩效要达到某一水平。这些把合约和绩效结合起来的做法总是有效的，但也存在明显的风险。一般情况下，绩效标准是预期行为的指标而不是行为本身的指标。

比如，举行考试的教师希望学生学习本课程内容。考试只不过是学习的一项指标，然而，学生和其他合伙人经常会发现，满足这项指标要比教师真正希望他们做的事情轻松得多。学生学会在考试中作弊或是专门为应付考试而学习以此来提高考试成绩，但并没有真正学到东西。管理人员学会了如何操纵业绩报表而不是提高业绩本身。

所以，在设计控制合伙人的机制方面，最大的困惑是，在不鼓励对绩效指标投机取巧的情况下如何引导合伙人。合伙人认为提供的指标越具体就越能很好地进行控制，但这种精确性也可能导致对指标的操纵。现代社会要求用明确的数字来体现智慧和"公平"，这种压力加剧了这一困境的复杂性。

声誉 当合伙关系涉及重复交易时，精心拟订合作协议的机会大大增加。既然重复博弈历史悠久并且前景光明，参与者可以根据过去所发生的情况（减少了信息方面的问题）采取行动，并保证在未来进行奖惩，奖励或惩罚取决于过去行为与现阶段标准符合的程度。这种更为丰富的信息和更多的奖惩机会的结合，使涉及重复交易的合伙关系与一次性交易的合伙关系大有不同。

可以通过对"声誉"积累问题的讨论概括这些差异。合伙人所具有的采取合作行动、履约承诺或公正地解释协议的声誉，能够使双方对合伙关系的建立具有共同信心。共同信心极大地扩展了进行互惠互利的、符合自身利益的合作可能性。请注意这一点，根据这种观点，只有在声誉能产生个人利益的条件下，人们才会去追求声誉。可靠地履行承诺是一种实用的策略但不是道德上的必须。

声誉（好名声）和抵押品的功能一样，因为那些履约可靠度高的人与那些没有此项声誉的人相比是更有价值的合伙人，所以声誉是一项宝贵的个人资产。因为声誉对个人很宝贵，在任何交易中它都能发挥出抵押品的作用。正因如此，声誉有助于维持合作关系。诽谤和中伤是犯罪，一方面是因为人们珍视个人声誉，另一方面是因为个人声誉对于双边合作的社会体制至关重要。

在许多合伙人互相影响的情况下，声誉就更为重要。如果在自主性的合作关系里一位合伙人的声誉受到负面影响，这一合伙关系将很难维持。但是，如果一个合伙人在合伙关系里未能达到预期，这将损害其声誉。这种声誉与许多关系密切相关，且影响将一直延续到整个社会体系里。家庭、职业、社区提供了有关声誉信息的网络，这种网络有助于维持它们其中任何一种合伙关系的发展。

对声誉的讨论一般都与博弈论里术语的用法以及对博弈均衡的博弈分析结果相一致，然而该讨论对理解这些博弈时存在的问题未进行充分的阐述。比如，声誉对博弈里合作的积极效应出现在无限博弈的法则里，却没有出现在非常长期的有限博弈里。在任何期限比无限博弈短的合伙关系里，由于已经预料到博弈已经接近尾声，合作往往走向终结（由此可见，声誉最终无关大局）。

2. 调整身份和规则

如果合伙人的行动基础是身份和适当性逻辑，那么消除不一致性就意味着要调整合伙人对情境和他们的身份的定义，并要对他们的身份所暗含的行动的定义进行调整。相关的研究探讨了规则、角色的发展以及社会化是如何与它们保持一致的。大多数的规则和身份理论都认为身份和规则是共同发展的。父母的身份和孩子的身份共同发展；买主的身份和卖主的身份共同发展。事实上，很难在想到父母的同时不想到孩子，或者考虑买主而忽略卖主。规则和身份理论的发展过程往往使彼此互相调整达到一致。

这种走向一致的趋势甚至蔓延到了互相对立的身份里。政治上的反对派或生意上的竞争者都遵循已经共同发展的竞争规则。保守主义的教条与激进主义的教条相"匹配"，因为两者一致发展以反对另一方。这种政治约束或商业竞争方面的传统对立的问题不在于它们的对立性而在于在偶然的情况下它们发觉彼此存在一致性。

然而，长期的调整过程使得短期里身份和规则无法通过调整达到一致的情况频频发生。身份的共同发展过程是缓慢的，并且存在大量的身份和规则并不一致的征兆。决策体系通过选择、社会化、注意力和解释等途径处理危险的苗头。

选择（selection） 个体是身份和规则的集合。决策者通过选择一些人作为合伙人而不选择另外一些人，从而创造了一致的身份。当决策者选择背景、种族或教育方面相似的人来组建合伙关系的时候，他们采用的是选择策略。他们并不尝试去塑造适合合作的合伙人，而是去寻求业已存在的合作伙伴。

把选择作为使身份和规则一致的策略存在两个问题。首先，选择往往把具有不同才能和风格的个体之间的合伙关系的形成局限于那些社会已经认可的合伙关系。比如，神经外科专家和麻醉专家的身份不仅仅体现在各自的专业能力上，还体现在紧密联结的、一致的规则上。这两种身份的共同发展使其中一个身份的实践与另一个身份的实践互相一致。由于对对方的专业很了解，仅由此就可以假设双方存在很大的一致性从而选择对方作为合作者。但是，如果双方所满意的才能和风格的组合很新奇，或者社会对此的认可较少，这时就很难运用选择策略。所产生的合伙关系要么内部很一致但缺乏必要的才能，要么拥有才能但内部不一致。

其次，对选择的依赖会把合伙关系局限在预先规划好的合作框架里，而这种合作框架在遭遇突发情况时容易土崩瓦解。比如说，商业航空公司传统上会通过选择组建航空机组，独立选派各个机组成员负责某次飞行，每个航班上机组成员的组合都不相同。在这种程序下，不管机组成员有哪些，每位飞行员、副驾驶和机械师应该各负其责，各项工作都应该配合默契。对航空公司来说，这样的安排具有明显的日程安排上的优势，并往往能促进各项机组任务的标准化操作，但同时，它降低了机组作为一个团队处理突发事件的能力。这或许就是为什么像美国橄榄球运动这样的全明星赛经常对进攻形式进行限制而对防守却随意。

社会化（socialization） 合伙人相互之间社会化。对工作和员工之间、桥牌牌友之间以及配偶之间的研究发现，合伙人共同发展技能和行动程序，从而每个人都能很好地适应自己所熟悉的合伙人，而（相对来讲）对其他人则不太适应。每个合伙人都形成了与其他合伙人相匹配的身份和规则。同时，由此产生的双边依赖性使合伙关系在面对其他合伙人时相对稳定，但在其内部对努力和收益进行划分时则相对有争议。

互相学习过程产生的趋同性影响到决策。比如，在谈判方面的研究中，著名的观点是，相互学习的结果受到两个合伙人学习的相对进度的影响，学得快的进展大。合伙关系以接近于学得慢的合伙人的初始状态的方案而告终，学得快的妻子造就了行动迟缓的丈夫；学得快的父母造就了一成不变的孩子；学得快的制造商造就了挑剔的顾客。

与此同时，社会化为合伙关系体系提供了相当大的稳定性。对男女之间、员工和工作之间、产品和顾客之间搭配的稳定性的研究都表明，随着合伙时间的延续，合伙关系日趋持久。造成这一结果的部分原因是搭配的某些固有特性的异质性，这种异质性促使配合不好的搭配尽早解散，另一部分原因可归结为相互适应性。男女之间、员工和工作之间、产品和顾客之间无时无刻不在相互适应，这样就降低了合伙关系解体的可能性。

注意力和解释　任何个体都是各种身份的集合。角色冲突研究很久以来就在考察如果个体把多种身份结合起来，会对注意力和解释产生什么样的效应。成长在正统基督教环境下的生物学家会如何解释这两种互相冲突的身份呢？他们什么时候满足自己作为生物学家的身份需求，又在什么时候满足自己作为宗教人士的身份需求呢？当面对危及社区和自己家人的灾难时，警官如何解释他们作为警察的身份与作为配偶和家长的身份之间的冲突呢？他们会做些什么？

在任何特定的情况下，都必须唤起身份意识，而且须加以解释。与身份相适合的情境和行为都是模糊的。于是，合伙关系的艺术经常需要对合伙人身份的唤起和解释进行掌控，以此来减少对身份不一致性的注意。在随意的谈话场合，要想避免谈论政治和宗教话题就要降低对身份不一致性的注意力，这是一条标准的规则。同理，组织会特意把与任务相关的身份和家庭身份分离。

多重行动者：冲突和政治

第 3 章研究的是合伙人在偏好和身份不一致的情况下的决策问题。正如假设的那样，不一致性会使问题变得复杂，而研究多重行动者决策的理论家有一个共同的本领，即通过整合偏好和身份，使其趋于一致，从而把决策问题从具有不一致性的合伙关系转变成团队关系，这就引起了人们对合约、动机、选择、社会化和注意力的关注，这些因素可用来消除或缓解不一致性。对两个不调和的合伙人之间合作的研究成为考察包含不一致的决策者的社会体系和持久的社会结构的背景。

本章把注意力转移到那些更庞大的系统，考察了一系列涉及不一致的多重行动者的决策观点，在这种情况下，行动者不太愿意强调消除偏好或身份方面的冲突。面对不一致的偏好和身份，本章研究了两个经典的决策论隐喻。第一个隐喻认为决策以权力争夺（power struggle）为基础，它关注的问题是：谁得到了什么？什么时候得到的？如何得到的？第二个隐喻把决策描述为联盟结成（coalition formation），它关注的问题是：如何建立合伙关系？怎样达成协议并加以实施？最后，本章讨论了注意力和其他因素对决策不稳定性的一些影响。

用这种方式来分析多重行动者决策，经常被称为"政治性的"和"冲突性的"。其原因不在于决策过程必然涉及政府机构和行政惯例，也不在于它必然具有暴力或情绪爆发的特点，而在于决策者之间总是存在着不一致的偏好或身份。许多常见的包括自由市场和治理体制在内的集体决策系统，就是政治性的（机制），因为它们在没有就偏好或身份达成一致的情况下就创立了某种决策机制。市场机制运用的是价格和强制履行合同。民主治理体制则通过投票、宪法、政党和强制立法来建立决策机制。

从具有一致性的单一决策者或单个团队的观点来看，由此所产生的决策有时会令人感到困惑。有时候，这些决策似乎要把人们组织到一起，他们一点儿也不关心对方的意愿，除此之外别无其他共同点。有时候，决策所反映的似乎是每个人的第二选择而不是第一选择。有时候，决策似乎不能得到实施，或者说只有改变最初的决策才能得到实施，它们糅合了信任、怀疑以及大量的不确定性，很是复杂，但这些问题在决策过程中只是部分地得到了解决。

4.1　决策与权力

当兴趣和身份不一致时，引发决策话题的最常见的一个观点就是权力。权力的概念反映了人们对斗争最直觉的观点：结果是由相互对抗的力量之间的相对实力决定的。有些人似乎总能比其他人得到更多自己想要的东西。个体和团队都有意识地追求权力和有关权力的信息。等级制度是最深入人心的组织设计特征之一，它假定权力存在差异，并把差异强加于权力之上。

日常生活中总能听到关于权力的隐喻，很容易得到普通行动者的理解。人们在日常谈话和故事讲述中提及权力，权力在专业文献以及机场的免费借阅图书中也随处可见。人们对权力很熟悉，在日常生活中面对这个术语很从容，这种情况意义深远。人们通常能轻易判断出谁拥有权力，并且赞成彼此的判断。有关权力的讨论对他们来说具有现实意义，这些讨论听起来都很正确，但与此同时，因为人们熟悉权力观点，所以难以运用权力来理解决策过程。对此需要进行细致的定义和精确的改进，这样一来，从一般意义上解释决策时，权力就丧失了它作为决策的万能解释的部分魅力。

4.1.1　随心所欲的权力

面对不一致性时，决策的基本思想是不同的人想要得到不同的东西或者实现不同的身份，然而并非所有人都能得偿所愿，因此，个体（和集体）之间相互竞争合作，力图满足各自的偏好和身份。权力就是获得想要的东西或者实现身份的能力。

尽管这一假设可能产生误导，但大多数的决策理论都假设人们希望获得权力，并且都希望决策与他的偏好和身份相一致。因此，社会上的权力分配，就是在追求符合个人价值观的生活过程中的利益分配。对民主的标准假设是权力的平等。对个人抱负的标准假设是对权力的追求。对决策的标准假设是对权力的争夺，通过运用权力得到自己想要的结果。

研究权力的学者采用两种模型来研究决策。权力的力量模型（force models of power）把决策描绘成各个参与者意愿的加权组合。权力的交易模型（exchange models of power）把选择视为自愿交易的结果。他们把"权力"一词当作交易利益（trading advantage）的另一个称呼。

4.1.2　权力的力量模型

在权力的力量模型中，集体决策被看成各种社会"平均"过程的结果。这些过程把相互冲突的意愿整合起来形成了折中决策。将要形成的这种折中取决于各决策方的相对力量。此类过程的细节有许多变量，但其根本目的是把不一致的观点汇集起来以进行统一决策。

1. 简单的力量模型

最简单的力量模型假设，决策是个体参与者意愿的加权平均，其权数是各参与个体的相对力量。可以想象，在这样的决策过程中，每个个体参与者都有自己的意愿，它可以用一个数字和一定数量的权力来表示。当个体借助权力来实现其意愿时，该体系所产生的决策反映了（力量竞争的）净效应。

该模型对标准的力量概念进行了简单而有效的改变。如果某个特定的决策结果和决策者最初的意愿是已知的，就可以估量出具体决策者的权力大小。另外，如果权力和决策者的意愿是已知的，就可以预测出决策结果；或者已知权力和决策结果，可以估计决策者的意愿。

要把简单的力量模型作为理解决策的基础，决策参与者的意愿必须是显而易见的；在对结果的反复观察过程中，对权力的估量也必须是稳定可靠的。

该模型的主要问题是它显然不符合多个决策者的相关数据。如果从两个不同的决策估算出权力指数，得出的指数是不一致的。

2. 模型的复杂化

通过不同的决策对权力进行的估量并不可靠，这有很多原因，而且每个原因都对基础模型进行了详述。

- 权力既关乎地位又关联着行为。某个特定地位或者特定角色所带来的效力经常和源自某种特定风格或精明行动的效力混淆在一起。这两个方面不可能完全相关，而且无论如何都必须分开进行估量。

- 权力具有领域特性。在某一领域内很有权力的人，在另一个领域未必如此。对某个决策者来说，不存在单一的权力指数，不同的决策领域对应着不同的权力。权力的领域特性，不仅体现于政府，还体现在公司、家庭，甚至教堂里。必须对力量模型进行特别解释以反映相关领域。

- 必须激活决策过程中的潜在行动者。潜在的权力并不总能得到实施。注意力也是不确定的。精力可能转而投入到其他方面。因此，力量模型应该把权力分解为潜在的权力和已激活的权力，它们合在一起才产生了现有的权力。但是，一旦分解，该模型要求对潜在的权力或者是激活的权力进行独立估量，以利用决策数据来估算另一部分。而且，由于注意力会随时间而变化，该模型要求给注意力标明时间。

- 使用权力会影响权力自身。有证据表明权力会发生损耗（depletion）。经常可以观察到的结果是，权力被浪费甚至被消耗殆尽。一般的假设机制认为，权力的实施会耗尽良好的声誉或曾经的好感，如果权力不会减弱，则这些必须得到更新。权力这种固定的资源会随着权力的实施而减弱。也有证据表明力量会发生条件作用：权力像技能一样，随其实施而增强。这种机制可能使能力增强或者获得声誉。特别地，权力的实施可以使权力得到其他人的承认。

所有这些对基础模型的附加解释都是似是而非的，每一个都是以对真实决策过程的观察为基础。遗憾的是，随着该模型变得越来越实际，该模型也越来越难以凭经验使用，尤其是已不可能通过经验数据来对各种因素进行估测了，必需的数据量要比想象的多出好几个数量级。

其结果是，力量模型和隐喻非常普遍，但无助于证实或证伪。可以把权力视为一种对意愿进行加权从而决定某个结果的力量，但这个概念并不十分有用，除非可以对权力进行独立估量。

3. 意愿在个人权力中的作用

尽管存在那些经验方面的困难，权力的力量模型在揭示可能被轻易忽略的权力的来源方面还是很有用处的。这些模型的一个显著特点是，认为权力来源于个人意愿和他人意愿之间的关系。与那些有权力的人在偏好和身份方面保持一致是有好处的。这种好处使权力的衡量（识别出"真正"有权力的人和变色龙）变得复杂，但现实的确如此。如果决策者想得到的东西也是别人想要的东西，他们如愿以偿的可能性会更大。

更一般地，如果意愿距离系统其他部分的"重心"比较近，会带来大量好处。相反，意愿远离"重心"的个人将在很长时间里远离权力。有趣的是，从民主政治理论的观点看，即使给那些因此而处于弱势的公民以更多的资源控制权或决策权，也不会减少这种情况的发生。例如，当偏好或身份被转化成意愿后，它们是如何影响对权力的感知（从而影响到权力）的。假设个体的权力是由别人对他的权力感知而决定的。进一步假设：每个行动者通过观察个人意愿和相应结果以及推断个人的权力指数（通过假定得偿所愿者的权力更大）来估测其他每个行动者的权力大小。尽管可以想象出，声誉的形成过程会增大权力的初期声望，但是在相当一般的条件下会产生不同的结果。如果权力感知决定着实际结果，那么通过观察结果来更新感知的过程实际上趋向于一种权力感知的稳定分布，这种分布根本不依赖于权力感知的初期分布，而仅仅依赖意愿的分布。

在考虑如何平均社会体制里的权力时，力量模型的这些特征意义重大。比如，它们认为，降低权力不平等程度的策略不仅包括资源的再分配，而且还应包括个人的偏好和身份的再配置。这一结果对民主治理体制有很多启示。它表明，民主治理理论强调了民主选举出来的官员应该反映公民的意愿，但他们在实现政治平等时，可能会遇到诸多棘手的困难。政治上的平等或许不仅仅要求政府做出努力关注民众意愿，而且要做出努力实现民众意愿。

4. 对权力的力量概念的失望之处

把权力作为力量的思想产生了一些有趣的非直觉观点，特别是有些观点，它们考察的是权力随时间而发生的动态变化和意愿在追求权力声望中的作用。然而，作为解释决策的概念，这一思想也具有令人失望的历史。

权力经常被"同义反复"。研究多重行动者决策的学者往往把权力当作事后标签来解释一些无法解释的变化。这种事后标签的做法在社会和行为科学方面由来已久。在经济学文献中，它们被表述为"效用"或"风险"等词语；在社会学文献中，它们被表述为"规范"或"合理性"等词；在人类学文献中，它们被表述为"文化"或"传统"等词；在心理学文献中，它们被表述为"个性"或"习惯"等词。

在每种情况下，隐藏其后的标签或直觉观点并没有什么本质错误，但是，当它们被用来对事情进行一般性的事后解释时，这些标签就出现了问题。权力概念经常遭遇这种宿命。如果通过观察发现某人得到了他们想要的东西而认定他们有权力，又用权力来解释他们得偿所愿的原因，便是犯了"同义反复"的错误。

谈论权力的象征意义　权力也与一些重要的个人信念和社会信念密切相关。权力期望公民履行职责，政府保持清廉，在现代政治和社会中，它部分构成了现实主义的基础，与理想主义的基本原理形成了鲜明对比。权力还与重视个体的信念相关。个人主义的意识形态通过自尊和权力的获得体现出来。权力还与个体间适当关系的概念相关，比如民主对平等的信念密切相关。很多社会试图缩小权力差距。

由于权力和这些根深蒂固的信念之间的联系，"权力"一词调动了大量的情感力量。"权力"的运用引起了人们对权力差距的关注，使人们不再被认为是天真的。这样一来，个体（包括决策论学习者）经常把"权力"作为一个信号来显示他们对社会的洞察和对弱势人群的关注。

从另一种意义上讲，权力的形象具有重要的象征意义，它们唤起了人们产生生活就是斗争和征服、就是统治和服从的概念。他们认为"权力"意味着强大，意味着传统的男子汉概念，于是决策（以及决策研究）往往被认为是培养男人气概的领域。这些引申出来的权力概念对制定决策和解释决策过程都有重要意义。

衡量权力的困难　有时候，在大的社会或政治体制下对主导集团或弱势集团进行权力对比时差距会很大。如果权力差距过大，对权力的衡量就显得相当重要。在某种情况下采用的权力衡量方法可用于其他许多情况，从而可以进行广泛的预测。比如，几乎每一种衡量权力的方法都表明，在几乎所有的政治体制里，穷人的政治力量要总体弱于其他市民。

另外，可以用小型政治体系（比如组织）里的活跃参与者进行相对权力的衡量，并以此来预测决策，结果通常很令人失望。不大可能根据以前的结果来估量权力从而对未来结果进行可靠的预测。由于人们衡量权力的能力有限，再加上权力自身的复杂性，人们很难从其他因素的"嘈杂声"中发现"权力"的"信号"。

衡量权力的努力得不偿失的原因在于关于权力的基本思想本质上是模棱两可的。比如，考察一下下面的三个问题。

- 意愿实现的人际比较。如果权力是根据个体得偿所愿的能力来进行衡量的话，那么如何对相对权力进行比较呢？对权力进行比较要求比较某个人和其他人的意愿的实现程度。以意愿实现为基础的衡量要求我们确定这样一个问题：与其他人相比，有些人是否更为接近他们所追求的偏好或身份。由于种种原因，人们对主观效用的人际比较持怀疑态度从而拒绝在选择理论中采用它。

- 意愿的策略性表述。偏好的表述和身份的宣布都是谈判的战略武器。因此，那些想要准确评估它们的人必须解决一个问题，即如何衡量那些可以被人为地进行策略性操纵的东西。

- 意愿的伸缩性。通常对权力的处理是暗中把意愿当作固定不变的，并衡量它们与外界的相符程度。事实上，偏好和身份至少和外界一样要具有适应性；对它们实现程度的衡量，至少在一定程度上是对其伸缩性的衡量。

由于上述及其他原因，寻求衡量权力的有益的经验式方法似乎没有止境，但基本上未取得实质性成果。

4.1.3　权力的交易模型

应用权力的力量概念的主要困难在于以下事实：无法独立观察到权力的权重，但是通常又必须根据权力的结果进行估测。权力的交易模型通过关注少量的能给自愿交易体系里带来交易利益的因素来处理这个问题。

1. 交易的简单模型

交易模型的基本思想是参与者（个体、团体或组织）自愿达成交易关系，这种交易关系受某种规则体系的控制。每个参与者都贡献出资源，其中包括资金、财产、知识、能力、人脉、权力和权威以及信息等。选择是在规则范围内安排互相可接受的交易的过程。每个个体在与他人的交易过程中谋求自身地位的提升。当交易到达了不可能进行更为合法的、更为可接受的交易的地步，选择过程也就停止了。

2. 交易利益因素

在交易模型中，人们被想象为通过交易资金、地位、感情和其他资源来提升自己的地位，这些东西是他们自己掌控而别人又想得到的。"权力"一词在这些理论中泛滥。可以通过不含该词的交易理论来展现、理解和使用这些理论。在交易模型里，追求个人偏好或实现个人身份的能力（"权力"）取决于以下三个因素：对规则的控制、对资源的控制与对偏好和身份的控制。所以任何权力的交易理论都研究这三个因素的确定方式。

对规则的控制　就像所有的社会交往一样，交易也发生在具有一定规则的社会结构之中。社会规则规定适当的决策场所并施以限制；社会规则限定合理的决策程序以及判断决策合理性的标准。有些事情是既定的，有些问题未被提及，有些备选方案尚未得到检验。影响这些限制条件的能力是权力的重要来源。

在决策论的研究中，主要的争论之一是有人认为，选择理论系统地忽略了如何规定决策规则的问题，却花费大量精力来关注个体在规则范围内的运作方式。仅考虑在一组既定规则下运用权力的权力理论也许忽略了这些社会"章程"对决策的影响。一代又一代的立法者发现，立法程序的规则并不是中立的。

对资源的控制　交易模型里的权力来自对别人渴望得到的资源的控制。通过交易资源可以得到任何能用来满足自身偏好或实现自身身份的东西。决策者之间通过交易互通有无。多数研究交易惯例里的权力的理论强调的一点是，拥有别人想得到的资源会产生权力。为了赢得权力，决策者谋求对资源的控制。

为了获得与资源依赖性理论相关的预测结果，这些思想已经被用来研究决策理论。资源依赖性理论认为，个体和组织将对控制重要资源的内部和外部力量做出反应，并且个体和组织会致力于限制他们对这些资源的依赖性。对资源的控制使个体和集团具有权力。于是，变得更有权力的标准建议是：

要有钱，要占有抵押品，并做个更好的老鼠夹子。

对偏好和身份的控制 正如父母和广告公司反复证明的那样，在交易模型里获得权力的一种可能途径是改变他人的需求从而使他们想要你能提供的东西。谋求权力的人不是去尽力为他人提供他们想要的东西，而是尽量让他人想要你拥有的东西。在领导理论的文献中，这被称为"转换型领导"。在其他文献中，这导致了"开心做奴隶的问题"，因为让那些得到你所提供的东西的人心满意足，你就获得了权力。

改变别人并不是改变偏好和身份的唯一途径。改变自己也是一条可能的途径。尤其要注意"通过拥有别人想要的东西正好可以获得交易利益"这个命题的另一面：想要得到那些别人不想要的东西也可以获得交易利益。一些例外的情况是：一些非常规的品位和身份更容易通过自愿交易得到满足。渴望得到瑞典甘草糖的人一般都可以在烟草爱好者的圈子里得偿所愿。

这个命题和权力的力量模型里的比较命题相差甚远。如果决策过程是通过"平均"参与者的意愿来产生决策的，拥有非常规意愿的参与者将一直处于劣势地位。如果决策过程允许参与者自愿进行交易，拥有非常规偏好的参与者将永远处于优势地位。一个相对纯粹的交易决策形式是"互投赞成票"（logroll）。"互投赞成票"的过程往往改善非常规决策者（比如有些人，他们的价值观或身份极其特殊，与其他人毫不相干）的相对地位。这或许就是有些人认为这样的过程是必不可少的，而另外一些人却认为有悖常情的原因之一吧。

3. 生活就像一个保险计划

权力交易理论认为，可以把决策理论当作一个宏大的保险计划，在这个计划里，今天提供好处是为了在将来得到互惠的期权。采取行动是指望未来得到好处，但未来的不确定性使决策过程变得复杂。决策者知道自己将来可能会需要帮助，但几乎不能确切知道需要哪种帮助、何时需要以及从谁那里得到帮助。于是，他们到处提供好处，期望以此为将来的需要购买一份"保险"。

提供好处是要获得预期收益，但是对风险的厌恶，会使大多数社会体系里的行动者愿意提供比将来能够得到的回报更多的好处。收到好处的人对过去的好处打折扣的趋势突出了这种不平衡，"你最近给了我哪些好处？"这种互惠保险（reciprocal insurance）结构，就像社会交往中的礼节一样，巩固了这种制度并营造了一个社会，其中主动提供的好处要稍微多于将来所要求的回报。

4.2　决策和联盟

有关多重行动者决策过程的第二个隐喻强调讨价还价和联盟结成。讨价还价和联盟作为一方面，权力作为另一方面，把两者区分开来多少有些武断。例如，权力的力量模型假定存在某个整合决策者意愿的过程，那么首选过程应该是联盟结成。而权力的交易模型假定存在协商交易的过程，那么首选过程应该是讨价还价。然而，讨价还价和联盟结成提供了一些焦点问题，这些问题更加强调的是一些对决策施加控制的相互作用的社会因素。根据这种观点，决策过程包括讨价还价、互相支持、结成协会和同盟。

4.2.1　联盟的观点

就像权力观点一样，讨价还价和联盟结成的观点也是建立在偏好和身份不一致的假设基础之上的。决策的做出和合作计划的开展都发生在具有潜在冲突的背景下。讨价还价和联盟结成的理论强调了多重行动者决策理论中两个非常重要的方面。

首先强调的是正式决策体系的结构，即决策规则（至少在暗中）不受到决策参与者的破坏。这些结构性的规则定义了可供具有特定角色的人（比如，市民、立法者、公司董事或管理人员等）使用的资源，并详细规定了各种角色的结合，这些结合构成了一个足以做出合理决策的成功联盟。比如，标准的投票立法规则规定，任何超过半数投票的联盟都可以合法地为整个社会进行决策。有时候，这些规则本身被想象成在一个超级游戏里经过谈判而做出的决策结果，但它们被认为是既定的。

其次，讨价还价和联盟结成的思想强调的是个体决策者通过交易来追求目标的方式，其首要目标是组建一个有利于各成员（在规则范围内）进行决策的联盟。通过和他人签署协议，联盟得以形成。该协议规定，决策必须通过联盟做出。通过联盟成员之间的协调行动，这些决策获得了体系里的各种资源；同时，又通过各联盟成员的竞争在联盟内部分配这些资源。

4.2.2 建立联盟

大多数建立联盟的理论都预先假定，个体行动者有确定的偏好或身份，并且他们结成联盟的目的是满足这些偏好、实现他们的身份。考虑到游戏规则和其他参与者的要求，行动者理应尽其所能做到最好。

1. 目标和规则

在作为结果的讨价还价的过程中，需要做出两个关键决策：谁将加盟？利益将如何在成员之间分配？行动者在对分配方式是否能最大限度地帮助他们满足偏好或实现身份进行估计的基础上，来决定加入哪个联盟并试图影响自己的利益所得。在特定的宪政秩序（constitutional order）里，理性行动者都渴望加入一个获胜联盟，它们也根据此目的寻找联盟者，但是，联盟者不需要太多，因为每个联盟者都会索取一部分联盟收益。行动者愿意加入一个大到足以控制决策体系的联盟，而不要求更大。如果可以确定并达成"最小的成功联盟"，将会使每个成员的利益达到最大化。然而，在一个充满不确定性、子联盟和操纵空间的世界上，是有可能出现过大联盟的。另外，遵循规则的行动者谋求的是联盟及其分配方式能够满足他们认可的适当行为规范。他们对合法联盟（legitimate coalition）及其行动的"公正性"有自己的标准和预期。

传统理论一般假设，获胜联盟（winning coalition）会获得金钱奖励并在各成员之间进行分配。在这些情况下，收益的分配具有相当特殊的局限性，即一个人的收益就是另一个人的"损失"。联盟各成员之间存在需求方面是严格冲突的。

有些获胜联盟，其成员数量少于参与者总数，并具有广泛的决策权利。在这样一些规则结构下，联盟结成理论从表面上看是再分配理论。成功联盟里的各成员可以按照自己的喜好对组织或社会体系的资源进行再分配。由于受到规则的局限，赢家可以对输家"征税"，主张所获得的"收益"。有足够的证据表明，由于这样的制度经常进行重要的再分配，"赢者通吃"规则的再分配表象并没有起误导作用。

但是，对再分配也有一些限制条件，最明显的是制度有能力确保输家会受到赢家所做出的决策的束缚。通过联盟制定决策的标准理论预先假定了一个在规则范围内强制遵循规则和决策的构成性秩序。维持理性行动者之间的这种秩序要求参与者能够考虑到，即便这些规则在当前置他们于不利境地，长期来看，接受这些规则也要比转向其他规则更符合他们的利益。同理，为了实现身份的行动者也必须假定，从长期来看，参与到当前的决策体系当中会比接受一个完全不同的体系更接近他们的身份。

尽管在一般情况下加入获胜联盟会得到回报，但是也有例外情况：你对结盟利益的要求越高，你成为联盟成员的吸引力就越小，并且经常有这样的可能性——某个体在失败联盟（losing coalition）里的处境比加入成功联盟的处境还要好。正如在简单的合伙关系里一样，有效的策略取决于决策过程是只发生一次还是发生许多次以及是所有人都可以被认为是"理性的"，还是只有少部分人的行动是理性的。

2. 对联盟结成思想的限制

在研究文献中有许多关于建立联盟的学说，但它们的核心问题在于它们采用了简单理性或规则遵循相对纯粹的形式。建立联盟的理性理论往往对信息做出大胆的假设，认为所有的参与者都具备有关其他参与者偏好和情况的完全信息。简单的规则遵循理论总是假设规则是不言而喻的，人们会共同遵守规则并经常唤起规则。在有限理性、有限注意力和有限一致性的情况下，这些纯粹的形式似乎难以结成多人、多目标、多身份和多领域的联盟。

联盟结成的行为学学者认为，在这种过程里，（至少在暗中）需要进行大量艰难的估测。可能组建的联盟多到令人咋舌，其中哪个会得到考虑呢？联盟合约的本质是什么？在联盟合伙人不同时行动的情况下，他们如何保证协议的履行？参与者的决策状态发生变动，会如何影响正式的遵守既定规则的获胜联盟的运行呢？特定身份是如何得到重视或者被刻意忘却的呢？如何将不一致的规则应用于结成联盟？

4.2.3 需求的互补性

到目前为止，对联盟结成的比喻集中于这样一个观点：获胜联盟会获得一定数量的资源并在其成员之间分配这些资源。这一思想源自博弈论。在博弈论里，联盟总会产生某种集体结果（collective payoff）。这种比喻很有用，但它未能抓住联盟结成在决策过程中非常重要的一个方面：需求互补性的作用。

1. 和谐与冷漠

当结成联盟的目的是获得和分配货币收益时，通常会假定联盟各成员的需求是严格抵触的。尽管不同的联盟会有不同的收益，但给某个成员分配收益会减少其他成员的份额。正是需求的这一特征衍生了"把获胜联盟的规模降至最小"的法则。

然而，制定决策经常需要精心设计某项政策，比如购买一批设备、批准一项预算、采纳一套特殊的广告策略或者颁布一项立法，等等。在这些情况下，潜在的同盟者的需求通常不是严格对立的。组织购买一件新设备的需求和展示其"现代性"的需求是互补的。满足了某项需求的政策降低了满足其他需求的边际成本。

需求的互补性有很多形式，但是两种极端的情况证实了需求互补性对政策形成的重要性。第一种情况是和谐，联盟成员所希望的政策是互相支持的政策。在决策中可以想象得到的最自然的联盟是：各个成员想要施行同一种政策的联盟。每增加一位联盟成员都会增强联盟的力量而无须承担任何"成本"。如果顾客都希望购买到同一种产品，这时的销售代表就属于这种情况，因为每多一位顾客并不要求对产品的式样进行改变。同样地，某项税收改革的支持者所组成的联盟吸纳新的支持者时也不会增加成本。身份一致的个体比身份不一致的个体更容易组成联盟。父母与孩子、老板与下属，或者买主与卖主比那些不太和谐的角色更容易联合起来。

需求互补性的第二个极端的情况是互不关心（mutual indifference）。两个对对方需求互不关心的个体可以组建政策联盟来满足双方的需求。实质上，互不关心是另一种形式的和谐。在联盟规模起作用的情况下，政策互不影响、身份互不干扰是天然的结盟理由。

在实践中，完全和谐和完全不关心的情况都很鲜见，但其原则适用于那些虽不相同但有重叠之处的需求。与需要完全不同产品的顾客相比，需要相似产品的顾客更容易从单一的供应商那里获得满足。支持相近税收政策的人比支持相互冲突的税收政策的人更容易结成联盟。遵循一致规则的决策者比遵循不一致规则的决策者更容易结成联盟。

这些命题从直观上看是显而易见的，但是它们产生了一些常常被忽视联盟结成的特征。比如，需求的互补性使获胜联盟吸纳的成员超出了获胜所需的最小联盟规模。增补成员的政策成本低于由此而增加的安全感，这种安全感可以防止对力量的错误估计或决策结果的随机变动。

联盟结成的这些特征还引发了一些关于讨价还价利益的命题，尤其是任何特定个体处于成功联盟的可能性取决于他自身与其他人在偏好和身份方面的互补程度。互补性既可能来自需求之间的和谐，又可能来自相互不关心。这样一来，如果个体的偏好和身份与他人的偏好和身份完全吻合或毫不相干，都会有助于个体处于成功联盟当中。

可以通过传统政治学中的一个经典故事来说明互不关心所带来的好处。这个故事包括三个相互竞争的团体：资本家、工人和农民。在这个故事中，假定获胜联盟包含其中的任意两个团体（这一点可能不太可信）。根据当前的观点，对农民来说，传统的结盟优势在于他们与工人或资本家之间的需求的一致性大于工人和资本家之间的需求的一致性。工人和资本家的利益经常发生冲突，而农民想要的东西往往对他们来说不太重要。

由于农民在联盟中有表决权，是相对低成本的同盟者，所以仅可能的两个获胜联盟发生在资本家和农民之间以及工人和农民之间。这样一来，农民将总是处于获胜方。随意回顾历史就可以发现，多年来农民往往和其他任意一方（要么是资本家，要么是工人）结成获胜联盟。这个历史故事或许过于简单，但是意义很明显：拥有与他人互补的需求会使他成为一个受欢迎的同盟者。

2. 在政策上互投赞成票的联盟

互补性是通过在政策上互投赞成票而结成联盟的重要特征。互投赞成票指的是这样一种个体或团队联盟：在这样的联盟里，各成员对对方的需求基本上不关心，但是一致同意互相支持以便可以各取所需。决策者同意支持他人中意但自己不关心的项目，作为回报，别人也支持他喜欢的项目。

常见的基于偏好互投赞成票的例子是美国国会一年一度的《河流和港口

法案》，它集合了各地的项目；尽管其中任何一个项目自身会很难得到哪怕是少数几位立法者的支持，但是所有项目都必须得到多数票才能通过。常见的基于身份互投赞成票的例子是传统上自由的民主制度中对个人身份的相互宽容。

互投赞成票的联盟对单一问题参与者（single-issue participant）的情况格外具有吸引力，单一问题参与者只热衷于解决个别问题而对大多数问题不感兴趣。比如，当代民主体制似乎尤其适合在那些努力谋求公众支持的单一问题参与者之间互投赞成票，而当代的商业决策体系似乎尤其适合在那些努力谋求预算支持的单一问题参与者之间互投赞成票。更加不足以凭信的例子是在婚姻中，妻子决定住所、食物、衣着和孩子的抚养等事情，而丈夫则决定那些针对外国、国际贸易和军事战略等家庭政策。

如自由的民主制度的例子所示，有这样一种感觉，即现代的民主制度和组织都被设计成了互投赞成票式的同盟。个人的自由、授权和劳动分工都是为了进行决策而组建联盟的方式。在真正存在互不关心的领域中，这些方式很快就会被采用，而它们的运行似乎也更为顺利。政治制度和组织设置的信息壁垒使各方之间互不知情，从而导致了双方的互不关心。

政策上互投赞成票也是一种决策方式，但是在决策过程被构架为解决问题、遵循规则或行使权力时很容易被忽略。互不关心的成员之间结成联盟的思想既是多重行动者决策理论的重要组成部分，也是实际所观察到的决策的重要组成部分。不仅仅美国国会里有互投赞成票，各商业公司、军事组织和大学里也常见这种形式。

3. 对互投赞成票的限制

但是必须提及的是，从对互投赞成票所带来的利益的分析来看，互投赞成票似乎不像人们预期的那么频繁地发生。互投赞成票相对来说发生不频繁的原因很清楚，那就是它们要求宽容，甚至是鼓励差异。如果决策者的第一个本能是试图把他人所具有的与其自身不一样的爱好或自我概念扭转过来的话，他们是不可能和他人建立互投赞成票的联盟的。

以互不关心为基础来组建联盟也存在一些实际问题。

- 寻找合伙人的问题。多数人发现，确定同意或不同意他们看法的人要比找到不在乎他们的人容易得多。相似或相左的偏好诱使人们参加同样的聚会、互相联系。其结果是：对决策者来说，有的人对他们看重的东西漠不关心，而有的人的偏好或身份与他们的并非完全一致；但是识别出前者通常要困难得多。

- 组织问题。与由思维相似的人组成的联盟相比，由互不关心的人组成的联盟更有可能需要有意的计划安排和战略行为，而不是渐进的社会承诺。既然此类联盟里的参与者没有共同语言或者共同期望，也没有相互联系的身份，联盟肯定不会由社会交往自然而然地产生。这类联盟把互不熟悉的人捆绑在一起，从而不仅仅外部观察者感到茫然，就连参与者都感到困惑不解。

- 信任问题。如果互投赞成票联盟里的协议要求随时交易，互投赞成票就难以维持。由于讨价还价经常随时发生并且履行协议的机制不强大，互投赞成票往往要求一定程度的信任，但是很难在互不关心的合伙人之间保持信任。

- 策略性弄虚作假。互投赞成票的逻辑容易诱发在偏好和身份方面弄虚作假。决策者在一个问题上与潜在合伙人一致并知道后者对第二个不感兴趣，他往往会采取策略性行动。为了在第二个问题上互投赞成票，决策者就不会表现出他在第一个问题上与潜在合伙人的一致性，而声称自己毫不在乎。由于这种策略人人尽知，它削弱了互不关心的合伙人之间本已薄弱的谈判基础。

上述困难并没有阻碍政治联盟或商业联盟里的互投赞成票，但是它们的确揭示了有些能产生高收益的联盟依然难以组织和维持的一些原因。在崇尚交易的世界里，互不关心是权力的来源、联盟的基础。在追求合作的世界里，互不关心则是困难和缺乏团结的根源。因为难以同时实现互不关心和互相支持，获胜联盟往往内部无效率；而内部高效率的联盟往往不能得到足够广泛的支持来赢得胜利。

4.3 参与和决策的不稳定性

如第 1 章和第 2 章所述，有限理性和规则遵循的现代理论强调了注意力的因素：考虑的是哪种方案？哪种结果？哪些偏好？哪些身份？哪些规则？同样地，多重行动者决策理论关注的是：唤起了哪些潜在的人与人之间的不一致性以及参与者有谁、参与的时间和地点等问题。

时间上的要求和对规则的限制保证了在不同的地点会激活不同参与者的组合。其结果是：并非所有的在偏好和身份方面的潜在矛盾都发挥作用，而是存在一些不太直接的冲突。同时，决策结果取决于激活了哪些决策个体。由于对行动者注意力的多种要求，作为回应，行动者经常出入决策场合。既然对注意力的要求总是在变动，则决策环境在一些小的方面不稳定，这些方面累积起来影响了事件的进程。决策者迫于压力而不得不满足变化中的行动者团体的不一致的要求，因此，决策很容易随时间和空间的变化而变化。比如，在采纳某项政策的过程中所激活的兴趣和身份经常与该政策执行过程中所激活的兴趣和身份不一样。

种种不稳定性可能会隐藏一些本该被注意到的规律。尽管任何决策都受制于潜在参与者注意力的特殊波动，但注意力的统计分布使决策过程具有了一定的累积起来的一致性。参与规则、对注意力的其他要求以及缺乏用于直接交易的资源会使一些人处于劣势；在某些特定场合，他们可能可以克服这些劣势，但是不能经常克服。

4.3.1　多重行动者决策中的参与

参与模式影响到决策效率、决策结果和决策的可接受程度。为了解释多人决策条件下的参与者不断变化的组合，考察在决策中激活参与者的两个方面：首先，参与的限制因素有哪些？控制潜在决策者参与决策的规则有哪些？限定行动者的权利和责任的规则：谁能够参与？谁必须参与？谁不能参与？其次，决策者如何在规则范围内分配对决策的注意力？对生活的其他要求如何危及决策参与？

1. 参与规则

在偏好和身份统一或一致的情况下，参与模式无关大局。在古代雅典，因为假定公民本质上是相同的，所以有可能通过抽签来选举领袖。在偏好和身份一致的组织里，由于假定个体具有共同的目标和愿望，个体经常享有广泛的权威来代表集体采取行动。

然而，如果偏好和身份不一致，决策的制定将取决于谁参与了决策。让他们自由决定的话，有些个体会参与过度（从系统的角度看），而有些个体则参与过少。比如，高效的有才华的参与者可能会退出决策过程，因为他们自己承担了参与成本，但由于他们的参与而得到的收益却大都流向了他人。有才华的参与者的集体流失让大多数人对决策失去了兴趣。反过来，在他人看来，有些个体出于个人原因，参与决策的热情与其应有的热情相比显得过于积极，他们这种不成比例的积极性会使决策失去对大多数人的吸引力。

由此，每个社会体系都有有关每个决策的参与规则，规定哪些人必须参与、哪些人可以参与，还有哪些人禁止参与决策。论证这些规则是政治学和决策学的重要组成部分。谁应该参与分水岭处的用水权利的分配决策？谁应该参与有关工业设备报废的决策？

虽然对参与规则及其论证理由的详细探讨超出了本书的范畴，但是注意到参与规则一般都反映了如下三个重要关注点也是很有益的。

- 个人结果。任何决策所产生的结果都是对有些个体更重要，对其他个体来说不太重要。参与权常常是依据个体受影响的程度即时确定的。在民主理论里，一般认为适当的决策制度应该让那些受到决策影响的人比没有受到什么影响的人更多地参与决策。早期的美洲殖民者在"无代表不纳税"的口号下发动了争取参与权的运动。另外，在一些司法和官僚政治的决策理论中，个人结果构成了禁止参与的基础。法官应该禁止自己参与到影响他们的个人利益的决策当中。在这两种情况下，个人从决策中得到的结果的大小是影响参与权的因素。

- 社会利益。有些个体已经或者正在对社会做出的贡献大于他人。这些贡献一般被用来证明他们更多参与决策的合理性。对此有两种观点：一是能力论。让相对更有能力的人更多地参与决策似乎是合情合理的。二是补偿论。对社会更有价值（从对社会所做的贡献来看）的人应该得到补偿，而允许和鼓励他们比其他人更多地参与决策就是一种补偿。

- 创建社会。参与规则并非仅仅是调节决策的实质性内容的手段，它们也是创建小社会的象征和工具。参与的权利和义务与被接纳为社会里的同仁和成员联系在一起，它们象征着个体的重要性和集体的存在价值。是否参与决策很重要，它证明了"公民身份"，证明了个人价值和认识到这种价值的责任。个人效能感（或者作为替代的疏远感）取决于对决策的参与。

因为这些因素不一定在它们的共同含义中体现得很清楚，还因为不同的人对它们有不同的解释，在决策体系中对参与规则的争论是一种重要的宪政斗争（constitutional struggle）。这种争论经常导致个体争夺参与权，可一旦获得，又极少行使；经常导致根据个人偏好和身份应该具有的参与度与他人要求或允许的参与度之间的不一致。

2. 规则框架下的参与模式

在规则中可以发现许多参与结构。大多数决策都带有关于委托、允许或禁止特定的个体或角色参与决策的规则，但是规则范围内的行为变动还有一定余地。有些决策发生的原因是某些特定个体本该在场而实际却不在场，或者是某些个体本该缺席而实际上却在场。

可以把参与决策视为理性行动者或规则遵循的行动者所采取的有意行动。下列三个主观因素使参与颇具吸引力。

- 特色。决策对偏好或身份来说很重要。
- 效能。参与对决策结果有影响。
- 效率。没有更好的方案能够满足偏好或实现身份。

或许，发现这样的情况并不足为奇：当个体自身的利益或身份受决策影响时，他们会比不受影响时更愿意参与决策；当个体觉得他们能够影响决策时，他们会比觉得自己不能影响决策时更愿意参与决策；当个体没有备选方案来采取合理行动或实现愿望时，他们会比觉得还有其他方案时更愿意参与决策。

与注意力分配相关的主要问题已经在 1.3.1 和 2.2.3 这两小节里讨论过，这里将不再回顾，但是注意一下参与行为特有的三个特点是有用的：既可直接参与又可间接参与的方式；未来参与受到过去参与影响的方式；参与模式影响决策合理性的方式。

间接参与　有限注意力理论的一般假设是，在对立的要求之间分配固定的时间和精力。对一组问题、偏好、选择情况或身份的考虑排除了对其他组问题、偏好、选择情况或身份的考虑。个体带着自己的声音和体能直接参与到决策当中，进行抱怨、抗议、组织和争论等活动。对某个决策的直接参与使人们难以或者不可能同时再参与其他决策。

这个假设很有用，但显然算不上正确，尤其是它低估了间接注意力，或者说间接参与的重要性。人们经常将他们关心的问题委托给一个合适的代理人（代表、负责人、律师或者说客）。通过启用代表的做法，决策参与者绕过了注意力的限制。事实上，通过用货币资源（在聘用代表的情况下）、社会资本（在自愿代表的情况下）或者威胁将来要实施报复（在有合伙人的情况下）来替代时间，参与者能够同时出现在好几个地方。当然，代理人不够称职会使问题变得复杂。

报复的例子提醒我们一种次重要的间接参与形式。不在场的参与者由其他人代表，但是如果后者的行动与不在场者的意愿出现太大分歧时，就会动员缺席者到场。顾客在威胁他们将转而购买其他品牌的产品时，他们实际上是"在场的"。员工在威胁将另谋高就时，他们也是"在场的"。公民在威胁将转投其他政治党派或其他国家时，他们也是"在场的"。

参与的威胁在任何社会关系中都是含蓄的，不必公开。决策者会考虑他们的思考和行动可能对动员潜在参与者产生的各种影响。与此同时，他们会猜测其他人的意愿以及这些意愿影响参与格局的可能性。这些猜测会影响行动，但猜测显然也会受重大不确定性的影响。事实上，威胁是什么以及是否会实施威胁的问题可能不太清楚，其结果是，威胁的效力被不确定性抵消了。反过来，这又定期地刺激了威胁发出者实施参与威胁，旨在确认威胁的真实性——即便他们本该乐于留下来并同意轻微背离他们最满意的行动方针。

这种动态效果使对弱势者的动员成了一把双刃剑，因为参与与否的效果差异明显，动员弱势者参与能够增加他们的影响力。但是如果弱势者的参与导致了严重侵占强势者特权的政策的出台，强势者可能当时并不在场，那么强势者就会被激活进而采取恢复其地位的行动。强势者退出直接参与和重新参与决策在政策上的区别，既界定了通过动员来加强弱势者的可能性，又说明了这样做的危险性。

参与对参与的影响　　参与对以后的参与有两方面重要的影响。一方面，参与很有可能令人失望。尽管为了满足最初激发人们参与决策的期望，人们有可能对决策的有效性产生幻想，但是所观察到的参与决策过程所产生的结果都远远低于人们的期望。决策的社会性使人们很难判断个人对决策的影响，而且社会因素的复杂性也使人们很难预测决策的最终效果。决策者的更替通常都是由局外人推动的，局外人认为自己比现在的决策者更优秀，因此为争夺参与权而斗争，但是在经历过对决策的失望之后，他们幡然醒悟，而把决策权丢弃给下一拨寻求参与决策的"斗士"。

另一方面，参与会产生大量正面的副结果（side consequence）。参与表明人们的地位得到了社会的认可，并且为人们提供了互动的机会。参与有时发生在刺激性环境中，在这样的环境中有时间的压力和社会的刺激。总体上，参与明确地确认了人类的重要性，也确认了特定个体的重要性。决策者经常会抱怨角色带给他们的压力、他人对自己不合理的要求、责任感带给他们的压力，但是所有这些正是决策使人兴奋的原因，决策的魅力也因此而增加。

很难在各种情况下都预测到这些制衡效果的净效应，但是很有可能的是：在大多情况下，刚开始时对决策的失望感产生得比较缓慢，但随着时间的推移，失望感会越来越强烈，而兴奋感则是刚开始时很强烈，但随着时间的推移，兴奋感会越来越低。因此，很自然地，可以预期这样一个顺序，那就是参与首先增加了决策的吸引力，而后又逐渐减少了决策的吸引力。

参与对决策合法性的影响　参与也会影响对决策过程和结果的满意度。在对参与的讨论中，最普遍的假设是：对决策的认可度取决于决策过程的参与模式。在引进新技术或改变标准操作程序的过程中，参与决策的人比非参与者更有可能相信新技术或新程序的正确性和效能。

可以把以上讨论延伸到更为普遍的对决策过程有效性的讨论之中。至少在西方民主思潮中，决策过程是通过人们对决策过程的参与感而取得合法地位的。这种参与不需要很正式的民主，实际上通常也都不是很民主，但是这种参与使人们产生了互相商量的感觉，感觉到别人听取了自己的意见，而且使人们有信心认为决策的确在某种意义上"代表"了对自己所关注的事情的注意。

参与与决策合法性之间的关系产生了一系列管理策略，这些策略使人们产生了参与决策的幻觉，而实际上对决策没有任何真正的影响。在很多情况下，举行会议是为了为已经做出的决策"寻求意见"，或者会议举行时，各种问题距离形成有意义的解决方案还为时尚早。个人参与决策时，所发表的看法也都是在确认那些已经形成的决议的重要性。这种对参与的腐化反过来又导致人们对参与主动性的严重怀疑。不管参与具有什么样的吸引力，这种吸引力都会因为人们对是否能够真正参与的怀疑而大打折扣，所导致的可能结果就是参与大幅度的贬值。由于上述原因，很难确定决策的影响。某人对决策的影响可能会被其他人对决策的影响所淹没，那么某个决策的影响也有可能淹没在历史的各种疑惑之中。人们对决策过程的怀疑又进一步增加了决策影响的模糊性。经验会告诉人们参与实际上是一个骗局，也是一种浪费。

4.3.2 决策的执行

多重行动者决策理论中一个更为持久的问题是执行。决策要发挥效力，就必须得到执行。对组织的研究一直在不断地考察在董事会、立法者或高层管理者采纳某个政策或规划之后，执行者如何执行、修改或解释这些政策或规划。决策历史充满了各种各样未执行、部分执行或反常规执行的情况。

1. 不一致性、多行动者和执行

创立合适的机制来促进管理者执行政策决议，是组织理论的核心问题之一。如何构筑管理者的身份，从而使管理者的个人偏好不会扭曲政策决议？决策过程如何通过对政策的公开辩论而率先激起分歧和派别之争，而随后又运用同样的人员来有效地执行先前遭到少部分人激烈反对的政策？

决策难以得到执行的部分原因在于信息不完全、无法共享。大多数决策者既不是无处不在的，又不是无所不知的。他们无法面面俱到，也没有足够的信息来解释可观察到的行为。由于这些局限性的存在，即便不考虑偏好和身份不一致的问题，政策决议的制定者和执行者之间出现分歧也是意料之中的事。

不一致性引发了冲突，从而使问题变得更加复杂。决策者"确立"以后，决策者与其同盟者、反对者都试图就政策及政策实施问题再次谈判。政策制定者所宣布的政策为他人追逐梦想提供了良机，而那些负责执行政策的人，通常也有理由去追求那些与政策制定者不一样的偏好或身份。

这些问题具有地方性（endemic），组织学以及最优合约和激励理论、代理理论都对此进行过广泛的讨论。如果在制定决策的时候尚不能明确达成完全的联盟协议，那么在面对执行问题时，决策过程就显得尤为脆弱。政策制定者不可能预测政策执行过程中所有的偶发事件。如果管理者缺乏相机决断能力，那么执行过程就可能不具变通性，对任何问题都一刀切。决策者明白这一点并承认，决策的执行需要当地信息和当地专业人士。然而，大多数决策程序在促进对政策进行管理上的智慧解读的同时，也有助于进行管理上的创造性变通。

2. 联盟的不稳定性

要实施政策，联盟必须维持一贯的稳定性。一时的稳定性频频受到注意力问题的破坏，维持联盟所有成员的注意力使之不受对时间、精力和其他要求的影响不是一件容易的事。一旦做出了一项选择，决策经常会引发注意力不能持续集中的问题。实施还要求制度具有稳定性。因为在决策过程中表现活跃的政治力量并不总是与在实施过程中表现活跃的政治力量一样，所以制度稳定性就值得怀疑。在组织里某个部分表现活跃的政治力量和在其他部分表现活跃的政治力量也是不一样的。暴乱时期，警察在大街上面对的政治现实与讨论警察政策时市政委员会所面对的政治现实是不一样的。联盟在时间和空间上的复杂性并不仅仅是社会病态，它们反映了这些制度如何得以生存和发展的一些重要方面。

为了支持一项政策而组建联盟，无论是在立法机构，还是在董事会会议室里，都要用到一些标准技巧，其中包括：互相杀价、劝说、贿赂、威胁以及操纵信息，等等。这些都是讨论、政治和政策形成的常规过程。人们认为，正是这些程序帮助参与者组成联盟、探究对备选政策的支持，并形成可行的政策。现代组织的领导天才主要体现在领导者具有这样的技能，即他们必须顾及那些相互冲突的、模糊不清的想法、需求、已有概念以及团体的偏见并从中制定出政策来。

然而，这些形成政策的方法的核心是决策的 3 个特征，它们使得联盟变得不稳定从而使决策的实施尤其艰难。

（1）决策很模糊。在为了支持某个决策而结成联盟的过程中，模糊性常常具有优势。如果政策是用那些不同的人可以做出不同解释的条款或术语制定的话，就很容易隐瞒或忽视争议。在组建联盟的过程中，经常需要把协议条款弄得含混不清，以此来掩盖或压制冲突。实现意见统一或互不关心的努力会导致政策的不明确（例如，全国性选举中的政党党纲）。不明确的政策可以让不太正常的联盟对政策做出选择性的有益解释。当模糊性在政策实施过程中得到澄清后，联盟往往会解体。

（2）对结果很乐观。获胜联盟的组建总是经常使其成员过高估计对正面结果的预期，其中既有动机方面的原因也有结构方面的原因。从结构上讲，由于预期错误而对规划持悲观态度时，就不太可能采用该规划，因此，实际被采用的规划更可能出现的错误是过于乐观而不是过于悲观。获胜联盟将因此遭受到对赢者的诅咒。政策被采用是因为它们可能的收益被夸大了。这并不是因为决策制定得很愚蠢，而恰恰是因为决策者在不确定的条件下估测预期收益，从而对最高预期收益的备选方案的预期过于乐观。

联盟结成的社会动态变化加剧了对预期结果的结构性夸大。为了组建起联盟，联盟成员将会全面夸大政策可能带来的正效应，并全面低估可能的负效应。平均来看，政策受到了过度吹捧。

一般来讲，由于结构性和社会性原因而产生的过高估计会导致（至少对某些联盟成员来说）决策后的失望，因此，高期望产生了行动，但是高期望也会导致失望，反过来导致对决策支持度的降低，使人们意识到"执行的失败"。由于决策产生的决议表明联盟成员所获得的收益远远少于他们的预期，联盟最终也会解体。

（3）对支持的夸大。在采纳重大政策时，一般都会有一些特殊的支持者，对这些支持者来说，政策并不重要，只是一个政治上的交易。他们可能是出于友谊而加入联盟，或者是由于互投赞成票而加入联盟，用他们对该政策的支持交换他人在其他问题上对他们的支持。此外，决策的一个显著特点是个体和团体进入决策的理由多种多样，但其中仅有个别是出于对决策内容的关心。典型的联盟还包括一些成员，他们率先支持决策，也因此被认为是决策的支持者。对他们来说，决策具有象征意义，但是决策的执行则无关紧要，其结果就是，到了决策执行阶段，联盟就会解体。

4.4　单一行动者和多重行动者

决策学习者通常坚持对单个行动者（或个体）决策与多重行动者（或组织）决策进行区分。它们之间的区别一方面体现在第 3 章和第 4 章的差异上，另一方面体现在第 1 章和第 2 章之间的差异上，出现这种区别的主要原因是：组织学习者认为，组织和个体不同，组织并不具有一致的偏好和身份，而大多数个体决策理论都认为个体具有偏好和身份的一致性。组织学习者不愿意承认这一点也是情有可原的。

有这样的历史传统。比如，市场经济理论和国际关系政治理论最初都是关于个体的理论。个体的企业家在市场上遭遇个体的工人和消费者。个体的国家元首或他们的代表，在国际交往中结交其他个体的元首。把这些决策者视为个体似乎是理所当然的。随着个体企业家逐渐发展成为庞大而复杂的公司，个体元首发展成为庞大而复杂的政治机构，原有的框架被维持下来，但是公司实体被转化成为一个虚拟的存在——法人，它具有和个体平行的地位，也拥有个体所拥有的法律权利和特性。

最终，在包括决策理论在内的诸多思想领域里，公司行动者的内部一致性不可避免地受到了挑战。尽管大众杂志有时还指出更为一致的情况，但大多数经济、政治、军事、教育、宗教和其他社会机构里的决策学习者仍然将其视为包含具有偏好和身份不一致的多重行动者的决策情况。研究具有偏好和身份一致性的个体的理论已经不足以应付这些复杂情况了。

决策论学者已经认识到了这些困难，虽然他们当中有许多人更愿意支持多重行动者理论，其主要的内容是如何使多重行动者的偏好和身份一致起来，组成一个"团队"。随着人们逐渐认识到多重行动者的决策在很大程度上是不存在一致性的，在没有达成一致偏好或身份的情况下，可以通过更为"政治"的过程进行决策，人们越来越不愿意运用单一行动者决策理论来理解多重行动者的决策情况。

但是现在还不是很明确的一点是：多重行动者理论是否比基于个体一致性的理论更适于理解个体决策。有时会由于方便而把个体描述为具有一致的身份和偏好，但是这种描述通常都与真相严重不符。实际上，个体决策和集体决策一样都充满了不一致性。如果事实的确如此，那么用组织决策理论来理解个体选择过程就有可能（尽管无法保证）比用传统的个体决策理论来理解好得多。

但是上述讨论在某种程度上超越了当前占主导地位的观点。很明显，许多组织决策观点已经成为研究个体决策的标准，但是也有很多用个体决策理论研究组织决策的情况。正如本书可以证明的，许多对个体选择中决策观点的讨论也会出现在对组织选择的讨论中。互相借用彼此的观点非常可行而且总体来说也是有效的。本书第 1 章和第 2 章中讨论的许多概念和过程都出现在第 3 章和第 4 章中，反之亦然。偏好和结果的不一致性是决策的重要因素，但是它与行动者是单个的还是多个的并不一定相关。

模糊性与解释

第 1 章和第 2 章论述了有关决策如何产生的两个基本概念，其中一个概念以后果的逻辑为基础，另一个以适当性逻辑为基础。第 3 章和第 4 章论述了包含具有偏好或身份不一致的多重行动者的决策，从而使这两个概念复杂化了，并且讨论了个体群在面对这些不一致的时候进行决策的一些方法。本章研究模糊性在决策计算中的影响，这使事情变得更加复杂——偏好、身份、经验和意义的模糊性不仅存在于人与人之间，还存在于自我之中。与迄今为止我们所讨论的大多数理论所描述的世界相比，决策者所面对的世界更加没有秩序，更加模糊，也更具象征意义。

5.1 决策中的秩序与模糊性

前几章所讨论的观点都认为，决策过程是对人类一致性的有序练习。这些章节在想象秩序如何产生和保持方面有所不同，但是在决策概念方面并没有不同，都认为决策是对世界一致性的识别、利用和影响。本章讨论有关在复杂的世界中寻找决策的一组观点，这组观点质疑了人们对一致性的一贯重视。

5.1.1 秩序的概念

决策中秩序的传统概念包括三个密切相关的观点。第一个观点是现实。这一观点认为存在且仅存在一个可以被观察到的客观世界。一个物体要么存在要么不存在，一个事件要么发生要么不发生，所采取的行动和随后产生的结果之间存在着统一和一致的联系。历史是真实的。

第二个观点是因果关系。这一观点认为现实和历史是由一系列原因和结果形成的。在这样的概念下，选择影响结果，决策是实现理想目标的手段。因果关联把解决方法和问题联系起来。学习产生于可理解的经验以及对该经验的因果推断。通过在谈判、讨价还价、交换与它们的结果之间建立因果联系来合并和解决冲突。

第三个观点是意图性。这一观点认为决策是目的和自我的工具。理性选择、学习、规则遵循、讨价还价和交换都服务于偏好和身份。通过评估预期结果（如在理性选择中）、评估经验（如在学习中），或通过使身份和情境相符合，将偏好和身份强加于行动。根据先前的意图和身份来解释历史，先前的身份和意图又都来自对自我的概念。

以上三个观点的变动贯穿于对决策的思考之中，也贯穿于本书中。理性的、相因而生的行动的概念取决于保证把现实、因果关系、意图性当作核心组织观点。适当性和规则遵循的概念取决于这样一个观点，即历史和规则演变之间存在着有序联系。一般来讲，决策学习者都对秩序有一定的偏爱，而且对基于以上三个观点的秩序尤为偏爱。

5.1.2　困惑与复杂性

但是，秩序这样的观点似乎低估了真正决策中的困惑与复杂性，所观察到的情况人们都很熟悉。许多事情会同时发生，惯例、形式和技术在不断变化，并且很难为人们所理解；偏好、身份、规则和观点都是不确定的，也在不断变化；问题、解决方法、机会、观点、情境、人和结果都混合在一起，人们无法确定地解释它们，也无法清楚地知道它们之间的联系；某个时间和地点的决策与其他时间和地点的决策之间的联系非常松散；解决方法与问题之间的联系似乎也不太密切；政策未被执行；决策者在决策时徘徊不前，而且似乎是说一套做一套。

通常都很难描述决策的历史。当（甚至是否）做出一个决策时，谁做出的决策、决策的意图是什么、决策的结果是什么，这些都不清楚。许多决策都是在对方缺席的情况下做出的，决策过程通常会讨论问题却无法解决这些问题。决策不是在明确的决策过程中做出的，决策过程通常也无法做出决策。仅凭所考虑的选择的特性，很难预测参与者的注意力。参与者们互相争夺参与权，之后却不使用参与权。决策者们总是忽略已有信息，希望获得更多新的信息，之后却又忽视新获得的信息。组织把决策过程与执行过程分隔开来。参与者为政策的制定进行激烈的争辩，但是一旦政策付诸实施，参与者们却对它的实施情况漠不关心。

基于以上的观察，人们把组织决策过程描述为有趣的足球比赛："个体在赛场上踢球，这个赛场是圆形的，有一定的坡度，并且有多个球门。许多不同的人（但不是所有人）可以在不同的时间加入（或退出）比赛。有些人会把球扔进赛场或把球清除出赛场。在比赛中，个体会尽力去踢任何离他们很近的球，朝他们所喜欢的球门方向踢或避开他们希望避开的球门方向。"[1]

5.1.3 模糊性

这些困惑和复杂性导致了对"模糊性"的兴趣。模糊性指的是现实、因果关系或意图性缺乏清晰度或一致性。模糊的情境指那些无法确切地解释为互相消耗或互斥（mutually exhaustive and exclusive）类型的情境。模糊的目的指那些无法清晰表示的意图。模糊的身份指那些应用规则和场合都不确切或者互相矛盾的身份。模糊的结果指那些特点和含义都很模糊的结果。模糊的历史指那些无法提供唯一的、可理解的解释的历史。

1. 模糊性与不确定性

模糊性与不确定性相关，但还是与不确定性有区别。在许多决策理论中，不确定性指无法确切地估计当前行动的未来结果。这些理论假定：①有可能规定世界上所有可能存在的互相消耗或互相排除的状态；②尽管不可能很确切地规定存在哪种状态，但是事实上的确有这样的状态存在；③对于存在哪种状态的不确定性会随着时间的推移和信息的扩展而降低，其观点就是存在一个无法充分理解的现实世界。理论上，可以理解世界，至少可以理解到某些的确无法减少的噪声为止。不确定性限制了理解和信息。可以通过历史、搜寻和谈判的实现来降低不确定性。

另外，当一种情境是模糊的时候，它就意味着决策者不那么自信，不能确信任何一件事情都是真的，或者不确信世界可以被分成互相消耗和互斥的状态，或者不确信信息可以解决缺乏清晰度的问题。模糊性指的是决策的某些特点：对各种状态的界定并不明确，或者这些状态具有多重意义，或同时具有对立的解释。模糊性的学习者认为，信息可能无法解决世界上的误解，"真实的"世界本身也可能是社会建筑产生的，因此发现少于创造；对经验和愿望的解释可能在本质上就是模棱两可的，而不仅仅是不确定；通过想象，模糊性也可以被用来强化人们的理解。

2. 模糊性与决策

经验和愿望的模糊性是对决策秩序标准观点的挑战。如果把世界的各种状态都看作相互排除和相互消耗的，把因果关系看作有序的，那么从这种计算可以得出另一种计算：允许对立两极和因果不一致的同时存在。如果把愿望看作一致的和清晰的，那么从这个概念就可以得出愿望是矛盾的和模糊的概念。

如果在某个世界里，解释和愿望互相矛盾，因果关系又难以理解，那么这就是个令人迷惑的世界。发生在森林（黑暗、可怕并且危险）中的童话和海底（黑暗、强大并且无法控制）的冒险故事就代表了这样的世界。模糊的世界令人迷惑，但也充满了魔力。在这个世界中，美与丑混合在一起；现实与幻想相互交织；历史得以创造；信息也得以扩展。

在本章所要研究的决策领域中，意义是模糊的，因此本章的讨论将脱离与现实、因果关系和意图性紧密相关的概念，脱离那个具有一致的意图、期望、身份和规则的决策世界。在此，决策是解释本质上令人迷惑的世界的工具，而不是可理解的环境所产生的结果。有时，决策过程是企图消除或缓解模糊性的手段，有时又是拥护和加强模糊性的手段。

正如前几章一样，本章的讨论也仅限于对几个可能的观点的讨论。本章讨论对组织的研究，这种研究强调决策过程中的松散耦合（loose coupling）而不是紧密耦合（tight coupling），强调通过时间顺序而不是因果顺序达成决策协调（orchestration），强调决策和制定决策在意义和解释发展中的作用。这些观点反映了对决策秩序两种不同的见解。一种强调决策中的无秩序（disorder）概念是由有关世界的理论的不充分性而产生的，它认为存在一种秩序，但是这种秩序不同于传统决策理论中所期望的秩序。另一种见解则强调混乱（chaos）的现实性，并且坚信它的重要意义。

5.2　决策的模糊基础

理性行动来自对世界的两个猜想。一个猜想是对当前行动不确定的未来结果的猜想；另一个是对不确定的未来偏好的猜想，未来偏好是评价当前行动结果的依据。规则遵循来自对世界的两个猜想：一个是如何为当前情境分类的猜想；另一个猜想是在这样的情境下，相关的身份是什么，它要求什么。在理性行动和规则遵循这两种情况中，都有一个有关自我的外部现实的猜想，也都有一个对自我的猜想。

这些猜想有时会有其他的名称，它们可能会被称为估计、规定或决心。这些术语相当合理，有时也会用在本书中，但是它们所表现出的具体和精确则具有一定的欺骗性。即使是最完美的估计未来结果、定义当前情境、规定目标或决定身份的程序也充满了假设和近似性，因此，最好把它们称作"猜想"，而不是"最佳估计"。

5.2.1　外部现实的模糊性

理性行动把对世界的信念概括成这种表述："如果我做选择，那么就有可能出现如下结果。"这种条件式的表述是对世界因果秩序的解释。规则遵循也运用对现实世界因果秩序的解释，把经验的意义融入规则。历史通过经验理论来教育人们。有时对现实的理解是不言而喻的，但通常情况下都不是这样。

1. 解释现实

历史和科学都很正式地试图揭示一些模糊的事件的因果关系："民主是如何发展的？""为什么有的人富有，有的人贫穷？""宇宙是如何形成的？""为什么施乐公司未能开发出个人计算机？"在不那么正式的场合，这种讲道理和讲故事的过程是个体和组织生活非常重要的一部分。这种情况非常普遍，以至于人们对它的熟悉程度掩盖了理解世界时的一些模糊性。决策者习惯于对他们的世界和他们的历史进行推断。他们都做了哪些推断，并且如何进行推断呢？决策者会逐渐对他们的推断产生强烈的信念，认为这些推断都是经过自己的经验验证的。是不是也有可能他们进行了错误的推断，但是仍然坚信这些推断是正确的？决策者通常会相信那些局外人认为矛盾的事情，他们是如何得出并且相信同时对立的解释呢？

有一个古老的关于信念的童话，骗子假扮成裁缝使皇帝（和他的大多数臣民）相信没有穿衣服的皇帝实际上穿了一种由特殊织物做成的袍子，这种织物的质地非常精美（也非常昂贵），只有那些品德高尚的人才能够看到。这个故事使人想到了一些与社会信念有关的微妙问题以及社会信念与现实之间的联系：如果皇帝的衣服不存在，是否有可能维持对衣服的信念？这种信念是否可能让人满意？是否有可能同时维持两种有意义的信念，既相信衣服的存在也相信皇帝没有穿衣服的事实？

皇帝新装的故事比现实生活简单得多，因为讲故事的人会告诉我们这种织物实际上是骗子设的骗局，因此，这个故事强调的是社会形成共同信念的过程如何导致了荒谬信念的产生。在一般性经验中，问题更多。个体不知道真相，也不去询问社会信念是否与真相一致，相反，个体遵守社会信念并且尽管社会信念已为人们广泛接受，他们仍会问社会信念是否有可能错误。

由于很难区分错误信念与正确信念形成、传播和加强的过程，个体无法根据信念是否被普遍接受来推断信念的有效性。因此，当个体面对广泛认可（或报道）的信念时，例如，医疗效果、教育的价值或上等红酒的特点时，个体就不确信这些信念是否反映了真相。实际上，个体知道，许多在历史上没有任何争议的信念现在都是错误的。

看童话时，认真的（或者有些迂腐的）读者很有可能提出这样的问题：是否可以根据一些心理过程或社会过程来维持对皇帝新装的信念？如果皇帝的新装不存在，那么聪明人是否会逐渐相信它们的存在？如果人的味蕾无法总是可靠地检测红酒的品质，那么聪明人是否会逐渐形成对好酒的信念？人类推断的某些特点和历史过程貌似可信的特点是否会导致人们对经验和观点的错误解释？这种可能的错误解释是不是会产生系统性的结果？

正如前面对人类推断的讨论一样，对上述每个问题的回答都是一个无条件的"是"。模糊的历史都是在个人或社会的背景下经历的，而个人和社会背景大都接受了现实、因果关系和意图性的观点。因此，人们对历史的解释往往会夸大已实现历史的一致性和必需性，夸大人类意图和行动在历史中的作用，夸大对历史力量的理解力。历史记载定义了历史事件并且对所定义事件进行了因果解释和个人解释。历史记载把世界放入一个人们都很熟悉的解释性框架，适合人们理解世界。

决策者对历史的解释体现了规律性，尤其是对解释的研究表明了三种明显的偏见。

- 信念的守恒。决策者会捍卫信念。也就是说，在解释新的经验和信息时，决策者总是按照使新的经验和信息与先前的信念相一致的方法来解释。由于经验总是比较模糊，而信念总是很强烈，所以信念能产生重大影响。
- 事件的确定性。决策者总是会高估自己真正经历过的事件的概率，而低估那些可能发生但没有发生的事件的概率。因此，他们总是从已发生的个别精确事件中学习过多的东西，而从许多几乎要发生的事件中学习很少的东西。决策者所构建的历史理论认为，已观察到的历史结果是必需的、确定的和明显的，而不是从大量可能的结果库中抽取的一个结果。

- 以人类为中心。决策者构建了以人类为中心的历史理论，即他们把事件归因于行动和人类的愿望，他们把历史归因于意图和能力这两个因素，而不是机会或发生的概率。如果某个事件发生了，他们会认为事件的发生是因为某些人希望它发生，或某人犯了个错误。

大多数决策者都会凭以往的成功成为权威，解释的这三种偏见也因为这一事实而更加突出。成功总是会确认信念，使信念免受证据相互矛盾的质疑。成功总是使历史看起来更加合乎法律规定，也更加明确，而不是概率事件。成功总是加强这一观点，即历史是由人类代理的。因此，高层决策者也更有可能表现出这些解释上的偏见。

2. 不一致的解释

历史解释的一个更微妙的特点是同步的、不一致解释的形成。如果必须解释所有的事情，但是解释的证据基础又不充分，那么人类行动者和组织就会形成一系列不同的解释。这些解释可能会彼此不一致，但是也通过经验而得以维持。从很多方面讲，有关世界故事的特点就是对相互矛盾的事情有强烈的信念。现在所讲述的故事讲述得非常热烈，但是，它掩盖了另外一个故事，一个不同的但也被广泛认可的故事。

在一些组织中，通常会围绕亚文化之间的冲突进行一系列的解释。亚文化通过维持对世界相互冲突的解释来维持自己的差异。亚文化之间互相竞争的动态鼓励它们详细阐述自己与众不同的信念，每个亚文化的发展都与其他亚文化的发展互相矛盾。因此，决策组织的特点就是亚文化或次级单位之间同时具有相当不同的解释。

该现象不仅局限于组织内部的差异化：例如，对美国联邦政府行政重组的研究表明，个体对行政变化有两种非常标准的解释。一种解释认为变化是行政问题的理性解决方法，另一种解释则认为变化是维护自我利益的政治操纵的结果。在某些领域的某些方面，一种解释会占主导地位；在其他领域的其他方面，可能另一种解释占主导地位。但是，这两种解释并未将参与者分成明显不同的两种类型，相反，许多人都知道并且接受这两种解释。个体似乎很容易从一种解释转变到另一种解释。

从一种解释转变到另一种解释，部分是由于情境的原因。孩子们向父母展示的对世界的解释与向同龄人展示的解释是不同的。学生很容易改变他们的解释从而反映出教师的期望。随着咨询师从一个领域进入另一个领域，他们对事情的解释也有所不同。这些转变可能会被人们有意识地操纵着，但通常情况下都不是这样。如果把一组考试当作一个整体，学生通常都不会意识到他们在一组考试中所表现出来的不一致性。

3. 相互矛盾的信念的构建

相互矛盾的信念是生活的标准特点。个体在相信行动有效性的同时，也为相信行动无效性奠定了基础。对前者的描述和证明包含了许多后者的内容。把睿智的顾问变成一个傻子并不需要大量绞尽脑汁的解释，因为解释后者的基础已经存在于前者中了。

解释的这一特点是许多文学作品强调同时存在对立两极的基础。爱与恨并不是对立的，而是一对密切相关的解释。秩序的概念认为存在互相排斥的两极，而解释人类经验时的模糊性则折中了秩序的概念。罪恶与美德、好与坏、真与假、现实与幻想的概念都是共同发展的，而不是单独发展的。

可以通过领导者信念的构建来详细解释相互矛盾的信念。卡莱尔（Carlyle）认为，领导者决定历史的进程，[2] 许多书籍都赞同他的观点。托尔斯泰认为，领导者与历史的进程没有任何关系，[3] 也有许多书籍赞同他的观点。正如许多观察者所表述的，领导者在好时期倾向于相信卡莱尔的观点，在坏时期则相信托尔斯泰的观点。领导者总是把成功归功于自己，把失败归因于坏运气。相反，他们的批评者却总是把两个原因颠倒起来。显然，卡莱尔和托尔斯泰的争论无法通过援引历史数据来解决，因为双方都可以引述"证据"来证明自己的信念是正确的。

领导者的故事和其他方面的故事一样，都是由语言构建的，而语言则鼓励了同时互相矛盾的信念的存在。例如，考虑一下描述个体决策者特点的方式。对决策者和其决策的典型描述都是围绕一系列行为特点进行的，但是，并不是根据可观察到的行为来描述，而是根据粘贴在行为上的评价性标签来描述。而且，每一种可观察到的行为都既有积极的标签，也有消极的标签。

- 特点 1：无畏的（愚蠢的）　　谨慎的（胆怯的）
- 特点 2：独立的（傲慢的）　　与他人商量的（犹豫不决的）
- 特点 3：新颖的（幼稚的）　　老于世故的（愤世嫉俗的）
- 特点 4：诚实的（粗鲁的）　　有同情心的（软弱的）

每一种行为都有同时对立的两个标签或评价，因此，人们可以很快地改变解释。如果某个决策或决策者成功了，那么就会重视其中一组标签。如果某个决策或决策者失败了，就会重视另一组标签。无畏的变成愚蠢的，诚实的变成粗鲁的。这些含义完全不同的标签共同发展着，每一种标签都会做出有利于其对立面的事情，并一起支撑着互相矛盾的信念。

4. 同义反复与信念

和其他人一样，决策者总是会形成通用的理论（比如，"人的本质是好的"）来解释历史，这些理论的作用都比较微弱。这些理论是通用的，是因为它们可以应用于许多情境；这些理论的作用是微弱的，是因为它们总是能够被轻易地证实。实际上，讨论决策时所运用的许多理论实质上都属于同义反复。这些理论对其关键术语进行循环定义，据此来说，这些理论都是正确的。

同义反复在一般论述中非常常见，包括在对社会科学的一般论述中。

权力说（the power story） 有权力的人们能够得到他们想要的一切。如何衡量权力？通过衡量人们能够得到他们想要的东西的程度。

性格说（the personality story） 人们一般都根据自己的基本个性行事。如何定义个性？通过观察人们所做的事情。

效用说（the utility story） 人们选择某些事情是因为重视其结果所具有的价值。如何判断哪些事情是有价值的？通过观察人们所选择的事情。

文化说（the cultural story） 人们的行为方式与其文化传统相一致。如何判断人们属于哪种文化？通过观察人们所遵循的文化规则。

这些理论对各种可能发生的事情进行了诡辩式的事后解释，它们所提供的故事线索能够对所发生的事情进行一定的详细解释。传统上对这些理论的反对主要是因为这些理论不能预测将要发生什么。恰恰是因为它们可以解释所有的事情，所以它们无法预测任何事情。

这些反对意见或许忘记了很明显的一点，那就是大多数故事线索都经常被用来解释过去的结果，而不是用来预测未来的结果。决策者和其他人一样，把很多的时间和精力用于解释和讨论事情，用于展示他们在理解事情方面的智慧，而只用很少一部分时间和精力预测未来。同义反复式的信念和故事线索是交谈所必需的框架，它们所提供的华而不实的信心及其自身的无可辩驳性符合决策者的身份。决策者应该对自己对情境的理解怀有信心，并带着这种信心行动，这些同义反复使他们具有这种信心。可预测的模糊性的成本相对来说要低一些。

5.2.2 自我的模糊性

在以后果的逻辑为基础的决策论中，会根据结果来比较可能的选择。决策者的自我能够通过一组偏好体现出来。在以适当性逻辑为基础的决策论中，会根据适当性来比较可能的行动。决策者的自我能够通过一组身份体现出来。模糊性学习者强调偏好和身份的模糊性，并认为这种模糊性对理解以偏好和身份为基础的行动造成了巨大困难。偏好和身份都不可能轻易具有清晰或一致的特点。

1. 偏好的模糊性

在规范的和正式的以结果为基础的选择理论中，并未对偏好进行研究。偏好是由选择推断出来的，不能脱离选择而独立存在。一个重要的前提是：可以在一组选择中发现一个有效的效用函数。为了使估计和其他技术问题更容易为人所接受，正式的选择理论都普遍假定偏好具有三个非常有限的特性。

- 假定偏好是一致的。只有在偏好不影响选择的情况下，才有可能出现偏好不一致的情况（也就是说，权衡利弊后，它不相关的情况下）。
- 假定偏好是稳定的。正常情况下，都假定根据当前偏好采取当前行动。隐含的假定是：当实现了当前行动的未来结果时，偏好也不会有任何改变。
- 假定偏好是选择过程的外生因素。不管偏好是由什么过程产生的，偏好本身不受它们所控制的选择的影响。

这些假定在理论上都很有用，但是每个假定都似乎不符合所观察到的个体和组织的决策情况。偏好是不一致的，偏好随时间的变化而变化，这使人们很难预测未来的偏好，并且，尽管决策以偏好为基础，但是偏好也经常在选择的过程中发生变化。在此仅引用一个例子，在许多实际情境中，都有可能推断出在决策者看来生命所具有的货币价值。为了在规范选择理论框架中运用这一推断，同一个决策者或决策实体在做不同的决策时，生命的货币价值应该保持一致，但在现实中，根据各个特定选择的重要性的不同，生命的货币价值通常都随之变化。

许多选择学习者都不愿意把偏好当作推断出来的，一方面是因为在复杂的决策情境下很难根据选择来推断偏好，另一方面是因为选择的"偏好揭示"理论与许多以结果为基础的决策理论的理论基础不同。行为学习者的语言有着丰富的词汇，可以用以描述可观察到的偏好（目标、愿望、需求、效用、口味），并且明显的偏好在大量理论中都起着重要的作用。这些理论认为偏好可以从自我身上，或从人与人之间观察到，也就是说，它们假定个体决策者可以把自己的偏好清晰地表述出来，表述的方式在某种程度上独立于具体的行动，并且能够为他人所理解。

当然，很难解释自我宣称式的偏好，因为通常都重视"好的意图"，所以个体所宣称（甚至向自己宣称）的偏好都是社会所重视的偏好，甚至他们自己（或他人）也找不到与该偏好一致的行动来证明自己具有这种偏好。正因为如此，可以把伪善看作研究中的一个有趣现象，而不仅仅是一种衡量标准或道德问题。即使在没有伪善的情况下，自我宣称的偏好本身也很有可能是从自我观察中推断出来的。如果这些推断是由于强行假定行动和偏好之间具有普遍一致性而得出的话，个体决策者就会根据自己的行为来估计自己的价值，也因此会发现自己的处境与选择的偏好揭示理论学家们的处境几乎一样困难。

实际上，决策者通常在偏好的构建和形成方面有着积极的作用。决策者根据决策对未来偏好的影响来进行决策。他们被自己的愿望排斥，而被他们所没有的愿望吸引。他们拒绝糖果是因为他们"不想形成"对糖果的"偏好"；他们长期忍受着歌剧和芭蕾（或足球和啤酒）是希望成为他们所喜欢的那种人；他们说喜欢"好"酒，却未对"好"进行明确的定义；他们试图控制那些不太具有诱惑力的愿望，在这种和自身无休止的游戏中，他们会策略地对待自己的偏好。他们的内心深处有着很多对互相矛盾的感情。他们经历过爱与恨、接受与拒绝，这些情感不是互相对立的，而是互相包含的。

2. 身份的模糊性

身份同样也是模糊的。情境唤起身份并且行动者遵循与他们的身份相关的规则，这一说法掩饰了清晰度的严重缺乏。正如在第 2 章中所观察到的，个体有多重身份，很难决定在特定的情境中唤起哪种身份，或者当几种身份同时被唤起时该做什么。

但是，身份的模糊性并不仅限于身份之间的冲突。身份是由期望定义的，而期望可能不确切、不一致、不稳定，并且可能是内生因素。人们一直在试图理解作为工程师、会计师或经理人员意味着什么，而且这些意义在不断地变化着。母亲如何知道作为母亲意味着什么呢？一方面，她可以通过观察其他母亲来了解怎样才能成为一个合格的母亲；另一方面，她可以通过对自己的本能行为进行解释来了解，她还可以通过社会上其他人的指导来了解。还有一方面，她可以通过与自己或与他人讨论来履行母亲的职责。

同样，决策者通过观察他人，通过解释自己的行为，通过接受他人的指导，或通过交谈来学习如何成为合适的决策者。必须存在足够的一致性才能使"决策者"的身份具有意义，才能使请求组织中的某人承担决策者的角色成为一个有意义的请求。虽然承担决策者身份的人大都不同，但他们做的许多事情都是相同的。具体到在特定的情境中要做什么或者如何做，通常都很模糊。

身份就像民间故事。如果让讲故事的人讲某个特定的故事，而讲故事的人讲得不一样，那么听众就会发现故事讲得不对。而且，讲故事的人会用不同的方法讲同样的故事，强调某些内容、添加某些细节，或者忽略某些方面。讲故事的人还会根据听众来形成适合听众的故事。如果声调不同或听众不同，讲出的故事也不会相同，尽管知道讲的是同一个故事。例如，故事中道德的或淫秽的内容可能会经常性地增加或删减以适应听众的感情，但是依然保持故事的完整性。随着时间的推移，故事会发生变化。每一种变化都是小变化，并且根据本地的特点变化，但是这些变化累积起来就会导致巨大的变化，变化之大以至于只有学者才能从现存的故事中发现故事过去的痕迹。

身份演化的方式与此类似。个体和身份都努力去发现、解释和创造身份的意义。例如，西方社会在过去的四十年里一直在努力理解和形成性别身份。他们所进行的努力有政治上的、意识形态上的和个人的努力。他们进行公共辩论，施加政治压力，以此来改变人们的行为方式和思考方式。他们撰写了不计其数的文章和书籍，详细地说明在现代社会作为一个女人或男人意味着什么。这些文章和书籍都曾经建议、宣布、赞美过性别身份的变化，也曾对它的变化感到过失望。它们成了无数次讨论和会面的基础，塑造着个体和社会对性别身份的理解。同样这些努力还包括许多个体为了使人们理解在日常生活的具体情境中应该如何行为而付出的努力。

由于所有这些努力，性别身份改变了，社会和个体看待女性和男性的方法与几十年前的方法已经不相同了，而且这些不同使男性和女性的生活发生了极大的改变，这些变化令人欣慰。在社会里作为男人或女人具有一定的意义。男人或女人不是空洞的称呼，但同时，男人和女人的称呼也并不具有确切、一致的意义，它们的意义是模糊的，包含有矛盾、困惑和混乱，这些模糊性通常是失望、悲伤和愉快的来源。在男性和女性试图了解性别身份意味着什么，性别身份如何与其他身份，如父母、朋友、管理者、士兵、护士、工程师相联系时，他们就将性别的概念发展和解释为身份。这种身份是一系列社会和个体期望，通过社会经验的增加而获得了某种意义，但通常都有一定的模糊性。

当代社会对性别身份的例子比较熟悉，但它只是众多通过社会的相互作用和经验发展而来的身份之一。尽管性别身份为个体提供了行为规则，尽管个体会被认为可能在忠实地追求一种或另一种身份，个体也可能会因为未能适当地遵循某种规则而受到责罚，但每个身份的意义都充满了模糊性，每一种身份都需要不断地解释和再解释。

5.2.3　模糊性与决策论

理性选择理论和规则遵循理论都未能很好地处理模糊性。现实、偏好和身份的矛盾性、不一致性和模糊性都被忽略了。现实的模糊性要么被否认了，要么就被当成不确定性的特殊情况，并且尽管人们很清楚与偏好或身份模糊性相关的问题以及它们的重要性，但这些问题仍然未能导致对理性选择观点或规则遵循理论进行实质性的修改。尽管在偏好和身份都不确切、不一致、不断变化或者是内生的背景下，很难保证以上两种理论结构不会发生任何变动，但是要找到可以为人们所接受的理论来取代这两种理论，并保留其他假设则更加困难。

5.3　组织的松散耦合

组织的许多特点，尤其是等级控制结构和标准操作程序，都会使组织产生协调行动。然而，这些特点不一定能产生决策的一致性。组织的决策过程并不是产生于一致的意图、身份以及对协调决策或行动一致的期望，相反，组织表现出许多不一致的征兆。决策似乎与行动没有任何联系，昨天的行动与今天的行动无关，证明也与决策无关。信念通常与选择无关，解决方法与问题无关，过程与结果也没有关系。在决策时，组织通常都会有模糊的偏好和身份、模糊的经验和历史、模糊的技术和易变的参与者，它们之间具有松散的耦合度。

对组织决策松散耦合的观察使一些人认为，组织决策几乎没有任何秩序，最好应该把组织决策称为混乱。但是，由于人们试图用规范理论来理解这些观察，因此可能会认为混乱是由于缺乏经验而产生的。或许，理解决策的问题在于这样一个事实：组织把没有秩序转变为有秩序的方法与传统理论所期望的方法不相同。也许组织中存在秩序，但不是传统意义上的秩序。本章的其余部分将研究为了在表面上无秩序的、松散耦合的世界中发现秩序而使用的一些方法。

5.3.1　权力下放和授权

组织所面对的环境是复杂的、不一致的。人们通过权力下放和授权形成的松散耦合度来解决处理环境时所产生的动机和信息问题。由于对当地条件和专业能力的了解非常重要，而这些很容易在获得授权的当地机构中得到，因此组织授权给当地机构，让当地机构来控制政策的执行情况和政策对当地的适应情况。从管理的角度看，通常都认为这种策略能够通过使用了解当地情况和信息的人而获得信息和动机上的优势，其代价就是加重了中央协调和控制的问题。

但是，组织设计——部门化、权力下放和等级制度的巨大成功之一，就是创造了一种隐蔽、容忍和刺激有用的不一致性的机制。正如上文所观察到的，权力下放的问题不只是信息和动机方面的问题，同样也是管理内部要求不同的联盟的问题：对组织某个部分的要求与对组织另一部分的要求不一致。维持联盟的存在需要使偏好和身份的不一致性变得模糊，并需要利用注意力的变动。

权力下放使次级单位之间的联系变得松散，从而缓和了整个组织的不一致性，使不一致性免受集权化一致性的监督。权力下放把满足不同要求的责任授权给次级单位，从而使不同的次级单位能够满足不同的要求。如果联盟成员的注意力是分散的（几乎可以确定它们的注意力肯定是分散的），那么组织就可以把重点放在那些在当地和当前比较活跃的联盟部分上，以此来保持不同组成部分对自己的支持。

这种策略的代价就是组织各种行动之间的不一致，并且次级单位之间的行动也不一致。这种过程能够产生一系列行动，但无法轻易地将这一系列行动理性化，认为这些行动都是由组织的一组自动目标产生的。而且，权力下放和授权导致了长期的差异化动态，加剧了组织层次的松散耦合。次级单位发展了自己的目标、信息组合、客户和身份，创造出信念的亚文化，这种亚文化与其他次级单位的亚文化是不相同的。次级单位的员工的职业、经历和惯例与组织其他部分的员工都不相同，从而保持了他们自己的特点。

在有关组织的研究资料中，这些作用于组织的离心力非常普遍，现实中的经理人对这种离心力也很熟悉，但通常把这些离心力当作病态的，或至少是不幸的成本（unfortunate cost）。把权力下放描述成病态的，主要是因为组织秩序的特定概念。这一概念以目标的清晰和一致为名义强调内部协调性，而不强调对需求相互冲突的环境的灵活适应性。

另外一种观点则把当地适应性问题当作对需求的回应，把偏好和身份的形成当作对当地信息的回应。从这个观点看，有效的组织需要对下放给当地的目标进行详细解释和适应，需要把政策的执行权力下放给当地机构，还要对策略进行调整。这种观点认为由权力下放和授权而产生的松散耦合的不一致性对组织的良好运转非常重要，它并不是组织出现问题的标志。

5.3.2　决策和执行

传统的决策理论假定决策中的模糊性正常情况下是由于决策的某种不充分性而产生的。把这种对模糊性的判断应用于组织决策中忽略了许多人们已知的有关决策形成的情况。决策是联盟内部各成员谈判的结果。参与者可能会有一些共同目标，但是他们的联盟既是为了某种便利而通过谈判结成的联盟，也是为了某个原则而结成的联盟。通过谈判而形成的决策的清晰度在很大程度上取决于谈判的结果，而并不取决于能力的高低。

获得支持的标准程序是使所提出的决策意义变得模糊。典型的情况是，一个周密的决策会要求不同的支持者对该决策或该决策执行的方式能否满足他们的利益或确认他们的身份持乐观态度。这种乐观情绪是由于热情和不切实际的期望激发出来的，而反过来，热情和不切实际的期望是由模糊性造成的。分歧可以通过模糊的语言或模糊的期望得以解决。因此，决策过程的扩展更有可能增加而不是减少模糊性。

尽管意义和期望的模糊性可以增加对决策的支持，但它们通常都会导致执行的不可预测性。正如第 4 章所述，决策和行动通常都是松散耦合的，因为它们所包含的行动者可能属于不同的联盟。联盟，尤其是在互相漠不关心（互投赞成票）的基础上建立起来的联盟有可能随事件和地点的变化而变得不稳定。执行决策时，最初创建联盟的许多成员都有可能忙于其他事情或者对决策的执行不感兴趣。联盟的其他成员以及一些旁观者则会想象出原始协议的一个意义，而这一意义可能不会注意到协议本身故意的模糊性。意图和期望的模糊性与注意力和联盟成员的变动性一起迫使谈判再次进行，以在一组新的行动者中获得支持。

决策与执行决策之间的松散耦合度由于决策和行动所具有的象征意义而加深了。决策的参与者们不仅会追求个人和团体的利益，而且还会追求对个人和团体的肯定。对决策的研究表明，对决策者来说，带有适当象征意义地支持某个政策比采纳该政策更为重要，而采纳政策比执行政策更为重要。有志于建立有效联盟的决策者会寻找和发现那些积极支持决策所具有的象征意义，但对执行决策比较懈怠的同盟者。

决策和执行决策之间的松散耦合既不是一种新现象也不是刚刚被发现，很多年来，在各种各样的机构中都曾观察到过它们之间的松散耦合。因此，可以预期，决策机构能够适应制定政策和进行决策时的模糊性。当那些负责执行决策的人体会到决策的模糊性时，他们会逐渐把决策当成调色板来想象新的行政情况。他们逐渐获得了一些阐释决策和形成新的联盟的技巧，并形成新的联盟来支持其对决策的阐释。同样地，决策者也会从他们所想象的决策执行情况中学习。执行者能够把有关政策的辩论和联盟的形成持续到执行阶段，他们的这种能力鼓励了模糊性在决策中的使用，并且很容易地为失败找到了替罪羊。决策者和决策执行者之间的互相学习有可能导致模糊的决策和对决策充满想象的解释。

5.3.3　言与行

组织决策是言与行的结合。两者都很重要，但是言与行通常也是松散耦合的。实际上，它们通常都是互相排斥而不是互相支持的。有些事情更容易讨论而不容易决定。参与过大学里深夜进行的有关宗教、哲学、政治或个人关系讨论的人都知道个体层次的这种现象。讨论很少得出结论，他们通常认为讨论能够和社会建立联系并促进教育发展，但不是解决问题的场合。参与讨论的人能够锻炼个人智慧，表露个人情感，学会争论并且确认他们对基本价值观的共同承诺。

组织的决策过程有很多与此类似的特性。组织的决策过程提供了表明态度和培养信念，是把社会紧密联结在一起理解的一部分场所。对决策的讨论使个体可以定义、交流和表达各种美好的情感。个体希望有某些原则来引导自己，而对决策的讨论使这些原则更加清晰。由于决策过程在构建意义中的运用会在 5.5 节中进行详细论述，在此仅论述一个方面：对决策的讨论并不一定与决策这一行动密切相关。

组织中某个具体决策的形成是在练习如何在实际的、有背景约束的情况下进行判断，它把相互冲突的模糊关联原则（principles of ambiguous relevance）应用于有可能混淆信念的具体情境中。组织决定在这些方面投资，而不在其他方面进行投资；决定聘用这些员工，而不聘用其他员工；决定这样定价，而不那样定价；决定解决这些纠纷，而任凭其他纠纷继续。从原则上讲，这些具体情境中的具体决策都是由组织对一般情境的一般性决策派生而来的，这种一般性决策有时被称为政策或方针，但是，这些派生的决策并不是直截了当的。政策不能解决矛盾，却更有可能造成相互矛盾的紧张感，决定体面地对待员工的政策与决定减少工资表上员工人数的政策相冲突，决定放弃核电厂的政策与决定扩大能量来源的政策相冲突，决定维持全面就业的政策与限制通货膨胀的政策相冲突。

言与行之间是松散耦合的，这是因为言语总是在一个时间处理一个原则，而行动能同时处理许多原则，但也只能在某些具体情境中同时处理多个原则。言语通过忽略具体背景的复杂性而达到一定的清晰度，它会提醒决策参与者注意他们的信念。行动通过忽略对互相矛盾的信念所具有的含义而达到一定的清晰度，它维持着信念但会改变信念以满足行动的紧急需要。因此，有些事情说起来容易，做起来难，而有些事情则是做起来容易，说起来难。

5.4 垃圾桶决策过程

如果在某个环境中，行动者、解决方法、问题和选择机会之间有着复杂的相互作用，那么最简单的秩序来源就是时间。可以按照时间来给活动排顺序，活动也会因为时间关系而相互联系。时间分类法（还是"寻求世俗问题的解决方法"）（temporal sorting）是人们处理问题时最常用的方法。同时发生的事件之间彼此相关。在时间上相距较远的事件在关系上也相对疏远。在许多可以用来为人、事情、活动或结果进行分类的方法中，时间分类法由于它的普遍适用性而惹人注目。从很多方面讲，决策过程都建立在时间类别之上，根据发生的同步性把人、问题和解决方法结合起来。时间分类法的这些要素都将在垃圾桶决策过程中举例说明。

5.4.1 时间分类观点

任何决策过程都包括一组个体或团体，而他们同时又在做其他事情。会发生什么不仅取决于什么样的活动，还取决于活动之间如何才能互相符合。所观察到的明显的松散耦合是由行动者生活中不断变化的相互协调产生的。任何特定决策都是不同时刻不同生活的组合。因此，理解某个领域的决策就需要理解参与这些决策如何才能够和参与者的生活相符合。每种生活本身都体现在其他活动、关注和身份的复杂混合之中，这种混合使人们在不全面了解决策背景的情况下很难理解某个决策。这是一项艰巨的任务。

这个基础观点的另外一种形式强调注意力的分配。这个观点很简单。个体关注一些事情，并因此而不关注其他事情。特定的潜在参与者在某个决策上所投入的注意力取决于对注意力的不同要求。因为不同参与者对注意力的要求是不同的，并且由于对注意力的要求会随时间的变化而变化，因此，任何决策所得到的注意力既不稳定，也明显独立于决策的各种特点。同样的决策所吸引的注意力的多少取决于可能的决策者是否正在做其他事情。随着注意力分配的变化，决策也发生变化。如果决策所处的背景对注意力有很多不断变化的要求，而且要按时间顺序来排列这一背景，那么决策明显不规律的特点就变得更加明显了。

研究者确认了时间分类法在各种环境中的作用，包括军事任务、人事和大学地理位置的选择，商业事故的预防，立法决策中日程的安排以及教科书出版的决策，所有这些情境都可以被描述成"有组织的无政府状态"。偏好不清晰，成功通常也是模糊的，技术也没有清晰的规则来保证取得成功。对决策的参与是变动的；在决策领域的决策者也有一定的流动性。

5.4.2 垃圾桶模型

时间分类法的一般观点可以用来处理解决方法和问题的流动，也可以用来解决垃圾桶决策过程中参与者的问题。在垃圾桶决策过程中，假定存在一些外生的、依赖于时间的一些选择机会、问题、解决方法和决策者。问题和解决方法与选择相关，问题和解决方法之间也彼此相关，但不是因为它们之间存在手段和结果的关系，而是因为它们在时间上比较接近。由于这个限制，例如，几乎任何一个解决方法都可以和任何一个问题相关，只要它们在同一时间出现。

1. 垃圾桶决策过程的一般特性

"垃圾桶"在垃圾桶模型中表示诸如签约会议、预算委员会和赔偿决策等一些选择机会。选择机会把决策者、问题和解决方法集中在一起。问题是那些进入决策的人所关注的，其产生的标志是失败或即将到来的失败。问题可能包括物流、资源分配或计划安排；也可能包括有关生活方式、公平或正确等方面的问题；也可能包括参与者之间的冲突或参与者与局外人之间的冲突。可以根据问题发生的时间、解决问题所需要的精力以及问题是否能进入选择机会（例如，某些选择机会可能不允许讨论某些问题，如有社会实施的关联规则）等特征来给问题分类。解决方法是对那些可能发现，也可能没有发现的问题的回答。可以根据解决方法出现的时间、是否能进入选择机会来给解决方法分类，也可以根据解决方法为试图进行选择的决策者提供的资源来分类。

在这个过程中，决策者在任何一个时间都只能出现在一个选择机会中，但是决策者可以从一个选择机会转移到另一个选择机会。可以根据决策者出现的时间（他们什么时候第一次进入决策体系）、是否能进入决策机会（决策结构）以及他们的能力（解决问题的能力）来给决策者分类。他们是否参与某个特定决策领域取决于其他选择机会的特点，尤其取决于选择与决策是否明显接近。决策者会从一个远离决策的选择机会转移到一个非常接近决策的选择机会。当然，这种转移使决策者新的选择机会更加接近于决策（因为它为新选择机会的决策提供了额外的能力），但是使原选择机会的决策速度有所降低。

问题、解决方法、决策者和决策机会最初都是由它们出现的时间以及在那些时间出现的可能性联系起来的。随着问题、解决方法和决策者由一个选择机会转到另一个选择机会，并且随着选择的做出，它们之间的关系也随之变化。因此，由该体系产生的结果就取决于问题、解决方法和决策者各种流动的时机，也取决于组织的结构限制。

2. 垃圾桶过程的模拟

可以更加精确地规定垃圾桶模型，并通过计算机进行模拟练习。在一组模拟演示中，[4]假定不管决策者什么时候出现在选择机会中（运用任何可获得的解决方法），他都有足够的"能力"解决现有问题，那么他就能做出选择。

在模拟中，大多数选择都做出了。至少从这个意义上讲，这个体系能够"起作用"。选择可以由以下三种不同的方式做出。

- 疏忽（oversight）。有时，选择机会出现了，但是没有问题。该体系中的所有问题都与其他选择机会相关。在这种情境下，可以在最短的时间内，用最少的精力做出选择，但选择未能解决任何问题。
- 问题决议（problem resolution）。有时会出现一些与选择机会相关的问题，决策者也有足够的能力来满足这些问题的要求。选择做出了，问题也得以解决。
- 逃避（flight）。有时，在某个时间出现了大量与选择机会相关的问题。由于大量问题集中在一起超出了决策者选择的能力，因此无法做出选择。当出现另外一个选择机会时，那么问题就会离开原选择机会而出现在新的选择机会中（例如，人们会把对薪水的抱怨带入另一个会议）。等所有的问题都解决了，才能做出最初的选择，但也无法解决问题。

在对垃圾桶决策过程的模拟中，大多数选择都是在逃避或疏忽的情况下做出的。只有在体系的承载量很小的时候（决策者的能力水平相对于解决问题所需的能力来说很高），或者对问题、解决方法和决策者的流动有严格限制的时候，才会运用问题决议来做出选择。如果决策者放弃某个选择，而去寻找另一个较为接近决策的选择，那么问题也会产生同样的变动。因此，决策者、问题和解决方法在这个体系中互相追踪彼此的行踪。在问题离开一个选择而去寻找另一个选择后，原先的选择就可以做出了，但不能解决任何问题。

在有些进入结构中，有可能辨别出哪些问题和选择"更重要"。重要的问题就是那些能够出现在许多选择中的问题。在对该进入结构垃圾桶模型的模拟中，重要的问题比不重要的问题更有可能得到解决。重要的问题（那些能够出现在许多选择机会的问题）可能会找到一些场所，在这些场所中决策者有足够的能力解决它们。因此，这个体系会产生一系列根据重要性排列的问题，对那些出现得晚，并且相对不重要的问题来说非常不利。重要的选择是那些仅有几个问题或仅有几个决策者可以进入的选择。在对此模型的模拟中，重要选择解决问题的可能性小于不重要选择解决问题的可能性。而且，尽管做出了很多选择，但是无法做出的选择却集中于最重要的选择和最不重要的选择。无法做出最重要的选择是因为决策者太少，无法做出最不重要的选择是因为它们涉及的问题过多。

有三种一般性标准可以用来评估垃圾桶决策过程的业绩。

- 问题活动期（problem activity）是问题所花费的时间。这些时间花费在没有得到解决方法的选择情境上。由于一组无法解决的问题使选择陷入了困境，所以问题活动性有可能成为粗略衡量组织潜在冲突的标准。

- 问题潜伏期（problem latency）是问题花费在激活选择却未与选择产生联系上的时间。问题潜伏期可以用来粗略衡量某个制度的回应机制如何，或衡量组织成员抱怨组织忽略他们的问题严重的程度。

- 决策时间（decision time）是选择仍未做出的时间。决策时间可以用来粗略衡量某个制度在满足其明显的决策要求——配置资源、编制预算、聘用员工等方面是否有效。

好的组织结构会允许问题出现并解决问题，快速做出决策，这样能够缩短问题活动期、问题潜伏期和决策时间，能够快速做出选择并使问题很快得以解决。在垃圾桶过程中，很难同步改善这三个衡量标准。随着问题相对于决策者的能力和解决方法变得越来越困难，制度所面临的问题也越来越多，决策也变得更加困难。解决问题的总体可能性降低了，做出选择的时间也越来越长，决策者从一个选择机会转移到另一个选择机会的时间也逐渐增长。

如果对问题进入选择的进入结构进行细分，就有可能减少组织中未解决的问题的数量，但是增加了问题的潜伏期和做出决策的时间。如果对决策者进入选择的进入结构进行细分，就可能缩短问题潜伏期，但是会增加问题活动期和决策时间。也就是说，对进入结构进行细分能够缓解决策者和问题互相干扰的趋势，但是同样也减少了决策者共同承担任务变动的能力。

最后，也许是最重要的，垃圾桶模型经常会出现强烈的相互作用。尽管一些广义的现象，如上文所述的现象，似乎都是有规律的并且相当普遍，但是有些现象就依赖于特定的出现时间或特定组合。例如，虽然对问题进入选择的结构进行高度细分一般都会导致较长的决策时间，但是当这种结构与未经细分的决策者进入选择的结构结合在一起时，就能很快做出决策。

3. 对垃圾桶决策过程的限制

在决策的研究资料中，许多对垃圾桶决策过程的讨论都强调一些情境，在这些情境中问题、解决方法和决策者可以不受任何限制进入选择机会。任何问题、解决方法和决策者都可以闯入任何选择机会。这些情境会产生一些明显的时间分类法的结果，并且与现实生活中的一些情景很相似。但是，也许会有更多的情境中存在垃圾桶过程，但这种垃圾桶过程受到了社会规范、组织结构和关系网络的严重限制。

共同信念和社会规范管制着联系的形成和选择的做出。可以对足球场的比喻（见 5.1.2 节）加以扩展，假设足球场建在一个斜坡上，那么某些结果就比其他结果更有可能出现，尽管很难精确地预测会发生哪种结果。在现实世界中，这个斜坡就反映为文化期望，反映为传统惯例的规则，反映为其他一系列形成决策行为理所当然的事情。

　　组织结构限制了问题、解决方法和决策者与选择之间相互作用的能力。尽管在研究资料中，对垃圾桶过程的大部分注意力都集中于问题、解决方法和决策者进入选择机会的情境不受任何限制，但是垃圾桶模型也可以轻松地处理几种受到限制的情况。例如，考虑一下决策者进入选择机会的情况。在没有细分的结构中，任何决策者都能够进入任何选择机会。在特殊结构中，只有特定的决策者才能够进入特定的选择（比如，某些表格可能要求某些员工的签名）。在等级制度结构中，重要的决策者可以进入许多选择中，而不太重要的决策者只能进入少数几个选择中。

　　同样的进入结构也可以用来规定解决方法和问题。例如，解决方法或问题可能被某个经过细分的结构所限制，某些解决方法或问题只能进入某些选择机会（例如，只能在工程会议上提出技术变革）；或者解决方法或问题被等级结构所限制，在这种情况下，不重要的解决方法（比如，局外人所提出的解决方法）只能进入不重要的选择机会。对决策过程，尤其是对最后期限还会有其他一些限制。对问题、解决方法、选择机会和决策者出现的时间也有限制。

　　每一种限制都从某个方面限制了纯垃圾桶模型。垃圾桶决策过程的结果是由于这些限制和问题、解决方法、决策者依赖于时间的流动之间发生相互作用而产生的。这些限制提醒人们，不要认为垃圾桶决策过程和其他过程之间的区别取决于问题、解决方法和决策者是否能够自由流动。垃圾桶过程的关键要素是该过程中存在有时间分类的成分。能够形成联系的部分原因是同步性。

5.4.3　垃圾桶世界的工具性行动

　　决策的传统思考所期望的逻辑顺序与时间分类法所产生的"无秩序"之间的矛盾需要一种工程答复来解决。决策者在垃圾桶世界中应该如何行为呢？决策者似乎可以把他们的做法分成以下三种答复类型。

- 改革者试图把垃圾桶要素从决策过程中消除。他们认为垃圾桶过程本身不利于适当决策，并且应该避免垃圾桶决策过程。他们试图消除对问题、解决方法和决策者的时间分类，而强行施加了以现实、因果关系和意图性原则为基础的一致性。他们提倡更为系统化地去尝试定义目标、获得对世界的了解、协调决策的各个不同方面，并以某个核心观点的名义进行控制。

- 实用主义者试图运用垃圾桶过程来满足自己的目的。他们认为垃圾桶过程是不可避免的，但是很容易被利用。他们利用注意力是稀缺的这一事实来安排解决方法、问题和决策者的出现，并以此来满足自身利益。他们坚持这样做，因为他们知道在特定情境中参与者的组合会发生变化。他们使该体系超负荷运转，以此来保护自己的利益。他们提供了一些垃圾桶来转移其他决策者的注意力和问题，使其他决策者的注意力和问题偏离对他们有利的选择。

- 拥护者试图发现垃圾桶过程中有关决策的新观点。他们认为垃圾桶过程具有美和工具性的要素。他们试图发现时间分类法所蕴含的智慧，并把它当作一种组织注意力的方法；试图把问题和解决方法的流动当作一种市场行为；试图发现偏好和身份模糊性的优势，发现问题和解决方法之间具有明确联系的优势。他们把这些优势都归功于执行的灵活度、行动的不协调以及认知上的困惑。

　　不一定要从以上三种决策者中选择。每一种都有其特定的魅力，每一种也都有一定的盲点。改革者的盲点源自他们对一致行动的信心以及他们对改革可能性的乐观。实用主义者的盲点源自他们总是认为世界上的其他人都是幼稚的（没有他们聪明），并且他们热衷于对人类道德持自我放纵式的观点。拥护者的盲点源自他们总是认为，已观察到的组织行为的每个特点都具有隐含优势，并且他们总是高估人类对困惑的容忍度。

5.5　决策和意义的构建

本书围绕对于决策的两种不同观点展开：第一种观点是理性的观点，在此观点中，行动是由于对其结果的期望和偏好而产生的。第二种观点是规则遵循的观点，在此观点中，行动是由于为了使身份的需求符合情境的定义而产生的。每一种观点都认为决策者对他们的情境和经验进行解释，并且决策者为了做出决策，会赋予情境和经验一定的意义。理性行动者，不管是单独行动还是与其他理性行动者谈判，对他们的情境和经验进行解释，以预测当前行动的未来结果以及他们未来对这些结果的喜恶。规则遵循的行动者，不管是单独行动还是与其他规则遵循行动者协同行动，对他们的情境和经验进行解释，以确认适当的身份和规则。他们对历史进行解释以形成他们所遵循的规则。

有时很难进行这样的解释。经验、期望、偏好和身份都有可能是模糊的，因此，决策学习者把他们大量的精力都用来研究决策者在决策中如何解决或忽略他们所面对的模糊性。通过积累或检索信息可以降低不确定性。设计了信息系统，用信息来判断结果或适当性。为了做出决策就需要构建意义。

从这个观点看，决策是重要的，因为它们配置资源并为决策者产生了一定数量的结果。如果信息能够解决偏好、结果、情境和身份的不确定性，那么信息就是有意义的。在商业企业中，利润、成本和销售额的含义是什么呢？在军事组织中，胜利的含义是什么？在这些专业术语中，意义服务于行动，行动又服务于偏好和身份的目的。

本节讨论决策过程中意义构建的另一个不同的概念。解释是核心，意义是基本的需求。人们用大量的时间搜集信息，编造解释，散播其他人动机和行为的谣言。从这个观点看，意义并不是为了做出决策而构建的，做出决策是为了构建意义。

5.5.1 对意义的详细解释

经验和解释的模糊性使意义的构建对生活至关重要。经历过的事件无法自动具有清晰的意义。大学在管理中增加年轻教员的参与可能会被看作民主的延伸，也可能被看作对非自愿的廉价劳动力的征用。可能会认为以计算机为基础的文档处理提高了秘书的地位和技能，也可能认为它们使秘书工作不再需要任何技能。如果某个商业企业放弃了某个生产线，那么只有对该行动进行解释才能清楚它的意义。如果一个组织更换它的会计师事务所，那么也需要对此进行解释才能清楚该行动的意义，人们使生活中的各种活动具有一定意义，他们互相散播流言蜚语，进行闲聊，他们依赖于职业的流言蜚语散播者——记者和历史学家，他们创建神话、运用符号、制定仪式，并且讲述故事。

1. 意义的工具

意义的工具就是神话、符号、仪式和故事，它们是社会生活的韧带，在个体和团体之间建立联系，在不同的辈分和不同的地理区域之间建立联系。它们为理解历史提供了背景，也为在历史中寻找自身提供了背景；它们不仅反映社会结构和过程，它们也创造社会结构和过程。

神话 神话是"任何真实或虚构的故事、反复出现的主题或性格类型，能够通过体现某个民族的文化理想，或者通过表达深刻的、普遍被感动的情感来感染某个民族的意识"。[5] 神话的创建为生活提供了广泛的解释，为行为提供了大量的模型。神话解释了上帝（CEO、董事会成员）和自然（竞争、顾客、市场）的角色。神话解释了世界的可预测性有多大，并且如何平息那些控制个体命运的权力（通过祈祷、羞耻或取消管制）。神话庆祝或诋毁人类的意图或人类机构。例如，组织中最普遍的神话就是组织创立的神话，有关组织创立的程式化故事以及组织中神话般的英雄人物、事件和解释。

符号　符号是能够通过联系、相似性或传统而唤起其他一些事情的物体、惯例或标志。符号把组织经验与深层次的情感或与人类两难处境的抽象定义联系了起来。服装和语言象征着权力和地位；被排除在决策之外象征着丧失了人格；会议象征着思考；口号和拥抱象征着团结。当在决策的背景下详细阐述和解释这些符号的时候，某个特定决策所具有的意义会将其与一个更为广泛并且通常都无法预测的理解与情感库联系起来。技术的选择或资源的配置不仅是具体的决策，也象征了真理是否会战胜无知，正义是否会得到伸张。一些发明个人计算机的人认为个人计算机的出现不仅是技术上的创新，也是个人从压抑的世界中获得自由的力量。

仪式　仪式是一组礼仪形式，通过这些形式保存了传统，支撑了意义。决策是一个高度仪式化的活动。充满决策意味的签名仪式就是一个例子。个体通过在某个消息、决定或者生日卡片上签名，确认了个人的责任并对该行动具有一定的权威。商业计划的制定就是现代商业生活中另一个常见的仪式，它确认了与其相关的决策的合法性。同样，婚姻仪式上的誓言也确认了夫妇双方婚姻的合法性。仪式标志着组织从一种存在状态过渡到另一种状态（提升或退休），或者从一组忠诚度过渡到另一组忠诚度（借调、重新任命）。咨询、分析、讨论和选择的仪式都围绕着决策过程进行。

故事　故事就是对正在发生着什么、发生过什么、即将发生什么的讲述。故事详细阐述了事情发生的原因，它们是决策的燃料，更为一般的是生活的燃料。个体通过别人讲述的故事来了解世界。有些故事是由专业的故事讲述者创造的：记者、作家、教师。其他故事则是日常谈话中的一部分。公共关系部门试图讲述使事件具有美好意义的故事，其他人则会用丑恶的动机、阴谋或腐败来讲述某个事件。由于故事讲述者会互相竞争以获得注意力或得到认可，因此，有关决策的故事就被塑造成符合听众智力和情感需求的故事。胜利者会鼓励人们讲述那些有关美德受到褒奖的故事，而失败者则鼓动人们讲述那些充满了罪恶和邪恶主宰的故事。

2. 意义的社会基础

意义来自社会的相互作用，意义的一致性和矛盾性都来自它的社会基础。通过交流可以分享解释，解释的特点也通过交流这一社会过程而改变。社会交换使社会、团体或组织能够在内部分享它们对经验的理解。故事、范例和框架逐渐被广泛相信，之后一般也都会被历史事件的社会解释支撑起来。带有个人特点的个体解释通常都会被经常接触到的更为传统的解释所改变。因此，社会团体总是倾向于对历史进行更为可信的，但不一定有效的解释。从历史经验中得出的论断储存在集体记忆中，储存在惯例和规则中、信念和故事中。学习通过新成员的社会化和对社会控制的保持而得以保护。

这些对稳定性和信念保护的描写大体上都是正确的，但无法保证其可信度。有些从历史得出的论断未被记录下来。惯例、规则、信念和故事有时很模糊，需要进行解释，而解释又会导致意义的不一致和意义的逐渐变化。不同的个体具有不同的经验，解释经验的理论也不相同。这些差异通常都会被融入活跃的亚文化中。由于亚文化在其内部行动以支撑其内部的完整性，所以亚文化可能会赞成更广泛社会范围内的解释的差异化，尤其是利益的冲突或世界观的冲突能够使次级团体中相互冲突的解释稳定下来。意义的冲突和协议一样都是以社会为基础的。

意义是社会构建的并不意味着可以武断地改变意义。一方面，意义是相互竞争的，一种看法与另一种看法相竞争。同时，竞争也会出现在信念和解释发展的历史道路上。在危地马拉，基督教的现代意义不仅反映了玛雅统治者和西班牙征服者之间的竞争，同样也反映了来自罗马（经由西班牙）的传教团所带来的思考的历史基础与玛雅传统所包含的意义之间的相互竞争。

3. 语言的角色

在使意义具有社会性的众多机制中，没有哪种机制比语言更为重要。语言之所以重要，并不只是因为语言是承载意义的工具。天然的语言同样是创造意义的工具。天然的语言可以用来澄清区别，用来区别对待各种事情和降低不确定性。同样可以运用语言从旧的意义中创造出新的意义，用语言进行比喻意义上的跳跃，用语言发现人们会逐渐理解什么。模糊性和模棱两可对这个过程至关重要，比如像讽刺、似是而非、文字游戏和比喻。在模糊性和模棱两可中，意义通过精确性和记忆唤起之间的相互作用而变化发展着。

因此，理解决策就需要理解语言承载、阐释和创造意义的方式。考虑一下这个例子，司法解释的过程——法官在这个过程中把一般原则应用于具体的情境。有足够的证据能够证明，法官利用语言的开放性来做出对他们自己所在阶层、宗教团体、性别或民族有利的解释；但是也有充分的证据表明，法律语言既不是可以把任何解释都强行装载进去的空空如也的船只，也不是在被动地阻碍变化。法律语言吸引人们去发掘埋藏在语言之下的最深层次的含义。

决策就像法律解释一样，把意义从语言中发掘出来。在决策者从文字中寻找意义的时候，他们利用语言潜在的微妙含义，发现文字本身固有的而不是强加于文字之上的新的解释。这一过程会由于经常服务于偏见而受到破坏，但是它与读诗时寻找诗的意义的过程相吻合。诗人未能充分表达的意义隐含在诗中。和法官一样，诗的读者或决策的解释者可能利用模糊性来服务于自己的利益或意识形态，但他们中的最优秀者，就像最优秀的法官一样，会利用语言唤起深层次的意义。

5.5.2　决策的象征性意义

决策所阐释的意义的重要性超出了做出决策这一平凡事实。决策和围绕决策进行的活动具有相当重大的象征意义。在制定决策的过程中，决策者不仅研究和交流有关决策的意义，更为普遍的是，还会研究和交流真相、世界上正在发生什么以及为什么发生的意义。他们规定了什么在道德上是正确的，什么是适当行为。他们详细阐释了用来理解的语言，并且说明如何对行动进行适当的解释和证明。他们对个人价值进行分配和定义——谁强大，谁聪明，谁高尚。因此，这个过程影响个体和组织的自尊和地位，帮助塑造和维持着有关友谊和敌对、信任与不信任的社会秩序。

戴尔·卡内基（Dale Carnegie）认为销售（和较有影响力的决策）包括基本的贸易：买方因为买某个产品而获得了自尊。[6]"如果你买我的锅碗瓢盆，我就会给你尊重和爱。"卡内基理论的核心在于对自尊的两个假设。第一个是有关意义的假设：决策对自尊具有象征性意义。第二个是有关稀缺性的假设：对大多数人来说，自尊与那些具体产品特性相比是一种更为稀缺的产品（也因此更希望获得）。这两个假设的含义就是：最好建议那些试图影响决策的人花费少一点儿的时间称赞他所中意的决策的特性，应该用更多的时间来表述该决策对那些即将受该决策影响的人的自尊所具有的象征性意义。

对决策象征意义的阐释并不是对决策这个原本中性的工具的玷污，它是决策过程非常重要的一个方面。有些人认为决策中的符号、神话和仪式是对决策过程的曲解，他们认为符号、神话和仪式将轻信的人误导为顺从，是聪明人操纵不谨慎的人的基础。这些描述都是不全面的。尽管符号、神话和仪式的确经常被策略地使用，但是很难想象一个由不具有象征意义的决策组成的世界；很难想象在不把决策与深刻的情感联系起来的情况下，还能够维持人类决策的动力和对决策的注意力；同样也很难想象一个有着现代意识的社会，却无法展示出一个阐释完整的有关选择的神话来维持社会秩序和意义，来促进变革。

考虑下面这些例子，商业企业的收购决策、军事组织的战术决策、研究机构中的研究设计决策、学校系统中的人事决策，或者医疗组织或汽车修理店的诊断决策。这些场合不仅要决定该做什么，还要讨论组织应该追求什么样的目标、什么才能使争论更加合理、谁是聪明的分析师、谁难以对付、谁不难对付、谁敏感谁不敏感、谁支持谁、决策者如何谈话、思考和行动。理解决策和决策过程需要知道这些象征意义如何渗透于决策中。

1. 决策结果的意义

决策从其结果和过程中获得象征意义。决策结果的意义与人、团体和原因的地位相关。每一种选择都将参与者划分为胜利者和失败者。至少从这个意义上讲，决策过程基本上就是通过战斗，考验各个不同参与者的力量和地位而进行试验的形式。这种现象可以从当代美国政治和商业决策的记录性报告中得到证明。这些报告强烈地倾向于描述在假想的斗争中争夺首要位置的胜利者和失败者："总统遭遇了失败""这次兼并对 CEO 来说是一次胜利"。

决策通过战斗进行试验而获得的象征意义对于某些文化（比如传统的男性文化）尤其适用，在这些文化中，世界的秩序被统治／从属关系以及力量或权力的权势等级所规定。在权势等级很重要的时候，就会创造出决策场合为个人地位的确立提供机会，参与某个特定决策的参与者就更容易回忆起谁是胜利者，而不太容易回忆起决策产生的重大结果是什么。潜在的失败者总是从竞争中退出，而不是去冒暴露自己弱点的风险，因此达成协议看起来比协议本身更为普遍。

当然，认为社会关系是统治／从属关系的看法不是唯一可能的看法，也有可能认为决策结果反映了附属、合作和适应的关系，而不认为决策结果反映了力量测试中的胜利，那么就可以根据决策结果所反映的团体的附属特点来解释决策结果。

2. 决策过程的意义

与决策结果一样，决策过程也能够表示和交流意义。决策过程为自我的展示和社会秩序的有效性提供了场合，也为个体提供了展示个人具有组织或文化所重视的特点的机会。他们展示自己的智慧、聪明和冷静，展示自己所具有的个人魅力，表明自己的价值观。至少他们的价值观在社会上受到高度重视。如果这些事情都很重要的话，人们就会创造出决策场合为展示和欣赏适当的行为提供机会。潜在的被遗弃者倾向于从决策过程中退出，而不去冒风险，暴露出他们缺乏社会教养，因此，会降低不愉快事情发生的概率。参与者可能不会回忆起重大的决策结果，但是会记住与其相关的决策过程。

个体对决策的参与使个人信息与重大的政策立场交织在一起。前者对后者并不是极其有害的，但是通常个体决策业绩都会要求个体能够很好地展示自我，而并不要求个体对决策内容真正关心。因此，个人风格总是比个人对问题的立场稳定。个人风格也会根据观众的不同而变化，它是观众的函数，而不是目前所讨论问题的函数。

由于决策领域成了自我展示的场合，它们自然也就成为教育年轻人和使年轻人社会化的场合。人们通过参与决策过程，通过观察和模仿其他重要人物的行为而逐渐树立起自己的形象。未来的经理人学习如何像经理人那样行动，年轻的员工学习如何像老员工一样交谈。决策是一个展示适当态度和认可这些态度的公共机会。

由于决策成为教育的场合，因此，许多问题之所以重要不是因为它们需要解决，而是因为它们有必要进行讨论。这是大学里关于伦理、公平和亲密关系的自由讨论被普遍认可的特点。这一点也是培训研究人员和社会分析家的大学里常用的策略，它有助于人们理解商业经理之间对市场、企业、政治和未来的讨论。

3. 决策和社会保证

在以信念和上帝的启示为基础的社会里，教堂是神圣的机构，它象征着上帝的至高无上和人类意愿对上帝指引的顺从。在以推理、理性和人类有意控制命运的概念为基础的社会，决策是神圣的活动。世界是由人类有意识的行动创造的，并对人类的意图做出回应。意图可以通过选择和权力变成行动，而选择则是由推理引导的。

决策的观点神秘地并以仪式的形式表达了这些理性主义和以人类为中心

主义的传统。因此，现代生活中进行选择的过程充满了许多具有象征意义的仪式化程序，就像中世纪占卜上帝意愿的程序一样。选择仪式把常规事件和对事情本质的信念联系起来使事件具有了一定意义。选择仪式强调人类机构的中心性，人类对选择负有责任，也因此对历史的进程负有责任。选择仪式认为由选择组织而成的世界是有效的。

同样，作为决策过程一部分的社会相互作用对于为决策者提供更为具体的社会保证非常重要，保证决策者做的事情是正确的和正义的。社会信念通过争论、确认和信息搜集而具有有效性。决策者寻求的信息远远多于他们所能使用的信息。尽管他们随后会忽略信息的内容，但是，信息搜集这种行为保证了他们能够适当地行动。参与者通过集体决策会议预先演练争论并进行证明。团体常常会在决策已经做出或即将做出之后还进行大量讨论。这种"不相关"的讨论使理性化得以共同发展，但同样也降低了个体内心对复杂决策所怀有的不确定性。

当存在模糊性的时候，保证就显得尤为重要。这一点可以通过对丹麦一所小学的研究证明。[7] 这所小学是由一些学生的父母创立的，这些父母具有强烈的意识形态，强调社会的创建、民主和非智力性技能。这种意识形态对这些父母很重要，它把他们的孩子以及他们自身同一种生活方式联系起来，同他们认为自己是压抑的社会中的反叛者的自我概念联系起来，同他们对教育的投入和对孩子的投入联系起来。当对学校的课程设置进行决策时，与这所学校相关的大多数人（父母、教师、学生）都被卷入了激烈的辩论。他们详细阐述、深刻体会并富有激情地互相争论。在进行了持久和激烈的辩论之后，他们做出了决策。但是，这个决策最引人注目的一点是：该决策从未被执行过。富有激情地参与讨论的人和那些坚守决策的人实质上对决策的执行漠不关心。至少，在这种情况下，决策过程与保证决策过程的那一代人联系更为紧密，与采取实际行动的那一代人的联系不太紧密。

这个故事也许在某种不太纯粹的形式上符合整个决策过程。选择过程向那些参与选择的人保证会明智地做出选择；保证选择能够反映出对信息的计划、思考、分析和系统使用；保证人们能够像决策者那样适当行动；保证选择对相关人员所关注的问题非常敏感；保证参与者都是正确的人选。同时，选择的过程也向参与者保证了他们自身所具有的重要意义，尤其是人们用选择过程来强调决策者与其决策会影响历史进程这一观点，而实际上也的确如此。

5.5.3 像解释一样的生活

选择理论通常认为要根据结果来理解决策过程，决策者进入决策过程是为了影响结果，生命的意义就是选择。它的重点是工具性的，它最大的自负就是关于决策意义的观点。本章对决策中意义的构建进行了探讨，形成了这样的论点：选择过程不只是为行动提供基础，它还具有很多其他的作用。选择过程提供场合来定义美与真，发现或解释正在发生着什么、决策者一直在做什么、什么能证明他们的行动是合理的；选择过程也是对已经发生的事情进行赞扬或批评的场合，并因此也是锻炼、挑战或重申友谊、敌对、权力或地位的场合；它还是社会化的场合、教育年轻人和无知者的场合。

以上观察所形成的观点认为意义不是行动的手段，而是分析的核心。因此可以认为，生活并不主要是选择，生活是解释。从行为上和道德上来说，结果一般都没有过程重要。过程使生活富有意义，意义是生活的核心。参与决策的人们之所以把大量的时间投入到符号、神话和仪式上，是因为他们更关心这些事情。

因此，这一论点具有两层含义。一方面，该论点认为，任何"改善"决策的努力都必须把决策看作意义的工具。另一方面，该论点认为，理解和解释决策行为要求认可解释的中心性。决策包括形成意义的符号、神话、仪式和故事。如果决策者能够认识到决策的象征意义对决策来说至关重要，不是决策的外延现象，那么决策学习者不仅会重视决策仪式所具有的审美特点，比如，优雅、尊严、魅力和美，还能够更好地理解决策。

5.6 模糊性与理解

模糊性是决策生活的核心特点，但决策论几乎总是会低估它在组织中的重要性。世界和自我都是模糊的；行动与决策或思考之间的联系不像传统理论中所认为的那么直接；垃圾桶过程和其他形式的时间分类使问题和解决方法之间的联系变得混乱。

对模糊性的注意迫使决策学习者用更为认真的态度来研究组织如何构建意义，因为大多数理论都假定了解释的基础。最初，人们在很大程度上都在研究组织和行为因素如何影响期望、偏好、对历史的解释和身份，构成后果逻辑和适当性逻辑基础的因素。关注的焦点是如何根据社会和经验所构建的意义来形成判断。

但是，有些决策学习者研究得更为深入。他们确信最好应该把决策过程看作世界的一部分，决策过程会导致解释而不是导致行动。从这个观点看，决策是形成意义的工具，而意义的形成是决策的核心组织活动。对决策结果和决策过程的象征性解释对它们的动态变化非常关键。

他们的这种观点非常吸引人，但是即使允许仅通过解释性和象征性的过滤器来观察实质性结果，保持决策的实质性结果与"象征性"的结果之间的区别也还是有一定意义的。忽略决策的实质性结果和其实质性结果之间的竞争是盲目的，就像忽略了象征性地解释决策或象征性地解释产生决策的过程一样盲目。

决策工程

本书前几章把决策及决策过程分别当作个体现象和社会现象来理解，而决策质量及其如何改善决策的问题处于次要地位。本章重点考虑后者，主要研究在决策者试图获得智慧的过程中所产生的一些基本的复杂问题。

对智慧的要求已经被用来证明各种决策过程的合理性，包括预期理性决策或基于历史的规则遵循决策。一方面，提倡理性行动的人强调的是通过对未来结果进行明确的计算而获得的智慧，他们贬低规则遵循过程中的盲目和保守。另一方面，提倡规则遵循的人则强调体现于规则中的经验积累所产生的智慧，他们批评理性过于强调对信息和认知的要求。

双方的争论反映了社会哲学里的一个古老辩题：有人认为智慧体现于有意图的、经过计算的行动中，有些人则认为智慧体现于成为传统的历史教训中。本章没有对这一争论做出定论，相反，文中的讨论认为，包括理性决策和规则遵循决策在内的多种决策形式都是形成决策的有效程序，但是没有哪种形式能确保决策肯定是智慧的。

这一结论就蕴含在对决策工程的简单介绍中。本章第 1 节研究的是根据决策所产生的结果来定义决策智慧的问题，以及当决策结果在不同的时间和地点得以实现并同时产生象征性和实质性的收益时，进行利弊权衡时的复杂因素。本章的第 2、3、4 节研究提升决策智慧的若干可能性，以及决策工程如何提高适应性的方法、信息的使用和意义的建立等方面。

6.1 决策智慧的定义

决策工程致力于制定智慧的决策，但是智慧的概念模棱两可。在智慧的定义上，决策论学者在过程定义和结果定义之间举棋不定，而且在如何定义"好结果"方面，他们也未能圆满地解决一些与重要权衡相关的难题。这些问题极其深奥，很久以来一直让人觉得解决无望。

6.1.1 结果与过程

人们对"智慧的""理性的"和"学习型的"及其他类似术语的多重含义感到困惑，这些困惑干扰了对决策和决策工程的讨论。本书尤其是本章对这些术语进行了区分。这些区分尽管不一定是什么特殊的命名法，但在讨论决策工程时是必不可少的。

对"理性的"和"学习型的"这样的词语有两种截然不同的使用方法。过去的行动如果产生了一些公认的好结果，就称它们是"理性的"或"实质理性的"。同样，如果行动产生于某个程序，这一程序对预期结果进行评估并选择了那些平均来说能够产生满意结果的行动，那么行动就被认为是"理性的"或"程序理性的"。同理，如果组织绩效提高了（不管通过何种途径获得了提高），组织就被称为"学习型的"或"实质学习的"；如果组织根据从以前的结果中得出的论断来调整行为（不管组织是否是根据这些论断进行调整从而提高了绩效），组织有时就被称为是"学习型的"或"程序学习的"。

对理性、学习和其他决策形式的过程定义和结果定义感到困惑是情有可原的。人们很自然地认为，如果决策者选择那些有可能产生满意结果的行动，那么他们一般都会成功。同样，人们也会很自然地认为，如果决策者避免那些在过去产生过坏结果的行动并强化那些与好结果相关的行动，从而对其行动进行调整，那么结果就会得以改善。

如果决策者按照某个首选过程进行决策，就会取得好结果，这一信念构成了决策理论的大多数规范文献的基础。在宣扬决策分析之美的标准论述中，首选程序就是理性计算；在推崇学习之美的标准文献里，首选程序就是实验和递增式变更（incremental change）；在信奉正统基督教伦理之美的标准文献里，首选程序就是对圣典逐字逐句的参考。遵循决策论、学习或正统基督教伦理的规则有可能产生坏结果，但是如果在定义上稍做改动，把结果的智慧和过程的可靠性等同的话，就会降低产生坏结果的可能性。

对决策的观察结果以及对模型更准确的限定，都表明这些假定一般来说是不成立的。不能对过程和结果之间的联系进行假设，必须对其进行证明。本章考察的是决策过程是否以及何时有可能产生好的结果、改进这些过程的可能性有多大等问题。行动是否智慧是根据其结果来定义的。如果在所有的结果都得以实现（包括偏好和身份可能发生的变动）之后，行动满足了相关各方的意愿，那么该行动就是智慧的。根据这种观点，智慧是事后概念，只有在结果出现之后才可以确定是否智慧。以结果为基础来定义智慧排除了这种形式的说法："他的行动很智慧，但是结果很糟糕。"

以结果为基础来定义智慧，不仅使智慧变成了事后的评估，而且使智慧成了一个主观概念。由于行动是否智慧是由其结果的价值决定的，那么智慧就取决于相关行动者的偏好和身份。当然，一般情况下，行动与某个特定的决策者或一组决策者相联系，并根据这些决策者（或决策者的代理人）的价值观来评估该行动的结果。但是，在评估多重行动者的行动时，很难确定相关的决策者，从而也难以确定相关的价值观，因此，也无法确定结果是否智慧。

理性、基于学习的规则遵循、联盟结成、模仿以及时间分类法等决策在此都被视为过程。比如，如果决策制定的依据是一个遵守标准程序的过程，在这个过程中，根据对未来结果的预期在备选方案中进行选择，那么这意味着该决策是"理性的"。根据这样的标准，如果某金融组织对各种可能的备选方案的未来结果进行了系统的分析，并选择能使预期收益最大化的方案，那么该组织的决策就是理性的（不管这一决策是否会产生好结果）。

同样，如果某个决策过程要求根据业绩反馈而逐步改变行为，那么该过程就属于"学习型"的决策。如果某个生产型组织对其业绩负面反馈的反应是提高其改变标准规则的可能性，对业绩正面反馈的反应是降低其改变标准规则的可能性，那么该组织就是学习型的（不管这种学习是否会导致业绩的提高）。

根据以上定义，理性和学习是事前概念，具有程序的特性，而且不是由其结果来定义的。理性的程序既可能产生好结果，也可能产生坏结果。本章其余部分研究的是组织中各种可能的决策程序的时机和局限，其中包括理性、学习、多重行动者冲突和模糊性。

6.1.2　对智慧的权衡

如果智慧的决策意味着该决策所产生的结果能够提高决策者或团队、组织、社会的福利水平，那么需要考虑以下三个难题：①应该在多大程度上根据决策过程及决策本身对于行动和行动结果所产生的影响来评价该决策过程或决策，又应该在多大程度上根据它们在形成意义和阐释人生方面的作用来评价呢？②在全面评估中，相对于近期结果而言，如何权衡远期结果的重要性？③如何比较和权衡不同的个体和团队的欲望、需求和价值观？所有这些问题都没有明确的答案。

1. 象征与实质

决策对稀缺资源进行分配，这使决策显得举足轻重。同时，决策也会表明价值观并解释人生。决策是现代西方意识形态的核心部分，它与理性年代中的重要概念有关系，如人为控制命运和人类意志等。决策过程充满了象征意义，它们展示并重申社会信念，强调人类采取审慎有效的行动的承诺，并为个体提供了声明自己坚守这一承诺的机会。人们组织决策，既是为了采取行动，又是为了分享经历、解释和象征性意义。

比如说，决策者似乎总是把信息的收集和使用作为追求象征意义而不是解决决策不确定性的一部分。收集信息、制定决策是能力的标志和象征。处理和展示信息象征着（并证明了）决策者的能力和正确性。优秀的决策者是那些合理地制定决策、发挥专业特长并采用得到普遍认可的信息的人。决策者之间竞相追求名声，促进了信息的出现和炫耀性展示，而不仅仅是用信息解决实际存在的不确定性的问题。决策者对信息搜而不用；要求信息越多越好，却又加以忽略；先决策，事后才寻找相关信息；收集和处理大量与决策不甚相关的信息。

可以把追求决策的象征意义视为一种堕落。毫无疑问，追求决策的象征意义会导致决策精力的分配出现问题，会导致单纯的决策者受到老奸巨猾者的操纵，还会导致信息方面的"军备竞赛"，因为在技术上和组织上施展小伎俩的人会引发对信息的炫耀性消费。根据这一观点，决策工程师或许会拒绝把象征性元素引入决策过程中，或者试图使决策的形成免受象征性元素的影响。前者很难在单边基础上实现，但实现后者倒有些希望。有时，可以把决策的象征部分和实质部分分割开来。比如，信息的收集和分析往往带有强烈的象征意义，有时就要和选择过程分隔开。人们经常会在明显的决策过程以外做出选择，在这种决策过程中，决策仪式具有更为强烈的象征意义。对垃圾桶决策过程的观察表明，决策过程更多地只是触及问题而不是解决问题，并且实质性选择经常也是在正式的决策过程之外做出的。

此外，决策工程师把追求完备的仪式和象征意义视为首要责任。决策的象征意义可以被接受和阐释为反映决策智慧的基本层面。可以把决策看成一个形成神话并解释人生的过程，也可以把决策看作对那些使各种事件得以理解的散乱的信念和文化意识的修改。决策工程师牢记这些，他所关注的是如何提高决策象征意义形成的有效性，以及如何提高决策象征意义对维持人们对选择、理智、权力、冲突和智慧的社会信念的有效性，其目标是提高人们对理性和身份的投入、确立统一性和多样性的基础。决策仪式的设计和举行都可以为此目的而进行。主要的障碍在于，决策者不能把意义当作根本原则，也因此无法专注于设计仪式和构建象征意义。

2. 跨时期（套时期）比较

决策结果随着时间的推移而显现出来。短期结果包含在长期结果中。许多改善短期福利的行动从长期看来是有害的，反之亦然；而且，偏好和身份会随时间的推移而变化，其部分原因是人们采取了行动。决策结果是应该根据决策当时的偏好和身份来评估，还是应该根据决策效果得以实现时的偏好和身份来评估呢？

对分布于不同时间的结果进行权重分析非常复杂，这一复杂问题既是选择心理学也是选择经济学的主要话题。研究个人发展的心理学家早就注意到了延期满足（delayed gratification）和为了获得将来的愉悦而放弃当前愉悦所遇到的各种困难。某人可能会暗中比较当前吃巧克力蛋糕所获得的满足与将来出现超重和健康问题的不确定的成本。随后，他们在不同时间进行同样的比较。这个问题被定义为更加重视对延期痛苦和愉悦的预期而不太重视即期的愉悦和痛苦。

经济学文献中也对同样的问题进行了讨论，特别是研究了在当前消费和储蓄（未来消费）之间进行选择的问题。正如许多研究延期满足的评论家所观察到的，与当前的痛苦和愉悦相比，没有必要更加重视或更不重视未来的痛苦和愉悦。既有病态的消费，也有病态的储蓄。在标准的经济学中，储蓄和消费之间的选择取决于一些贴现因素，构成这些因素的部分基础是个人价值观（权重），部分基础是储蓄能够积累收入这一事实。

经济学强调用"现值"（present value）来比较当前和未来的成本与收益。现值的计算就是通过估计对当前多少数量的货币进行合理投资，能够在未来的某个时间增加（或降低）到对未来预期的水平，从而使当前预期与未来预期在货币量上相等。由于现值计算通常是根据货币而不是根据决策者的货币所能购买的商品的价值来计算，因此决策者们避免了那些涉及各种更为复杂的因素，比如评价未来结果的主观价值。

跨时期比较尤为困难，原因在于偏好和身份不是稳定的，它们在不断地变化。变化的部分原因是由决策造成的。经常有人认为，一项行动的智慧应该是一个事前概念，即从决策者在决策当时的偏好、身份和价值观来看，决策是有意义的。但是，这一观点的弊端在于它忽略了一个明显事实，即许多在事前被认为是"智慧"的决策，在它们的结果和价值效应全部得以实现时，却往往被认为"缺乏智慧"。

同样，也可能有人认为，行动的智慧归根结底是一个事后概念，要根据未来的价值观和经验进行判断。在这种情况下，一般无法在决策当时判断决策是否智慧，但是，可以大致估计出来决策是否智慧，尤其是当决策者不仅关心行动的后果，而且还关心行动对其偏好和身份影响的时候。

3. 不同决策者之间（交错）的比较

通常情况下，在把决策智慧的观点应用到包含多个不一致的行动者的决策中时，研究决策智慧的学者就会感到不适应，因为决策智慧一般都要求有一致的偏好或身份。一个决策者的福利水平可能和他人的不一致，也可能和决策者所在的组织或社区内的福利水平不一致。

智慧的有限形式之一体现在帕累托改进标准中。当一个行动不会危害到其他人（在他们自己看来）并至少对一个人（在他自己看来）有帮助，采取这项行动显然要比不采取这项行动智慧得多。经典的帕累托程序是一种全体统一的形式，即所有人都投"赞同""反对"或"弃权"票，只有在没有人投"反对"票，并至少有一人投"赞同"票时，才会采取行动。双边自愿交换就是这样一种程序。

考虑到帕累托决策规则对选择所施加的种种严格的限制，一些社会福利理论家已开始谋求界定一些给不同人的偏好和身份进行权重分析的程序。然而对大多数的决策理论家来说，人际的价值比较似乎已经产生了无法解决的问题。怎么可能只根据某个人的价值观来判断他所得到的收益是大于还是小于其他人的损失呢？研究选择的当代学者一致认为，一般的个体和社会实际上都习惯于进行此类比较，但是在这样做的合理性或程序方面没有达成一致。

注意力的分配方式隐隐约约提供了这些问题的解决办法。早在研究不一致的多重行动者决策的内容里，就讨论过这些方式。诸如交换、讨价还价、联盟、权力之类的多重行动者决策程序，它们属于有限注意力体系，因此都非常有效。如果每个人都有足够的注意力关注每一件事情并的确给予了关注，那么产生矛盾冲突，也就是说，决策程序难以达成合意选择的可能性将会大大提高。

人们对偏好和身份不一致性的关注本来就不够完全，而同时又有各种机制掩盖不一致性，这使人们对它的关注更加不足。组织被分为若干部门，并且在各种专业人士之间进行分工，从而降低了部门之间和专业之间不一致性对决策造成危害的可能性。人们的无知使不一致性受到了忽略。因此，有限注意力牺牲了全球一致性换来的是局部一致性。由于并非所有的不一致性都能被激发出来，松散耦合的决策体系在寻求一致未果而面临着潜在的冲突时，也能成功地运行。古老的民间智慧是：好篱笆造就好邻居。

因为个体和团体具有相互包含的特点，所以跨个体和团体来评定智慧就更为复杂。决策个体是决策团体的一部分，决策团体是决策组织的一部分，决策组织是决策社会的一部分。对个体有利的结果不一定对其所在的团体、组织或社会有利；反之亦然。

比如，考虑一下组织里确定社会化和员工周转率的问题。组织将其成员社会化，按照组织规章制度指导他们。个体信念和组织规章趋向一致，这通常既对个体有利又对组织有益。个体从快速学会组织规则中获利。组织规章从个体对新信念的试验中获益，这些信念经过试验被证明是有用的。然而，个体有可能在规章还来不及向他们学习的时候就已经适应了组织规章，这对该体系的有效性构成了严重威胁。组织新成员相对缓慢的社会化过程和适度的周转率结合在一起才能维持个体规则所需的可变性。因此，适合组织规章发展的社会化和周转率并不一定适合其中的每一个个体。

6.1.3 决策短视症

决策结果在不同时间和空间上的分布是定义决策智慧时非常复杂的因素。当时当地的行为不仅会在当时当地产生结果，也会在其他地方、以后的某个时间产生结果。尤其是，由于远期结果很难预测，因此在时间和空间上的利弊权衡会导致偏爱和偏见的产生。

1. 眼不见心不烦

尽管道德家和决策理论家关注的是：为了远期利益而牺牲近期的直接利益的危险以及懊悔储蓄过度或者受到狭隘观念误导的危险，但是他们通常都会看到人们刚愎自用地坚持偏爱那些在时间和空间上距离较近的利益的实现。现在和邻近的利益是即时的、清晰的，这往往会使时间和空间上遥远的利益全面处于劣势地位。于是，决策制定过程中的象征性和实质性愉悦以及其即时的、邻近的决策结果会逐渐占据主导地位。

对清晰的近期结果的偏爱，无疑会导致这样一种趋势，即决策程序往往会忽视某些模糊的、远期的重要问题，这是很不妥的。但是要改正这一偏好非常困难，因为有时候对清晰的、近期利益的偏爱事关存亡。至少由此看来，要关注长期的、全局性的智慧，就得首先对短期的局部性的智慧进行有效关注。

在任何情况下，个体和社会体系都不偏好远期结果。个体常常为了短期愉悦而牺牲长期利益。就拿美食、酒精、毒品和性这些短暂的快乐来说吧，尽管这些行为很明显会招致长期代价，但在当时，它们是难以抗拒的。人们年轻时沉溺的行为会在上年纪后产生不良的后果。当结果在个体中扩散时，给某些人带来快乐的行动常常会给其他人带来痛苦。决策者发现，与那些距离较远的人相比，人们更容易对至亲、同事、同胞和眼前的陌生人的感受产生"移情"。简言之，决策制定者更关注当前、局部的利益，而把因此而产生的长期的、较远的问题留给下一任或距离更远的决策者。例如，曾主持过美国历史上最大规模国家赤字扩张的预算负责人说，每一位继任行政官员的工作"就是分摊并处理痛苦"。[1]

2. 计算论倡导者与进步论倡导者

评估决策智慧，需要对当时当地所采取的行动的远期后果进行判断。在这方面，有些研究决策智慧的学者认为决策会影响象征和资源在时间和空间上的分配，但不会影响其总量；而有些学者则认为决策既影响现有象征和资源的分配又影响其总量，这是两者之间最深刻的区别。

我们称前者为计算论倡导者，其典型观点是：世界上的资源是一定的，不管在某时某地获得什么，都必然在其他时间或其他地点付出代价。归根结底，象征性的和实质性的资产是守恒的。我们称后者为进步论倡导者，他们的观点表现为另一条原则：世界的资源是扩张的，通过合理的开发和交换，每个人都将得到改善，象征性的和实质性的资产也会增加。

计算论在现代有三种重要形式：神定论（theories of divine judgment）、经济剥削论（theories of economic exploitation）和环境干涉论（theories of environmental tampering）。神定论的基本思想是：对于当时当地所采取的行动，一切尘世间世俗的回报和惩罚都会在来世的天国中得到补偿。经济剥削论认为：某地的精神财富或物质财富的增加只有通过加剧其他地方的贫困才有可能实现，个人和国家的财富水平来源于对有限资源的再分配。环境干涉论的基本观点是：为了改善世界上某些地区人们当前的生活，人为地干涉改变了地球的生态环境，而这种改变无疑会降低以后的、其他地区的人们的生活质量。这三种理论的共同之处在于：每种收益的获得都是以他处的损失为代价的。

进步论的核心在于资源的扩张（或者说是资源利用效率的提高）。该理论在现代有三种形式：宗教转化论（theories of religious conversion）、经济增长论（theories of economic development）和科技发展论（theories of scientific and technological development）。宗教转化（或称教化）论的基本思想认为，美德的扩张是无限的。每新增一位对真理的领悟者，世界上的美德总量就会增加。经济增长论的基本观点是：在某一时间分配给某些个体的财富非常多，不均衡，但这会逐渐增加以后的资源总量并最终导致其他人财富的增加。每个人的生活都有可能得到改善，当前的收益也有可能转化为未来更大的收益。科技进步论的基本观点认为：知识及其应用随时间的推移而增加，而且这种进步会导致可获得的象征性、实质性资源总量的增加。这三种理论的共同之处在于：资源是扩张性的，一个人的收益能给其他所有人带来收益。

显然，在预测未来这方面，进步论者要比计算论者更为积极。他们相信，整个世界可以无限地得到改善，而不是只有部分世界、只能在短期内得到改善。尽管对进步原理的信念处处可见、时时可见，然而，它们却不相称地通过年轻人、西方人和富人的声音表达了出来。年龄的限制、远离组织和技术主流的生活以及持续的贫困都使进步对某些人和某些地区来说成为不可思议的幻想。

理解了计算论者和进步论者之间产生分歧的基础，将有助于我们把握当前在宗教、经济制度、科技和环境等领域所产生的争论，但争论的结果依然难以给智慧的标准下一个完美的定义。不管是接受计算论，还是接受进步论，人们仍面临着跨时期进行人际比较的问题；面临偏好和身份是不稳定的和内生的问题；仍必须决定决策的制定究竟是为了解释人生还是为了指导人生。

面对定义智慧时的棘手问题，决策工程大多数情况下都会予以忽视。决策工程提出的问题是：在不确定智慧定义的情况下如何提高决策智慧。其隐含的假设为：当面对"智慧"的多种可选概念时，有些提高决策智慧的技巧是非常有效的。这一假设的必要性抵消了它的可疑性。依此观念，本章其他部分研究决策工程所包含的三类问题：第一是增强适应性，使决策者与环境之间更加相互符合的问题。第二是利用信息,将已知的和可知的信息应用于决策的问题。第三为创造意义,将决策视为扩展观念、建立自我、做出承诺的场合问题。

6.2 增强适应性

如果决策过程提高了决策与决策环境要求之间相符合的程度,那么决策过程就会加强对智慧的要求。于是,决策工程与理解适应性理论中的基本问题紧密地联系在一起。

6.2.1 适应性无效率

传统上讲,追求适应性决策智慧需要设法发现一些决策程序,这些程序会产生独特而稳定的决策,而这些决策(根据一些似是而非的标准)在某个特定的环境里是最佳的。如果此类程序可以确定,它们可以被恰如其分地称为"有智慧的"或者"有效率的"。比如,在理性决策程序和历史依赖的规则遵循决策里,经常有这样的说法。

但是,效率假设是值得怀疑的。有时,决策过程或许会产生某个特定决策环境所需的决策,但是通常情况下并不会那样。事实上,对适应过程的现代研究确定了若干方式,通过这些方式,决策过程能够产生在环境里并不明显或并不独特的结果。在与环境相适应方面的低效率源自许多决策过程所共有的有关适应性的一般特征。

- 适应时滞。适应需要时间。虽然可以想象出决策过程能够改善决策与其环境之间相符合的程度,但不能保证在任何时候都可以完全趋于一致。如果环境在不断变化,就根本保证不了会很快适应并改善相符合的程度。

- 多重均衡。大多数决策理论是局部适应的理论，它们假定存在这样一个过程，其中，在时间、认知和社会距离等方面很接近的因素主导了那些较远的因素。这种决策过程本质上就是"爬坡"，对局部的反馈做出反应，容易在局部（而不是全局）最大化时陷入困境。

- 路径依赖。在某个特定环境里的决策和结果不仅取决于当时的环境，而且取决于先前的环境以及经历这些环境的方式。历史路径使有些结果（包括以前已实现的一些结果）难以在未来得到实现。相对来说不太可能发生的事件如果真发生了，将会永久改变这一结构。

- 传播网络。决策结果取决于信息传播的方式。信息结构把一些决策者与世隔绝起来，并产生一些可归因于隔绝和统一的结果。这就使决策过程的结果对信息网络里的连接方式、信息技术的变革以及决策者整合信息的难易度非常敏感。

- 相互适应。决策者适应环境，同时，环境也在适应他们。他们发现环境中有些部分是可以加以利用的，但环境的可利用性会随着它们的被发现而发生变化。决策者认为社会认可或反对是制定特定决策的函数，认可或反对的水平随着制定类似决策的其他决策者人数的变化而变化。这些相互适应的形式有可能产生稳定的结果，但是无法从初始环境和近期环境中预测到这些结果。

- 适应的生态圈。决策者与其他决策者以及他们的决策紧密相关。竞争、合作和其他形式的交往互相交织在一起，构成了他们的历史。不能把历史简单地看成一个决策者及其外在环境之间的结果，决策者和他们的环境共同发展进化。

历史是一个局部适应性的分支过程，具有多重均衡，这一思想是现代变革理论（theories of change）的核心特征。由于历史的分支是不可避免的，因此产生了路径依赖和具有决定意义的次要时刻。各种分支点在解决问题时显得很随机，但它们对于随后的历史进程却有着决定性的作用。虽然历史的发展进程可以通过一个可理解的过程得以解释，但其已实现的过程却难以预测。

6.2.2 探索和利用

在路径依赖的曲折历史中，适应性智慧关注的一个焦点是探索新的可能性和利用已有的确定性之间的关系。探索包含通过搜寻、变更、承担风险、试验、运行、灵活性、发展和创新等术语获得的一些东西。利用包含诸如提炼、选择、生产、效率、选举、贯彻、实施之类的一些事情。在对备选的投资和战略进行决策计算的过程中，可以发现在探索和利用之间进行的显性选择，而隐性选择经常隐藏在决策规则和风俗习惯的诸多特征里。比如，在积累和降低宽裕的程序里、在搜寻规则和惯例里、在目标的确定和变动方式中以及激励制度里，都隐藏着各种隐性选择。

在理性选择模型里，探索和利用之间的关系是理性搜寻理论的基础。必须在这两者之间做出选择：获得备选方案的新信息从而提高未来收益（这意味着把部分投资运用于在不确定的备选方案中进行搜寻）；利用当前可用的信息来提高当期收益（这意味着把投资集中在明显最佳的方案上）。由于新的投资方案可能出现、概率分布可能不够稳定，或者说它们可能取决于别人做出的选择，这些可能性使问题变得复杂。

在有限理性理论里，对探索和利用的讨论强调的是目标在规制风险承担和搜寻配置方面的作用。通常假定：一方面，如果最受欢迎的方案超出（但仍比较靠近）目标的话，风险承担和搜寻都将受到抑制。另一方面，如果最受欢迎的已知方案低于目标的话，风险承担和搜寻都将得到激励。由于目标能起到这样的作用，因此，在有限理性传统中对风险和搜索的讨论强调，愿望本身所具有的适应性特征具有重要意义。

在规则的学习和选择模型里，对探索和利用的讨论被构架在变异和选择这对孪生过程的框架里。淘汰低级的形式、常规或惯例对于生存至关重要，但产生新一代的备选惯例也同样重要，尤其是在不断变化的环境中。由于环境复杂性、决策多样性和竞争优势之间相互联系，任何决策过程的效率都对在实践中所体现的探索变动速度和环境的变动速度之间的关系相当敏感。比如，有人认为，如果把垃圾桶决策过程与传统理性的选择效率结合起来，那么垃圾桶决策过程在组织中的长期存在就与它在一个相对不稳定的环境中所提供的多样化优势相关。

6.2.3 寻找平衡

普通经验告诉人们，社会制度在利用已知事物的过程中经常会遭遇失败。对创造力、新思想和变革的热情使得决策者对于确保下水管道畅通、电话有人接听以及后勤工作管理井井有条等方面很懒散。对探索的颂扬模糊了这样的事实：大多数的新思想都是糟糕的，大多数的变革都是有害的，大多数原创性发明都不值得做出努力把它们生产出来。只包含探索而排除利用的决策体系有可能发现自己承担了实验成本却没有得到多少收获。这些决策体系展示了过多未被开发的新思想，却几乎没有展示自己与众不同的能力。相反，只包含利用而不包括探索的体系有可能发现自己无法发现和开发新的能力和新的机会。在变化多端的社会中，这两个体系都很可能变得一无是处。

由于从探索和利用这两个选项中所获得的收益不仅和它们当前的期望值有关，而且还与它们的可变性、时机及在组织内、外部的分布有关，因此，人们更加难以理解如何在这两者之间进行选择以及如何改善两者之间的平衡。所以，在探索和利用之间配置资源的过程既体现了风险偏好，又体现了不同时期、不同制度和人与人之间的比较。

进行这些比较困难重重，这也使确定适当的利弊权衡并进行取舍变得更为复杂。由于在一个相互包含的体系中，同样的问题会发生在不同的层面，如个体层面、组织层面以及社会体制层面，因此，确定适当的平衡就显得尤其困难。决策者往往陷于加速探索或加速利用的怪圈里，这一动态趋势使得达到一个合理水平变得非常困难。

一方面，探索可能成为一个陷阱。如果失败往往导致探索，而探索又往往导致失败，决策者就会陷入探索怪圈：不断尝试新东西，却未用足够的时间利用某项创新以获得收益，而利用创新的经历是使创新产生成效所必需的。如果决策过程引起了一系列未经充分利用的试验，那么，要改善决策就要通过干涉行为来抑制探索。

另一方面，利用也可能成为陷阱。利用的本质在于完善和拓展现有的能力、技术和范式。利用的收益是正的，在时间和空间上都比较接近，并且是可预测的。探索的本质是采用新的备选方案进行试验，其收益是不确定的、在时间和空间上相距较远，而且通常是负的。利用策略会产生对局部有利结果，而且利用策略有可能逐步主导那些对全局有利但不利于局部的探索策略。这并非偶然，而是由于两者的确切性不同，两者的影响在时间和空间上的距离远近不同所导致的。

利用导致的这些陷阱并非源于愚蠢而是源于学习。通过改进标准范式、传统信息和既定方法而使能力得以完善和提高，由此而产生的局部收益是非常明显的。然而，决策者在运用现有技术、信息、常规、形式或策略方面的能力越来越强的同时，他们越来越不愿意或者越来越无法做出改变接受那些能够提供较长期优势的新事物，他们越来越适应这种处于劣势的实践。从这个意义上至少可以看出，适应具有自我毁灭性。当适应性过程使人们运用现有程序的能力越来越强时，就需要那些保护或鼓励探索的干涉措施来改善适应过程。

6.3　利用信息

决策过程需要利用信息，例如，理性包括对当前行动的未来结果以及该结果出现时的未来偏好进行预期。利用信息来预测结果并确定对结果的偏好的能力是至关重要的，同样，遵循规则的行动要求对过去的适应性是一致的。规则和程序对经验的适应包括从历史事件中形成对世界的推论。利用信息来进行有效推论的能力也是不可或缺的。

信息是一种社会建构，它在社会制度中产生并得以证实。社会制度使信息兼具有效性和可靠性的特点。所谓有效性是指它正确地描绘了现实，而所谓可靠性是指它能够在有知识的人中得到共享和复制；而且，社会的研究和教育制度还维持着一些可以用来证实信息的规则。这些规则以及在这些规则与社会制度融合之后，信息就难以被单方操纵，任何个体或小团体都无法轻易去规定人们该相信什么。另外，信息又是不断变化的。凡读过任何领域里50年前的专著的人都可以证实这样一种常见的情况：某一时期的信息在另一个时期就会成为无知和偏见。这种变化主要是由于旧的信息和对它的新挑战之间存在的紧张对立所造成的，而且会以一种信息从来不会远离社会共识的方式不断变化着。

为了把信息转化成有效的行动，决策者常常试图亲自参与到形成和传播信息的社会进程中。他们时常会犯一些错误或者被误导，也可能会对有些事物一无所知或一知半解。信息难以琢磨，运用信息也往往困难重重，但通常看来，信息带来的收益会使我们感觉到追求信息是值得的。另外，通过提高从经验中和他人那里获得信息的方法和技巧，可以降低获得信息和运用信息的难度。

6.3.1　从经验中获得信息

人们都知道，个体并不特别善于解释证据，他们在这方面的局限性削弱了决策的智慧。他们犯下各种各样的错误，进行各种各样的简化。他们不能充分地吸取教训，不能全面地或正确地回顾历史，不能准确地预测未来。他们迷信地学习，赋予一些行动因果意义，而这些行动仅与结果相关但不受结果的影响。他们对历史的回忆严重依赖于他们当前的信念，把自己的意愿、希望与预期混为一谈。由于担心某些信息会暴露出自己有意歪曲事实的本意，他们会忽略有用的信息。

前几章回顾了人类推论过程的若干特征，然而，推论的局限性并不能简单归结为人性弱点。决策制定环境中的结构性特点也是造成这种局限的原因。在理解未来或过去的时候，决策者面临着四个主要的结构性问题：信息匮乏、信息冗余、信息模糊以及信息的策略本性。面对这些问题而产生的推论错误并不单单会产生随机性错误，也会引起系统性偏见。

1. 信息匮乏

预测未来和学习过去要求信息量足够大，足以评定环境的因果结构。决策制定者试图在信息不充分的基础上来理解决策环境。历史提供的观察结果并不多，样本规模很小。而且，从历史经验中抽取的不同样本之间难以相互比较。集中历史事件需要把相对来说不太相似的事件汇集起来。

比如，第 1 章讨论了这样的情况：有些事件发生的概率非常低，但是一旦发生，后果就极为严重。类似例子或许还包括重要的创新性发现或大规模的核灾难。大多数决策者永远都不会经历这种低概率事件。这种经验可能使决策者认为该事件发生的概率比其实际概率还要小得多。这样一来，普通经验有可能会使决策者在面对低概率的正面事件（比如，创新性发现方面的突破）时固守悲观态度，在面对低概率消极事件（比如，核事件）时却固守乐观态度。

把成功的决策者提升到具有权力和影响力的地位也会引发系统性样本偏见。成功的决策者容易把自己过去的成功归因于自己过去的行动，从而往往夸大自己在未来规避风险和取得更大胜利的能力。由于成功的决策个体将得到留用和晋级，而失败者将遭到开除或忽视，因此，在解释过去时，决策制度产生了巨大的压力，这种压力使人们更加有信心去克服障碍、避免陷阱。这种乐观主义有时候会导致自我肯定式的自信行为，但也会导致愚蠢的冒险行为。

克服信息匮乏，应尽量增加样本规模和尽量从特殊案例中获得更多的信息。增加样本规模不太容易实现但是通常没有什么争议，而后者则被认为更具有争议性。为了提高历史的信息含量（就像在自然经验中的小规模样本一样），给出了以下三个建议。

- 丰富历史。决策者可以尝试更加丰富地体验历史。任何特定的历史事件都是一系列小事件的集合，其中每个小事件都可以被体验。阐释历史的过程与其说是对一些变量进行适当的统计估计的过程，还不如说是一个积累和整合细节的过程。

- 多个观察者，多重解释。决策者可以尝试用多种方式来解释体验。如果增加样本规模的成本既定，那么，增加对观察结果解释的数量通常会比增加观察结果的数量带来更多的净收益。情况的改善来自降低评价错误而不是降低样本错误。

- 假定历史。决策者可以尝试体验更多没有发生过的事件。通过对真实历史和接近历史的大量描述来建立历史过程的模型，决策者就可以模拟各种可能发生的历史，而且，不仅可以估计已实现的历史的可能性，还可以估计有可能发生的其他历史的可能性。

每种方法都试图从单一的案例中挤出更多的信息来解决样本过小的问题。事实上，它们批评了标准（大规模样本）方法，因为标准方法往往只能从一个复杂的事件中发掘出一两条信息。

2. 信息冗余

过去发生在世界上的行动提供了关于世界的信息。过去的行动往往被重复，从而引起人们对那些相同或相似的情况集中观察。正如在前面对探索和利用以及对风险的详细讨论中所述，决策者一般都会复制成功。当决策者复制成功的时候，他们的经验就变得越来越多余，几乎得不到做其他事情的经验。决策可靠性将证据局限于当前实践范围内的现象。

克服信息冗余，要求提高进行试验的积极性。增加试验的一种方法是在业绩测评加入噪声（noise）；噪声大的业绩反馈将导致任意性失败（arbitrary failures），进而引发试验。通过在决策体系中增加其他一些混淆因素——社会化、记忆力和社会控制等方面的障碍等，也可能实现同样的结果。如果新技术或新的组织形式使检索（retrieval）变得更容易或者更加困难，那么它们就破坏了记住历史和忘记历史之间的平衡，并改变试验的速度。

在成功的决策者中增加试验的第二种方法是加快愿望对成功的调整速度。相同的业绩会根据决策者愿望的水平不同而被认定为成功的或是失败的。提高愿望水平增加了失败率从而增加了试验量。对适应性愿望的影响的研究表明：愿望对过去经验适应得过快或过慢通常都不如中等水平的适应速度受欢迎；愿望的调整速度不仅对某个决策者有长期的意义，而且对决策者整体都有长期的深远意义。

然而，如第 1 章对风险的讨论所述，成功（或失败）与试验之间的关系比单纯的"失败导致试验"的假设更为复杂。比如，持续的失败会产生挫败效应而不是激励效应；对结果的解释可能会一贯夸大业绩，从而减少失败比率；试验也许既受到失败又受到持续成功所产生的个人安全感和无往不胜的幻觉的激励。其结果是，通过控制成功或失败模式来管理探索过程比乍看之下的情况要复杂得多。

3. 信息的模糊性

难以对自然经验进行解释。正如历史所揭示的那样，难以从随机的或外生的力量中分离出因果关系，这严重危及推论的形成。历史的试验设计留下许多未受控制的相关变量。历史的结果出现在一个不断发生内生变化的环境中，这种环境使得人们难以对它进行有效推理。对评价程序也未进行详细的规定并且评价程序要服从于真实存在的主观性。

克服信息的模糊性要求尽量完善体验的试验设计。当决策者进行改变时，他们经常会在同时做出若干小的改变。这类渐进主义值得推荐，但是，要从这个喧嚣的世界里获得信息的话，这并不是一个好策略。渐进的决策者发现，很难在复杂环境中分清楚多个小变化的影响。一种变化的影响与其他变化的影响交织在一起，并且由于变化都很小，这就意味着每次小变化所产生的影响都有可能湮没在历史的混乱之中。这些问题说明了减少变化次数、扩大变化规模的策略。

它们还说明了减缓对体验的适应速度这一策略。在这个世界上，既存在观察结果方面的巨大噪声，又存在其他人的同时适应，学得快的人往往会过于密切地追踪噪声信号，在自己以前的行动出现明显效果之前就做出了改变，从而使自己都混淆了。在把快速学习的热情当作智力工具的情况下，经常会忽视这些快速调整的劣势。把不成熟的推断转化成行动，不仅会导致决策错误，而且会混淆后续推断。耐心与果断相结合，产生的收益将远远大于把快速学习和渐进主义结合起来的备选策略所产生的收益。

6.3.2 从其他人那里获得信息

个体的许多能力与他们利用他人的经验、信息和实践的能力有关，组织的许多能力与它们按照公认标准贮存知识或信息的能力有关。因此，改善决策过程要求了解个体和组织如何利用他人的信息，以及在利用他人的信息中可能存在哪些陷阱和限制。

1. 利用其他人的思想

模仿让人们分享实践和信念，但决策过程的智慧不仅仅依赖于信息或实践的扩散速度和范围，还依赖于它们的"质量"。如果坏思想随意扩散，信息被分享，但是这种分享不会产生智慧。如果模仿贬低了正在扩散的思想或实践，信息的分享会导致思想或信息合理性的降低而不是增加。

信息的一个基本优势在于：坏思想在无知者中间的扩散要比在见多识广者中扩散得快得多，好思想则反之。尤其是，如果有助于理解或利用好思想的信息尚未被广泛分享，那么好思想的传播就会很慢。这增加了问题的复杂性：对于决策者来说，他们谋求利用产生于其他地方的好的新思想；对于社会来说，在不存在当前需要的情况下，它谋求确保有关技术和政策替代方案的信息得以形成、储存和检索。

个体、商业企业、学校和公共机构能够有效利用那些与它们当前的能力和技术相一致的新思想。如果决策者未对信息库存进行投资，他们就不能评估、采纳和适应新思想。由于缺乏必要的信息，他们可能采用的是新观念（诸如最新的"质量环""实时"库存和送货体系、"全面质量管理"等新思想）的形式而不是实质。为了促进思想的传播和及时获得，个体和组织建立信息库。比如，组织通过政策分析、图书馆、专家、专家系统以及应急行动方案档案专柜等途径进行投资以获得信息。

确定对信息库存的最佳投资规模不是一件容易的事。比如，如何判断决策者在信息方面过度投资了呢？图书馆有很多极少用到的书，实验室创造出没有影响力的知识，管理信息系统里的文件很少进行筛选。社会在图书、研究、信息方面的投资过度了吗？因为信息的成本和收益在时间和空间上的分布大为不同，所以信息投资的最优化尤为复杂。要做到在需要的时候拥有信息，就要求对那些在当时并不知道是否会需要的信息进行投资。在信息的成本和收益体系中，信息收益发生的部分与信息成本发生的部分大不相同。

以信息为基础的模仿能力既为探索提供了负激励（因为人们难以从自己的发现中获益），同时又提供了正激励（因为人们很容易从他人的发现中获益会产生轻松感）。[2]如果正的溢出效应大于负的溢出效应，那么决策者将投资开发不相关的基本信息。在这种情况下，在基本信息方面进行投资的首要目的不在于产生新发现或发明新政策，而在于建立一个信息库，这是利用他人做出的政策和发现所必需的。

在信息库存和吸收能力的事例中有两个相对稳定的均衡。在一个均衡里，每个人投入大量资源来探索新思想。然而，每个个体从探索中得到的大部分收益并非来自该个体的发现，这些发现不可能如此重要以至于可以保证投资能够获利。个体所得到的收益来自培养吸收他人偶然做出的重大发现的能力。这些来自信息和吸收能力的收益使探索得以维持，而探索能够偶尔产生一些必需的发现。在这种情况下，没有哪个个体决策者具有减少探索的动机，新进入者也不可能从放弃探索中获益。即便某人自己进行探索的直接收益小于其成本，情况也是如此。由于模仿优势的存在以及无法将培养信息和吸收能力的过程与为发现奠定基础的过程分离开，所以均衡得以维持。

在第二个稳定均衡里，没有人在探索方面进行投资。由于探索的收益主要来自吸收其他地方产生的思想，因此，在没有他人参与探索的情况下，探索的收益微不足道。只要没有他人参与探索，任何个体参与者，或者潜在的新进入者，都没有足够的动机进行探索。

信息库存和吸收能力的事例表明，模仿问题不仅是个体的问题而且是体系的问题。任何决策体系一旦陷入对信息积累进行低投资的均衡状态，都会处于极其不利的地位。第一个例子中高投资均衡的优势来自在能够越来越容易地有效借用和使用新的思想，并且作为附加产品来讲，偶尔还能产生一些好的想法。如果高投资方案是个更好的选择的话，起初处于低投资均衡状态的聪明的个体行动者不可能通过自主行动而轻易地达到高投资均衡状态。

2. 利用其他人的规则

决策研究者已经研究了惯例、程序和规范在整个决策者群体之间的传播。他们强调任何既定的决策者按照适当的方式采取行动的重要性，其论点是，遵循适当规则的决策者获得了作为决策者的合法性，而这种合法性有利于他们的生存。

有时，规则、程序和惯例的传播是在政府机构颁布的法令、消费者或者专业或行业协会的强制下进行的。有时，这种传播也是决策者之间相互联系的结果。参与到这种传播网络中有助于信息的传播，而在传播网络中的地位也会对信息的传播产生影响。也就是说，深入其他决策者的网络的决策者使用网络的目的不仅仅在于改善信息流和影响力渠道，而且在于学会按某种适当的方式行事以使他们成为合法的决策者。在网络中的地位相似，进行模仿的可能性更大；而不同地位者之间的模仿，更多的情况是地位高者模仿地位低者，而不是相反。

规则的传播遵循自然的动态规律。最常见的情况是，采纳某个规则的人数的增加会提高当前还未采用该规则的决策者采纳这一规则的可能性。规则越普遍，其使用价值就越大。在这样的情况下，规则当前使用者就会彼此互相获得合法性。这种收益是对模仿的有力激励，规则使用者试图转变非使用者。然而在有些情况下，合法性和规则的传播更为复杂。比如，秘密就具有被转化后丧失价值的特性。再比如，在某一点上，时尚潮流的追赶者数量的增加会增加每个人的合法性，但超过那一点之后，追赶者的增加就降低了吸引力。

3. 使情境与库存总量相符合

如果依据后果逻辑进行决策，那么通常情况下，问题和备选方案都是既定的，信息问题主要就是确定各种可能结果的概率问题，各种可能结果取决于所选的是哪种方案。这个概念是设计许多决策支持体系的基础。为了能够在当前进行选择，它强调的是关于未来的信息。

信息的这些用途的确很常见，但是它们所体现的可能不是决策者的特征，而是一个稍有不同的模式的特征。决策者并不是为了在备选方案中进行选择才寻找有关结果的信息，他们观察环境是为了发现一些意想不到的情况和找到解决方法，他们总是在找到了解决方案之后才承认"问题"的存在。他们在认可 / 适当性模式下操作，试图使情境与他们库存总量中的惯例、偏好和身份互相符合。

在这个模式中，通常偏好和反应库都是既定的，信息问题首先是认清情境的问题。规则遵循的决策者更为关心的是有关世界当前状态的及时信息，而不是对未来可能性的估计；假定一旦认清情境，就要立即知道适当的行动。其结果是：监测支持体系强调对明显的机遇和危险进行早期预警，而不是对远期的各种可能性进行估计。

监测体系观测环境是为了发现一些在当前需要改变执行惯例的事件。这一监测体系的基础是由通风报信者、闲谈、无序的信息以及快捷清晰的意想不到的情况的信号等组成的网络。结果评估信息系统试图把与理解未来的各种情况相关的信息组织起来，它是以分析、有序信息及深思熟虑为基础的。这两种信息系统都对决策智慧非常有用，但是为第一个目的而设计的系统难以满足第二个目的，反之亦然。在决策理论中，信息监测系统往往不如信息分析系统受重视，所以正式的信息检索和信息交流以及信息技术，都是以后者为导向的。

寻求意想不到的情况的信息监管策略意味着决策者的反应库足以应付任何可以被察觉的情况。反过来，这又表明了决策信息的另一面，既然规则遵循的决策者想要对新情况做出快速反应，他们就必须不断提高他们的反应能力、信息收集能力，并培养将来可能会有用武之地的能力。这些计划存量表明对待信息的一种观点，认为信息更像是一个藏书丰富的图书馆，而不是一个服务于某组特定决策的体系。

因此，关于决策工程的思想应该包括"早期预警"体系以及促进及时反应和有效模仿的体系。这些体系或许不应该把预测未来的不确定的结果作为导向，而应该以观测和解释模糊的环境为导向；不应该关注某一组具体备选方案的评估，而应该关注与某些行动有关的大量信息，因为无法对这些行动进行准确预测；不应该在目标已知的情况下对已知方案的结果进行阐释，而应该认清情境并把情境与既定惯例结合起来。

6.3.3 信息的复杂性

没有信息，就难以想象智慧，但信息本身也给决策智慧带来了一些问题。尤其值得注意的是，信息替代品会妨碍信息的改善；在一个为了首要位置而竞争的社会中，信息并不总能带来好处；而且，信息的政治本性给有些决策者带来了好处，却损害了其他决策者的利益。

1. 信息替代品

正如我们在讨论能力陷阱的时候所提到的那样，在某种技术或程序上的能力可以替代，从而预防人们获得或采用另一种可能更先进的技术或程序。同理，当其他可获得的能力能够替代信息时，人们就不大可能追逐信息。信息替代品使得信息有所贬值，至少在短期里如此。能利用视觉看见东西的人，由于具有了这种能力，就不太可能学习手语。信息预防的两种明显形式是技术和权力。

用技能代替创造力　许多信息都是按照一定次序安排的，从基本原则或范式开始，到中间命题，再到直接可观察到的结果。决策者在谋求增加信息量的同时，也在处理自身多个不同层次的知识。比如，学生在学习如何在既定范式（paradigm）下活动的同时还学习使用哪种范式。后一种学习有时被称为高阶学习、双循环学习、洞察力、创造力或强化意识，前一种可能被称为获取能力或技能。

高阶的新信息特别有价值，但是也特别难以从教育或者个人经历中获得。正常的教育过程往往强化对社会公认的基本原则和范式的认识，并抵触其他的框架。受到良好教育的物理学家或地理学家知道，在这些领域里，哪些是得到认可的知识。同样，经验通常也保护更高阶的信念。随着经验的积累，在某种模式内部的技能改进往往会混淆模式之间的比较。在扩大有关如何在某组原则或框架内部运行的信息的过程中，决策者对他们的意愿和能力进行折中，以对备选范式进行考虑。

　　这样一来，增强能力的过程具有自我毁灭性。米切尔·波兰尼在评价自己对物理学的贡献时说："如果我对物理学当前的主要进展更为熟悉的话，就不会形成我的理论，更不会付出努力去证明它。而且，对我的思想有一些反对意见，这些反对意见非常强大，并且是错误的，但我起初竟然对其一无所知；正是这种无知保护了我的思想，使它们幸免于被扼杀在萌芽状态。"[3]

　　大多数决策者拥有确定的、公认的技能并在现有框架下使用，所以对他们来说，多层次信息的问题就是一个探索其他框架的问题。在实践中，由于技能能够预防范式发生转变，从经验或对信息进行有序搜寻中所获得的高阶知识微乎其微。基本假设来自范式传播者和范式政治（paradigm politics）以及劝说和再解释的社会过程，劝说和再解释是教师、牧师、宗师、作家和顾问的职业的一部分。正如人们经常所观察到的，该过程就是从一组稳定的信念体系断断续续向另一套体系转变的过程。

　　用权力代替学习　适应性决策的基础是理解环境并对环境做出反应的技巧。许多适应策略包括监测环境、理解其因果结构、储存从理解中得出的推断以及在适当的时间和地点找到这些推断的含义。在应对一个不确定的但可以理解的环境时，决策者参与到这些活动中，这种经历会增强他们的能力。这些技巧是可学习到的，对于智慧的行动至关重要。

　　但是，并非所有的决策者都通过这样的活动培养能力。有些决策者因为固执己见和运气而置环境于不顾，他们认为自己不用理会环境发出的信号就可以判断是非，顺利前进。在极少数情况下，他们最终能够证明自己是正确的，能够征服世界。在更为罕见的情况下，他们的运气可以持续到下一次真相暴露的时候。

　　其他决策者通过权力来保护自己免受环境的影响：专横的家长和孩子、独断专行的老板和下属；霸道的范式和科学家；巨型公司和该行业的其他公司；世界秩序里的霸权国家。强势一方不在意环境，因为他们的权力使环境无法威胁自己。他们成为环境，强迫他人适应自己。他们培养自己的单边领导技巧以及如何发号施令。在人际交往、科学、市场和世界政治等领域里，这种情况很常见。

然而，这种权力带来了一个明显的问题，那就是几乎没有为主导权的丧失做任何准备：孩子们会长大；下属会反抗；新的范式会出现；新公司挑战市场地位；国家主导权下降。那些在观察和理解环境变化并对环境变化做出反应方面几乎没有任何经验的决策者，他们会丧失这些能力。他们把权力强加于世界，却使他们无从了解如何应对一个无法单边控制的社会。随着他们控制环境的能力的增强，他们适应环境的能力开始萎缩，而随后权力的丧失又把他们抛入一个需要具有他们所欠缺的能力的世界。

技能和权力并没有为信息预防提供有效的解决方案。通过提高技能或权力来改善绩效的努力妨碍了对广义原则的重新定义，这就是探索或利用两难困境里最为人所熟知的特征之一的变形——能力陷阱。在现有的信息体系内，技能和权力很有可能变得足够强大而在高阶信息或能力之前占得先机。

2. 竞争劣势的两难困境

社会、机构和个人之间存在相互竞争，运用各自的信息寻求竞争优势。某个竞争者所掌握的信息会发生变动，其变动结果取决于其他对手所掌握的信息的变动情况，而这些变化不可能立刻显露出来。特别是，正如第 1 章所述，信息对竞争优势有多重影响。信息使行动变得可靠，从而减少了行动的变动性，而在对首位的竞争中，行动变动性的降低可能会代价不菲。

假设在某个特定场合中已实现的绩效属于某种绩效的概率分布。我们可以通过平均绩效标准（可称之为"能力"）来描述这种分布，也可以通过变动性标准（称之为"缺乏可靠性"）来描述。信息的收益一般与平均绩效和可靠性的提高有关，从而与中数的上升和绩效分布方差的下降相关。可靠性的上升限制了可以从信息中获得的竞争优势，在竞争者数量巨大的时候尤其如此。更准确地说，如果持续增加的可靠性具有拉低分布曲线右边尾部分布的作用，增加的信息就轻易地降低了在几个竞争者中胜出的概率，尽管信息的增加也提高了平均绩效。一些变动性很高的竞争者往往具有最强的竞争力。

问题是，在不超越传统行为和社会认可的信息的界限的情况下，竞争者能否做得特别好，远远高出平均水平？很难回答这个问题，因为对它的回答需要对相关信息的种类进行更仔细的规定，并且取决于它对绩效分布曲线右边尾部的确切影响。但是，能够同时提高平均绩效和可靠性的信息并不能确保带来竞争优势，因此，信息在实现和维持竞争优势方面的作用是很复杂的。

3. 信息的政治学

智慧的决策要求对信息的政治用途和结果进行研究。一方面，决策者利用信息会对信息提供者产生依赖，从而容易受到操纵。另一方面，信息本身在政治上并不是中性的。信息偏爱某些方案和利益并使某些人处于劣势，从而建立解决问题的框架并形成决策的可能性。

信息的策略本性　与决策相关的信息会受到其产生方式和提出背景的影响，因而很少是单纯的。大多数信息很容易受到策略性误解。其结果，信息和知识系统就成了权力工具，它们对那些能控制它们的人有利，但是会损害那些无法控制它们的人的利益。

在现代社会里，由于知识的专业化和决策的短期化，决策者为了获得相关信息往往签订现货合约，这种情况使问题变得格外严重。由于组织越来越看重市场上的合约服务所提供的信息和能力库存，而不去增强自身的内在技能，信息获取和使用的政治学与智慧决策工程学的关系就变得尤其紧密。

克服信息策略本性的程序是古典政治理论研究专家的作用和现代经济中信息理论的作用中的重要内容。第3章中3.3节已经对后者进行过简要讨论。决策者对自己缺乏单纯信息这一弱点很敏感，并且对于是否信赖策略上可操纵的证据非常谨慎。大家都知道，销售代表具有夸大自己产品质量的动机。大家都知道，为了使某项工作获得批准，经理和员工会有意低估该项工作所需要的时间和成本；而一旦得到批准，又会在预算时高估它所需要的时间和成本。

每个人都知道这样的事情，因此在评价证据时都会进行调整。但是，由于每个人都知道大家同样知道这样的事，所以销售代表、管理人员和员工等陷入了有可能一轮又一轮的偏见和反偏见的循环之中。比如，考虑一下电影业里的赞美之辞吧，在电影业，热情洋溢的意义是模糊的，而且仅仅说什么"壮观""天才"之类的话会被视为一种侮辱（这其实是正确的）。

那些考察在偏好或身份不一致的条件下信息和知识使用情况的人很熟悉这些反常状况。面对信息可能受到策略性操纵的可能性，决策者尽量确保信息提供者的偏好和身份与他们自己的是一致的，他们谋求信息提供者的忠诚或者中立。信息提供者的中立性是许多专业主义概念的目标，在这些概念里，提供不受决策结果影响的建议的能力被视为专业人士的标志。决策者为了确保信息提供者的忠诚，他们可能会考虑朋友或亲属而不是经过相当培训的他人，他们还可能会设法让信息提供者依赖于他们来获得资源。当然，忠诚也具有潜在的不利影响，因为忠诚可能使决策者无法获得负面信息，而负面信息有时会帮助决策者发现错误。

在另一种情况下，决策者试图摆脱自己对信息供应者的依赖。然而，在摆脱对某些具体的信息供应者依赖的过程中，他们往往拆散决策与信息的联系。一种反应是利用"直觉"或"先前的估计"进行决策，以避免更新对当时信息的基本信念。由于决策制定过程中所用到的信息是策略性的，因此认为这些信息对决策来说不可靠，也不重要。解耦策略（decoupling strategies）通常是社会外围的个体或团体的特征，他们感觉已经充分脱离了信息的主要来源，于是拒绝了所有来自外部的对信息的要求。

信息的非中性　有关信息的政治问题超出了信息提供者有意识操纵信息的范畴。信息本身具有一定的政治偏好。科学和技术信息即是如此。比方说，计算机/信息革命已经在很大程度上置有关个人隐私的公共政策于不利境地。大规模杀伤性核武器的发展不仅改变了各国的政治地位，而且改变了一个国家内部各团体的政治地位。政治和社会信息的非中立性也广为人知。对个体投票行为的研究不仅转变了政治竞选运动的形式，而且改变了整个民主应答结构，伤害了那些支持伯克式（Burkean）代表的观点的民众。

信息的政治偏见可以通过美国的经济学和社会学得以证实。在此，对利益的偏见并非由于作为一个团体的美国经济学家和作为另一个团体的美国社会学家具有截然不同的政党偏好而产生的。偏见是由于经济和社会这两个知识领域的本质以及它们组织的方式、考虑的因素、对人类的假设、提出的问题和解决问题的方式不同而产生的。

一方面，经济学认为世界是一个行动者之间自愿交换的体系，在这个体系中行动者具有需求和资源，他们通过交换资源来满足各自的需求。这个概念偏好那些能够改善交换环境的决策，从而确保不会错过任何互惠互利的交易。它认为交易的初始条件（需求和资源）是既定的。作为一个知识体系，经济学是一群决策者的联盟，他们认为个体的需求、身份和资源不应受到侵犯。关注交换体系中需求和资源初始分配的决策者会发现，经济学作为一个知识体系，在这方面却没有太多帮助。

另一方面，社会学认为世界是一个关于规范、财产和身份的体系，这些规范、财产和身份通过社会化得以维持并保持着社会秩序。这个概念偏好那些能够修改规范、财产和身份的决策，它认为需求和资源都受社会控制的制约。作为一个知识体系，社会学是一群决策者的联盟，他们倾向于改变个体的需求、身份和资源。关注在社会各个体之间安排有效交换问题的决策者会发现，社会学作为一个知识体系，在这方面却没有太多用处。

这些差异并不是专业化的标准差异。与其说经济学和社会学看待的是不同事物，还不如说它们对同一事物的看法不一样。它们看待世界的方式不同，对有些人来说可以转化为决策优势；而对其他人则是决策劣势。同样地，任何一个知识体系都会满足某些利益需要，而无法满足其他利益需要。从决策含义上说，以治疗病人为中心的医学知识与以预防健康人生病为中心的医学知识是不一样的；以某个国家为中心的历史知识和涉及世界各国的历史知识所产生的决策含义是不同的；以"法"的概念为基础的法律知识和以"公正"概念为基础的法律知识也具有不同的决策含义，前者赋予立法者、执法者和法官以特权，而后者则将特权赋予义务警员、狂热者和陪审团。

6.4　创建意义

决策预先对意义进行假定，这里的意义就是指对事物现在的存在方式以及将来可能的存在方式的理解，是指与别人讨论未来和历史的基础。这些意义通常是对命运和自然的解释，但它们是人类构建的，而决策过程就是这种构建赖以发生的场景之一。

6.4.1　拓展意识

决策过程要运用语言和象征来创立并表达意义，同时，决策过程在使用语言时又会受到两种威胁。第一个威胁是外在的意义将会丧失，也就是某个人想要表达的不一定为他人所理解，或者说具体的信息无法被充分传达，而明显的感觉会变得模糊。对这种危险的关注主导着决策中的沟通理论，而这些沟通理论又从电子信号的传播中获得了启示。根据这些理论打个比方来说，最佳沟通应该是接收者对发出者进行编码并传递的一系列明确意义的准确复制。

第二个威胁是内在的意义将会丧失，也就是说讲话者完全没有意识到所讲的内容不会被他人听到，或者说具体的信息没有得到扩展和解释，感觉也没有得到详细描述。对秩序的寻求把生活模糊的特征排除在外，同时也排除了人们对它的反应，人们对这些模糊特征的反应是想象力和艺术理解力的核心。有时，扩大理解需要把那些看起来很清晰的事情变得模糊。

对于第二个威胁的关注支配着决策中那些从诗歌和艺术里获得灵感的沟通理论，其重点是创建并解释那些可能被唤起的模糊特征。这种可唤起的模糊性运用语言（或其他媒介）来刺激意义的产生。然后，通过语言的回声和深层结构可以获得丰富的意义，但这些意义并非直接摆放在写作者或讲话者面前，而是通过特意选择的语言来产生的。从这个意义来讲，沟通是精心策划这种"唤起"的艺术。本着这种精神，艾略特（T. S. Eliot）曾对一个批评家对他的诗歌《普鲁弗洛克情歌》的分析发表了评论，他写道，这个批评家的分析是"在试图了解这首诗表达的意义是什么，不管他所说的是不是我想要表达的意义，我都对此心怀感激"。[4]

提出这样一个艺术想象理论可能有点儿超出了本书的范围，但是值得注意的是，艺术的意义所依赖的精神不同于信息理论，它运用唤起的模糊性来扩展意识，而这种唤起的模糊性又远非噪声和任意的象征。诗人创建意义时，通常还没有充分理解所创造的意义，但是精心挑选的用词却能够诱发对语言的想象。诗歌和艺术都鼓励发挥想象力，同时又承认它的非现实性。因此，它们确认了这种面对荒谬的生活；它们对这种具有多重意义，而且意义互相矛盾的生活感到舒适；它们对兼具真实性和虚伪性的信念也坦然接受。类似地，决策者创造模糊性并非要混淆意义，而是要激励意义的产生；也并非想模糊意义，而是为了发现意义。进行沟通是为了获得想象力，获得由语言和视觉刺激所承载的信息。在"唤起的"决策的世界里，备忘录成了诗歌的形式，计划成了雕塑的形式，会议则是戏剧的形式。

为了把唤起的模糊性置于决策过程中的适当位置，决策工程学还是应当在一定程度上以历史、法学、语言、文化、艺术和批评等为基础。历史的解释包括对可能存在的历史记录的探索以及对传统和信念中的历史积累的有效性与无效性的理解。法律解释理论涉及法律的意义和法律概念的演化方式，主要是通过自利的压力以及对意义的思索之间的相互作用发展而来的。语言理论负责研究沟通利用语言结构来捕捉和传递那些作者和读者都未能充分理解的意义的方式。文化理论探讨关于文化发展如何适应和设定不断变化的象征性环境。艺术和批评理论则认为好的信息工程不是一个在决策方案或学习项目中处于被动的或被操纵的活动，而是一个进行肯定解释的工具。

当然，这种愿望对于现有的工具来说过于宏大，而且，如果认为决策过程的设计和使用就可以解决这些长期以来一直未能解决的问题，这是非常愚蠢的。但是，如果根据以下几个方面来判断决策还是很有帮助的：根据决策的可唤起性；根据决策不仅有能力确认那些常见的秩序，而且还能够提示其他一些秩序；以及根据决策不仅可以沟通已知信息，而且可以转换可知信息来判断。

6.4.2　创建自我

在决策过程当中形成的意义具有许多方面，其中最重要的可以说是个体对他们的偏好和身份的理解。价值观、目标、需求和其他有关自我的概念都是在决策过程中出现的。推动偏好和身份转化为智慧是决策工程的一项主要任务。

有限理性和规则遵循的各种理论都倾向于把偏好和身份视为既定的，它们假定决策者天生就有需求和自我的概念，并以此为行动依据，但是决策者这些禀赋的来源却不甚清楚。如果真要研究偏好和身份的根源，一般都认为它们埋藏在一些主要发生在童年时期的、无法解释的社会化过程和成长过程中。

这有时会导致决策理论在对待成人和儿童方式上的一种奇怪的差异。决策理论认为成年人具备明确的偏好和身份，他们的决策可以根据既定的偏好和身份来预测，但是不会对偏好和身份构成影响。另一方面，儿童的偏好和身份仍处于发展中，他们的决策被看成是发展（或策划）自身的方式，开始时处于一种偏好和身份模糊、不一致的状态，后来逐渐转变为清晰和一致的状态。

成人和儿童之间的差异实在太过明显。成人的偏好和身份，就像儿童的一样，可以在决策过程中得到塑造。决策者能够在制定决策和体验决策结果的过程中发现价值观、愿望和自我概念。这些愿望使决策者能够区分出成败，而愿望自身也可以在决策过程中得到转化。通过观察自己的行动，决策者能了解到他们需要什么、他们是谁。当决策者觉得要为自己的行动负责或情绪很好时，他们尤其倾向于认为结果是成功的，并且用一种与结果一致的方式来定义他们的偏好和身份。

假定把决策当作一种创造偏好和身份的方式，同时又把偏好和身份视为制定决策和解释其合理性的根据。为了把决策当作一个有意识的创建自我的基础，决策者有必要把后果逻辑和适当性逻辑同愚蠢的技术（technology of foolishness）结合起来。他们需要根据未知的未来偏好或身份来考虑正在采取的行动；他们需要采取一些方法来做那些目前还没有很好的理由去做的事情。至少从这种意义上看，他们有时候需要在思考之前就采取行动。

决策工程问题就是要找到一些方法来帮助决策者尝试着去做那些没有很好的理由去做的事情，并且创建他们对自我的概念。以下是五点可能的建议。

- 把自我当作一种假设。决策的传统观念允许怀疑，但是不允许怀疑常常最值得怀疑的一点——自我。假如我们把决策过程定义为检验其他可能的偏好和身份的时机。决策者就不会把决策过程看成推理或谈判的过程，而把它看作对自己原来认为满意的或合适的看法进行温和颠覆的过程。

- 相信直觉。人们并不清楚直觉是什么，也许直觉仅仅是决策者在做他们想做的事却不能解释为什么想做的时候给自己的一个借口，又或许是一种无从解释的回顾记忆或获得思想的方式，这些思想用标准思维理论也无法获得。不管直觉是什么，相信直觉有助于加强采取行动的理由，否则将没有任何理由采取这些行动。

- 把伪善当作一种过渡。伪善指的是行为和所宣称的偏好和身份不一致，它会招致羞辱，不仅因为它反映了这种不一致，还因为它似乎将邪恶行径的满足与美德的回报结合了起来，但是，伪善的功劳在于它抑制了愚昧。某个讲话冠冕堂皇的决策者可能是一个正在尝试在其他方面表现得好一些的人。鼓励这种尝试比谴责这种尝试也许更为明智。

- 把记忆力当作敌人。一致性和连贯性规则本身要求有很好的记忆力。在大多数情况下，记忆力好有利于做出好的选择。回忆能够积累经验，同时也能使人学习，但是遗忘或忽略的能力也许同样有用。一个决策者，如果他记不起昨天做过什么或者不知道其他人今天在做什么，也许可以在一致的理性和规则遵循体系下行事，但是他的行动会显得很愚蠢。

- 把经验看成一种理论。为了理解经验，人们创造出对历史的一系列的结论，而学习正是以这些结论为基础的。对历史的解释以及因此而产生的经验，能在回顾历史的过程中发生转变。通过改变对历史的解释，决策者可以修订他们之前学到的东西并重新构筑自我概念。

上述的各条建议代表了一种暂时中止合理的一致性体系运行的方式，同样，它们也潜伏着危机。在大多数决策中，有时会过于强调后果逻辑和适当性逻辑的优势，在这些情况下，上述建议最有价值。

对愚蠢的技术的第二个要求就是要采取一些策略来中止其强制性而趋向于一致性。仅知道可能做出哪些愚蠢的事情是不够的，问题是仍有人在做这些愚蠢的事情。答案可想而知，决策者会通过游戏性（playfulness）来逃避一致性。游戏允许那些"不聪明的""不理性的""没有个性的"或者是"愚蠢的"行动。这些行动对备选的可能目标和备选的身份设想进行了试探，同时也保持了对秩序和严肃性的基本承诺。为了让个体决策者有效地发挥作用，组织和社会团体需要同时保持游戏性和一致性，并把它们作为智慧的两个方面。组织可以是游戏的，即使组织中的参与者并非如此。暂时从控制、协调和沟通中解脱出来能够促进组织的游戏性。

6.4.3 引发承诺

决策通常情况下都对承诺进行了假定，这种承诺是指决策者既愿意投入时间和精力进行决策，又愿意对他们的行动所产生的不确定结果承担责任。设计有效的决策过程需要为这一承诺创立一个动机基础，而该动机基础应该与人类的精神相一致，并且不会引发比它所能解决的问题还要多的问题。

1. 信息与行动

现代动机理论一般认为，伟大行动的动机基础是对伟大结果的希望，但是，历史总是在通过多种方式破坏这些希望。一个人越了解世界，就越不相信人类可以有意左右历史的观点，就越不愿意做出决策者所要求的承诺。对年龄的增长和经验的一项普通研究表明：年龄的增长和经验往往会破坏人们对决策效能的信心，只有那些年轻的、无经验的和非常成功的人坚持认为他们可以通过自己的行动掌握命运。经验和对世事的了解使原本有雄心壮志的人转化成愤世嫉俗者，怂恿他们要么沉沦，要么极度追求当前的个人享乐。

随着人们对决策的理解更为透彻，就更加难以说清在何时、何地、如何和为何产生了一项决策。要表明某一特定决策是否符合特定的身份，或者要确定决策的结果并且将结果归因为行动，在历史分析中是一个复杂的问题。其结果是，制定和实施决策所必需的承诺遭到了严重破坏。不仅难以做出智慧的决策，而且难以说对决策制定的思考方式可以用来明智地思考人生。有关选择的意识形态与现实之间产生了冲突。

要了解信息可能不利于制定决策这一点，没有必要知道以上观点的更为极端的形式。对情况的了解似乎让提出问题的速度快于它给出答案的速度。对情况了解过多会产生太多的限制条件，把问题看得过于复杂。一位美国总统说，他希望能够找到一个仅有一只手的顾问（a one-handed adviser），因为他的大多数顾问总是先告诉他某个事情，然后又说"但，另一方面……（on the other hand）"，并附加一些互相对立的观察结果。他们了解的情况越多，世界在他们眼中就越复杂。他们看到了各种困难、事物之间的相互联系以及某些简单行动的二阶、三阶效应。

决策要求的风格与信息的风格完全不同。决策要求清晰、完整、自信。其结果是，愚者比智者更容易做出决定性的行动，鼠目寸光者比高瞻远瞩者更容易做出决定性的行动。哈姆雷特哀叹世道"原本赤诚的决心就这样因为思虑而蒙上一层苍白的病容"，[5] 就是指深思熟虑和行动之间的矛盾。文献中的陈词滥调对信息的追求与决策是不一致的，但颇有些依据。信息既带来了傲慢，也带来了疑虑。傲慢支持行动，疑虑却破坏行动。

在决策会议上，可以看到过于自信的决策和谨慎的信息之间形成对照。会议经常从了解信息、确保听取了专家的意见、说明了各种考虑因素开始，但不久以后，会议就变成了树立信心的工具。参与者相互安慰：这个决策是正确的、合乎逻辑的，并有据可证。没有这样的相互安慰和利用个体信息所进行的集体遮掩，将很难进行信息充分的决策，因为信息加强了行动效能的不确定性。

2. 维持行动

尽管信息存在一定的侵蚀性，但是人类遗产中很明显的一点是人类在不断地追求重要性。重要的神话、宏伟计划及其执行、有意义的行动、人类意愿等这些思想不仅是古老的传统，而且在当代人类信念中也占有重要的一席之地。对决策具有决定性意义的支持通常都来源于以下三个方面之一：对结果的希冀（hopes for consequence）、对身份的追求（pursuit of identity）、随意的任性（arbitrary willfulness）。每种来源都有助于维持承诺，并各自都有不同的难题。

对结果的希冀　有些人逐渐相信这样的观点，果断的人类行动在决定历史进程中实际上可以发挥作用。从一般意义上讲，人类的命运在人类自己的控制之中，有些人从其中发现了希望，还有些人则从路径依赖的、具有分支的历史在某些特定点上对微小干涉反应敏感中看到了希望。正如许多历史学者所说的那样，这些信念可能都只是幻想，但是这些信念非常引人注目，也得到了许多其他历史学者的支持。

前面已经描述了一些个体和社会机制，决策者可以通过这些机制来树立他们对自己影响行动的能力的信心。当重要承诺对期望的要求很高但历史又无法清楚地提供时，就诞生了英雄的神话。在故事里，历史的前进都是由个体决策者的意图、策略和美德推动的。对决策的惯例进行精心设计是为了确认具有重要意义的构想。搜集和报告信息是为了体现决策者的重要性。会议的举行是为了体现决策者掌握大局。备忘录、程序以及行动的夸张是为了体现决策的重要性。

对决策者职业经验的解释强化了这些决策的惯例和仪式。成功人士通常都能从自己的经历中找到充足的理由来维持人们对其重要性的信念。他们讲述的故事所发展的情节加强了读者和听众的这种信念。在等级制的晋升体系中，每个个体根据过去的业绩来竞争决策权威，这使具有决策权威的个体相对来讲可能不会在决策能力方面受到怀疑。一般地，在等级制结构里得到晋升的人更愿意相信控制权的存在，而不愿相信无能的存在。同样，在以成功决定晋升的教育体系里，那些相信人类控制可能性的人更有可能得到提拔重用。

有关决策者重要性的神话故事是有用的，但它们的有用性并不完全是因为它们是真实的。对重要行动的可能性的一窝蜂似的怀疑都不应该忽视这一点：对伟大结果相信的程度能够维持满足决策者不合理要求的承诺。雷林（Relling）博士说："夺走一个普通人幻想的同时你也剥夺了他的欢乐。"[6]

然而，问题超越了个体对欢乐的梦想。决策者丧失对人类重要性的信心会产生潜在的社会成本。在评估有意行动在控制历史过程中的重要性时，决策者一般可能会犯两种错误。决策者可能犯"错误的肯定"（false positive）

这种错误，也就是说，在不存在控制时，决策者会认为结果在相当大的程度上受到了个人的控制。这种信念会导致决策者试图对事件进行（徒劳无益的）控制，但它不会影响到结果。另外，决策者可能犯"错误的否定"（false negative）这种错误，也就是说，当实际上有可能进行个人控制的时候，决策者认为个人控制是不可能的。这种信念会导致本来可能会起到一定作用的努力被决策者自我肯定地取消了。第一种错误类型的社会成本与第二种错误相比要相对小一些。在评定人类重要性的时候，如果可以选择，大多数人或许都会选择犯"错误的肯定"的错误的社会，而不会选择犯"错误的否定"的错误的社会。

然而，构建于模糊历史上的英雄神话提出了一个重要的难题，即决策难以智慧地对神话表示怀疑。具有判断力和智慧的决策者发现很难无条件地相信他们自己的重要性。美好的期望变得不确定，而且，忍受决策中的种种挫折要求或者对历史的模糊性视而不见，或者在不可能获得收益的情况下也要无条件地承担成本。由此，智慧的决策者就陷入了标准的两难困境：要么继续维持对那些他们自己也认为可疑的历史神话的信念，要么放弃他们对自己角色重要性的承诺，他们必须在这两者之间做出选择。

对身份的追求　对决策效能的信念的确造成了一个真实的两难困境，但这一两难困境取决于伟大的行动需要伟大的期望这一假设。人类还有另外一个能够证明伟大行动合理性的重要传统，这个传统把有勇气的承诺和对结果的希冀分离开，而把它与自我概念联系起来。把承诺和自我概念联系起来是一种对责任感的构想而不是一种对期望的构想，是一种以适当性逻辑为基础的构想而不是以后果的逻辑为基础的构想，是一种对身份健全的构想而不是对理性的构想。付出热情与做出承诺是因为愿意满足身份的要求，是因为渴望与内在自我感觉保持一致。

决策者身份的学习是通过指导、模仿和阐释作为一个可接受的决策者意味着什么而进行的，这种方式与学习其他社会身份的方式相同。这些身份都建立在对个性化的文化承诺基础之上，通过做出选择和接受责任而形成。人格（personhood）的概念与决策制定相关：要选择教育方式、职业、婚姻、家庭、居住地以及死亡时间。当这些决策作为对生活的承诺渗透到身份中时，否定决策就等同于否定自我。质疑决策选项的存在或在决策前表现出消极，就是在拒绝自己作为人的身份。行动通过社会化得以维持，并成为一种必需。

对荣誉、义务、自尊和自我实现等古老的传统来讲，责任是对这些传统进行承诺的基础，而这些传统也存在一些问题，它们常常被用来为愚昧、蓄意阻挠和暴政辩护，但它们同时也是一种平衡力量，可以用来平衡对后果逻辑的完全依赖。决策与其说是受到了个人激励或伟大期望的驱动，还不如说是受到了对自我的责任感的驱动。

随意的任性　在一些人类行动的传统中，对寻求一个更美好的世界的承诺并不依赖于对偏好或身份的明确看法，而且进行尝试的意愿也并不取决于对成功或对自我责任的信心。从这个观点来看，这些基础不利于人们做出承诺，因为人类的承诺应该是其意愿的任意表达。正是因为决策不存在结果，并且与身份无关，它们才具有非常重要的意义。决策者通过在决策过程中毫无正当理由地、果断地行动，从而使对美学或信念的任意表达具有了意义。

对任意的行动（arbitrary action）的构想在克尔凯郭尔（Kierkegaardian）观察中得以体现：任何能被证明的宗教很难算得上是宗教。其传统用语是"信念"，指非理性的、忘我的承诺，它恰恰是通过它与理智或自我的不一致而实现了其地位。在医学/法律中的用语是"精神错乱"。传统上一直支撑"信念"和"精神错乱"的决策结构的正是家庭、种族、宗教和国家结构。

从这个角度看，决策的不相关性和人类意图在人类命运中的无足轻重，并不能证明"不采取行动"是合理的，相反却是采取行动的基础。如果决策还要因为其结果才能具有意义，那么它不过属于经济学范畴。如果决策还要因为它与身份相一致才具有意义，那么它无非属于社会学范畴。但是，如果决策具有意义既不因为追求目标，也不是因为实现身份，那么它代表了对个性的终极宣言，代表了无须关注结果和身份的权利，代表了对人类生活美感的宣扬。堂吉诃德曾说过："如果一个游侠由于某种既不能获得荣誉也不会让人心存感激的原因而使自己变得疯狂，那么他这样做的意义就是人们可以不需要任何理由地做些蠢事。"[7]

3. 对智慧的追求

决策智慧概念的不明确，再加上实现决策智慧的复杂性，这使得人们在追求决策智慧时总是受挫。尽管长期以来，个体和社会一直在这些问题上争论：平衡短期和长期、处理偏好和身份的变动本性、平衡有些人的收益和其他人的损失、把决策的象征性元素和实质性元素结合在一起，但是跨时期集体决策的现代理论显然在解决诸如决策智慧的定义等问题上显得无能为力。偏好和身份不断发生内生变化的问题超出了当前任何研究成果的范围，另外，决策的象征性内容有时被认为具有使人堕落的作用，有时被认为极其重要，还有些时候则被认为是毫不相干的。

不考虑准确定义智慧的问题而致力于改善智慧决策的实践程序也同样令人沮丧。由于适应性的动态变化会导致决策者过度进行探索或利用，因此探索和利用之间的有效均衡一直以来都难以实现。从经验中或他人那里获得信息往往受到个体和组织能力局限性的限制。人们试图开发出有用的愚蠢的技术和诗歌般的模糊性来补充理性技术和信息的清晰度，但这些努力遭到了意识形态方面的严重抵制。

任何对失败记录的合理反思都会侵蚀人们对这个观点的信心：决策以及它所暗示的对有意义的行动的期望，是通向道德生活的似乎可信的道路。很难让人相信的是，任何决策过程都会产生完全可以被认为是智慧的决策。历史充斥着那些似乎在短期内、在某些领域做出了改善的决策和决策过程，但是反思一下就会发现，他们从长期来看或者在其他领域，引发了更多的问题。并且，历史不乏人类行动不相关性的证据。在长期里，决策者将会全部死亡，该物种也将灭绝。

上述一连串的绝望似乎在诱惑人们放弃决策。人们难以放弃对新技术和决策哲学产生奇迹的希望，但这种希望似乎只是一厢情愿。这些问题一直存在，但一直未能找到解决它们的方案。人们知道通过决策来定义和实现美德存在种种困难，这使人们对智慧行动的可能性充满了悲观情绪。在面对此类问题时，个体用以证明行动合理性的方式似乎使问题变得更为严重。如果维持某项行动需要：在控制方面进行串谋；接受某个有关人类身份的意识形态，而这种意识形态非常特殊，困扰了现代西方社会；或者支持这个或那个无理性的信念，那么就可以轻易地得出结论，这项行动不值得维持，而备选方案则是消极的另外一个名称。

决策方面的书籍也许有可能以这种对决策的背弃（apostasy）来结尾，但本书却不是这样。如此结尾将是个错误，有两个显著的原因：首先，这些问题的确很难，但是它们并没有超出人类理解和改进能力的范围。对智慧问题进行思考是有可能的，并且也有可能从对决策如何产生才能使决策更好的理解中获益。本书着重为这些方面的提高打下基础。虽然地基不能遮风避雨，但它还是能让人们对屋顶产生些许想象。

其次，如果人类的承诺取决于对生活的理解和对结果的希冀，那么仔细思索一下就会发现，承诺并不像它实际上那么美好。在对决策的构想中，人类生活日益优雅和美好，人类精神也得到了升华。决策的思想使目标、自我和社会生活的复杂性都具有了意义，它既让人类受到尊敬又让人类体会到沮丧。所以，从施农古尔（Senancour）的话里，我们读到的应该是提醒而不是绝望："人类是容易毁灭的，或许真有可能毁灭，但是让我们先毁掉抗拒吧；如果等待我们的是虚无，那么我们行动时也不要把它当作公平的宿命。"[8]

如果世俗的决策偶尔把我们带入易卜生、塞万提斯、克尔凯郭尔、施农古尔所描述的神圣世界中，让我们满怀感激吧，但是我们不要在那个世界待得过久。有些简单的事情其实并不像它看起来那么简单，不发现这一点，就很难使简单的事情具有意义。

译者后记

詹姆斯·G. 马奇（James G. March，1916—2018）1953 年获耶鲁大学博士学位，1964 年成为加州大学社会科学院的首任院长，1970 年任斯坦福大学的管理学教授，兼政治学和社会学教授。马奇教授被公认为是过去五十年来在组织决策研究领域中最有贡献的学者之一，他在组织、决策和领导力等领域都颇有建树。

本书于 1994 年出版，英文名字是 *A Primer on Decision Making: How Decisions Happen*。"Primer" 一词在汉语中的意思是"介绍""导论"等，但是读过本书之后就会发现，它并不是对决策进行的初步介绍，而是对有关决策的一些本质问题进行的深入剖析。

全书深入研究了决策的产生过程，共分为 6 章。第 1 章、第 2 章分别研究了两种不同的决策理论——理性选择理论和规则遵循理论。在第 1 章中，作者对结果的逻辑进行了分析，深刻解析了行动者根据结果来进行决策的过程以及偏好和期望对决策的影响。第 2 章则研究了适当性逻辑，对行动者根据适当性进行决策的过程进行了深入的分析，并对身份、情境和规则对决策的影响做了详尽阐释。第 3 章和第 4 章主要研究多重行动者决策，分析了在行动者偏好或身份不一致的情况下，决策如何进行。第 5 章则在前几章的基础上，研究了更为复杂的决策情况，即模糊性，如身份、偏好、经验和意义的模糊性对决策的主要影响。第 6 章主要分析了决策的智慧，对决策智慧的定义、提高决策智慧的可能性等进行了深刻剖析。

本书现在读起来仍然富有新意。马奇教授为书中深刻的理论佐以大量饶有趣味、生动形象的例子，既便于读者理解和在实践中运用这些理论，又给勤于思考的读者带来仔细品读的兴趣。相信通过阅读本书，读者会进一步加深对决策的理解，提高科学决策的意识和能力。

在翻译过程中，译者查阅了大量相关的文献资料，对其中的重点词语、难句进行了仔细推敲，并再三斟酌，尽力做到忠实、充分地反映作者的意图。由于深入理解决策需要非常多的背景知识，如政治学、社会学、心理学等方面的知识，因此马奇教授在本书中也大量运用了人类学、认知学、生态学、经济学、组织研究、社会学、心理学、政治学，乃至文学领域的术语，这大大增加了翻译的难度。在翻译这些词汇时，译者基本上都采用了约定俗成的译法，但也有例外。第 5 章中的 "temporal sorting" 在许多相关资料中都被译为 "寻求世俗问题解决"，但译者认为这一译法不太符合原作者所解释的含义，也不能使读者立刻理解该术语的意思，因此将其译为 "时间分类法"。

本书由王元歌与章爱民合译，王元歌负责第 1、2、5 章的翻译，章爱民负责第 3、4、6 章的翻译，由王元歌对全部译稿进行校订。

王元歌

第 2 章　规则遵循

1. "Yo sé quien soy." Miguel de Cervantes, *El Ingenioso Hidalgo Don Quixote del la Mancha,* I, 5.

第 3 章　多重行动者：团队和合伙

1. Omar A. El Sawy and Hisham El Sherif, "Issue-based Decision Support Systems for the Egyptian Cabinet," *MIS Quarterly,* 12 (1988): 551–69.

第 5 章　模糊性与解释

1. James G. March and Pierre Romelaer, "Position and Presence in the Drift of Decisions," pp. 251–76 in James G. March and Johan P. Olsen, *Ambiguity and Choice in Organizations* (Bergen, Norway: Unversitetsforlaget, 1976), p. 276.
2. Thomas Carlyle, *Heroes and Hero-Worship* (1841).
3. Leo Tolstoy, *War and Peace* (1865–69).
4. Michael D. Cohen, James G. March, and Johan P. Olsen, "A Garbage Can Model of Organizational Choice," *Administrative Science Quarterly,* 17 (1972): 1–25.
5. William Morris, ed., *The American Heritage Dictionary of the English Language* (Boston: Houghton Mifflin, 1981), p. 869.
6. Dale Carnegie, *How to Win Friends and Influence People* (New York: Simon & Schuster, 1936).
7. Kristian Kreiner, "Ideology and Management in a Garbage Can Situation," pp. 156–73 in James G. March and Johan P. Olsen, *Ambiguity and Choice in Organizations* (Bergen, Norway: Unversitetsforlaget, 1976); Soren Christensen, "Decision Making and Socialization," pp. 351–86 in March and Olsen.

第 6 章　决策工程

1. Sidney Blumenthal, "The Sorcerer's Apprentice," *New Yorker*, July 19, 1993, p. 29.
2. Wesley M. Cohen and Daniel A. Levinthal, "Absorptive Capacity: A New Perspective on Learning and Innovation," *Administrative Science Quarterly,* 35 (1990): 431–57.
3. Michael Polanyi, "The Potential Theory of Adsorption: Authority in Science Has Its Uses and Its Dangers," *Science,* 141 (1963): 1013.
4. T. S. Eliot, *On Poetry and Poets* (New York: Noonday Press, 1961), p. 126.
5. Act 3, Scene 1, Line 56.
6. "Tar De livsløgnen fra et gjennomsnittsmeneske, så tar De lykken fra ham med de samme." Henrik Ibsen, *Vildanden*, V.
7. "Que volverse, loco un caballero andante con causa, ni grado ni gracias; el toque está en desatinar sin ocasión." Miguel de Cervantes, *El Ingenioso Hidalgo Don Quixote del la Mancha,* I, 25.
8. "L'homme est périssable. Il se peut; mais périssons en résistant, et, si le néant nous est reservé, ne faisons pas que ce soit une justice." Sénancour, *Obermann,* xc.

前言

For a general introduction to the study of decisions, see:

Allison, G. T. *Essence of Decision: Explaining the Cuban Missile Crisis.* Boston: Little, Brown, 1971.

March, J. G., "Introduction." In *Decisions and Organizations.* Oxford: Blackwell, 1988.

————. "Decisions in organizations and theories of choice." In A. Van de Ven and W. Joyce, eds., *Perspectives on Organizational Design and Performance.* New York: Wiley, 1981, pp. 205–244.

————. "How decisions happen in organizations." *Human/Computer Interaction,* 6 (1991): 95–117.

Witte, E., and H.-J. Zimmermann, eds., *Empirical Research on Organizational Decision Making.* Amsterdam: Elsevier, 1986.

For a general introduction to the study of organizations, see:

Grandori, A. *Perspectives on Organization Theory.* Cambridge, MA: Ballinger, 1987.

Leavitt, H. J., and H. Bahrami. *Managerial Psychology: Managing Behavior in Organizations.* 5th ed. Chicago: University of Chicago Press, 1988.

Perrow, C. *Complex Organizations: A Critical Essay.* 3d ed. Glenview, IL: Scott, Foresman, 1986.

Scott, W. R. *Organizations: Rational, Natural, and Open Systems.* 3d ed. Englewood Cliffs, NJ: Prentice Hall, 1992.

第1章

For an introduction to ideas of limited rationality, attention, and search, see:

Cyert, R. M., and J. G. March. *A Behavioral Theory of the Firm.* 2d ed. Oxford: Blackwell, 1992.

March, J. G. *Decisions and Organizations.* Oxford: Blackwell, 1988, Ch. 1–3.

March, J. G., and H. A. Simon. *Organizations.* 2d ed. Oxford: Blackwell, 1993.

For more detail on the psychological study of decision making under uncertainty, see:

Janis, I. L., and L. Mann. *Decision Making: A Psychological Analysis of Conflict, Choice, and Commitment.* New York: Free Press, 1977.

Kahneman, D.; P. Slovic; and A. Tversky, eds. *Judgment under Uncertainty: Heuristics and Biases.* Cambridge, England: Cambridge University Press, 1982.

Nisbett, R., and L. Ross. *Human Inference: Strategies and Shortcomings of Social Judgment.* Englewood Cliffs, NJ: Prentice-Hall, 1980.

For discussions of risk and risk taking from a behavioral perspective, see:

Douglas, M., and A. B. Wildavsky. *Risk and Culture.* Berkeley: University of California Press, 1982.

MacCrimmon, K. R., and D. A. Wehrung. *Taking Risks: The Management of Uncertainty.* New York: Free Press, 1986.

March, J. G. *Decisions and Organizations.* Oxford: Blackwell, 1988, Ch. 4.

For an indication of the ways in which limited rationality is found in economic theories of the organization, see:

Arrow, K. J. *The Limits of Organization.* New York: W. W. Norton, 1974.

Holmstrom, B. R., and J. Tirole. "The theory of the firm." In R. Schmalensee and R. D. Willig, eds., *Handbook of Industrial Organization.* Vol. 1. New York: Elsevier, 1989, pp. 61–133.

Williamson, O. E. "Transaction cost economics." In R. Schmalensee and R. D. Willig, eds., *Handbook of Industrial Organization.* Vol. 1. New York: Elsevier, 1989, pp. 136–82.

第2章

For further elaboration of rule following as a basis of action, see:

Anderson, J. R. *The Architecture of Cognition.* Cambridge, MA: Harvard University Press, 1983.

Burns, T. R., and H. Flam. *The Shaping of Social Organization: Social Rule System Theory with Applications.* London: Sage, 1987.

March, J. G., and J. P. Olsen. *Rediscovering Organizations: The Organizational Basis of Politics.* New York: Free Press, 1989, Ch. 2.

For more on identities and their development, see:

Elster, J. *The Multiple Self.* Cambridge, England: Cambridge University Press, 1986.

Hogg, M. A., and D. Abrams. *Social Identifications: A Social Psychology of Intergroup Relations and Group Processes.* London: Routledge, 1988.

Kondo, D. K. *Crafting Selves: Power, Gender, and Discourses of Identity in a Japanese Workplace.* Chicago: University of Chicago Press, 1990.

For examination of various ways in which rules and the population of rules change over time, see:

Axelrod, R. *The Evolution of Cooperation.* New York: Basic Books, 1984.

Hannan, M. T., and J. Freeman. *Organizational Ecology.* Cambridge, MA: Harvard University Press, 1989.

Holland, J. H.; K. J. Holyoak; R. E. Nisbett; and P. R. Thagard. *Induction: Processes of Inference, Learning, and Discovery.* Cambridge, MA: MIT Press, 1986.

March, J. G. *Decisions and Organizations.* Oxford: Blackwell, 1988, Chs. 8–11.

Nelson, R. R., and S. G. Winter. *An Evolutionary Theory of Economic Change.* Cambridge, MA: Harvard University Press, 1982.

第3章

For elaboration of basic ideas on inconsistency in social systems, see:

Coleman, J. S. *Individual Interests and Collective Action.* Cambridge, England: Cambridge University Press, 1986.

Elster, J. *Interpersonal Comparisons of Well-Being.* Cambridge, England: Cambridge University Press, 1991.

March, J. G. *Decisions and Organizations.* Oxford: Blackwell, 1988, Ch. 5.

———. "Decisions in organizations and theories of choice." In A. Van de Ven and W. Joyce, eds., *Assessing Organizational Design and Performance.* New York: Wiley Interscience, 1981, pp. 205–44.

For an introduction to teams and partnerships, see:

Levinthal, D. A. "A survey of agency models of organization." *Journal of Economic Behavior and Organization,* 9, (1988): 153–85.

Marschak, J., and R. Radner. *Economic Theory of Teams.* New Haven: Yale University Press, 1972.

Milgrom, P., and J. Roberts. *Economics, Organization and Management.* Englewood Cliffs, NJ: Prentice-Hall, 1992.

Rasmussen, E. *Games and Information: An Introduction to Game Theory.*

Oxford: Basil Blackwell, 1990.

第4章

For more discussions of power and its role in understanding decision making, see:

Bachrach, P., and M. Baratz. *Power and Poverty.* New York: Oxford University Press, 1970.

March, J. G. *Decisions and Organizations.* Oxford: Blackwell, 1988, Ch. 6.

Nagel, J. H. *The Descriptive Analysis of Power.* New Haven, CT: Yale University Press, 1975.

Pfeffer, J. *Managing with Power.* Boston: Harvard Business School Press, 1992.

For a discussion of coalitions, conflict, and problems of implementation, see:

Bardach, E. *The Implementation Game.* Cambridge, MA: MIT Press, 1977.

March, J. G. *Decisions and Organizations.* Oxford: Blackwell, 1988, Ch. 7.

Pfeffer, J., and G. R. Salancik. *The External Control of Organizations.* New York: Harper & Row, 1978.

Riker, W. H. *The Theory of Political Coalitions.* New Haven, CT: Yale University Press, 1962.

第5章

For further elaboration of the general ideas of ambiguity, contradiction, and interpretation, see:

Brunsson, N. *The Organization of Hypocrisy.* Chichester, England: Wiley, 1989.

Cohen, M. D., and J. G. March. *Leadership and Ambiguity: The American College President,* 2d ed. Boston: Harvard Business School Press, 1986.

March, J. G. *Decisions and Organizations.* Oxford: Blackwell, 1988, Chs. 15–17.

Weick, K. *The Social Psychology of Organizing,* 2d ed. Reading, MA: Addison-Wesley, 1979.

For more discussion of the symbolic aspects of decision making, see:

Arnold, T. *The Symbols of Government*. New Haven: Yale University Press, 1935.

Edelman, M. *The Symbolic Uses of Politics*. Urbana: University of Illinois Press, 1964.

March, J. G. *Decisions and Organizations*. Oxford: Blackwell, 1988, Chs. 18–19.

For more descriptions and discussions of garbage can decision processes, see:

Kingdon, J. W. *Agendas, Alternatives, and Public Policies*. Boston: Little, Brown, 1984.

March, J. G. *Decisions and Organizations,* Oxford: Blackwell, 1988, Ch. 14.

March, J. G., and J. P. Olsen, eds. *Ambiguity and Choice in Organizations*. Bergen, Norway: Universitetsforlaget, 1976.

———. "Garbage can models of decision making in organizations." In J. G. March and R. Weissinger-Baylon, eds. *Ambiguity and Command*. Cambridge, MA: Ballinger, 1986, pp. 11–36.

For more on the construction of meaning, see:

Agger, B. "Critical theory, poststructuralism, postmodernism: Their sociological relevance." *Annual Review of Sociology,* 17 (1991): 105–31.

Berger, P. L., and T. Luckman. *The Social Construction of Reality: A Treatise in the Sociology of Knowledge*. New York: Doubleday, 1966.

Fiske, S. T., and S. E. Taylor. *Social Cognition*. Reading, MA: Addison-Wesley, 1984.

Krieger, S. *Social Science and the Self: Personal Essays on an Art Form*. New Brunswick, NJ: Rutgers University Press, 1991.

Powell, W. W., and P. DiMaggio, eds. *The New Institutionalism in Organizational Analysis*. Chicago: University of Chicago Press, 1991.

第6章

For general discussions of the ambiguities of decision intelligence, see:

Elster J. *Choices over Time*. New York: Russell Sage Foundation, 1992.

———. *Sour Grapes: Studies in the Subversion of Rationality*. Cambridge, England: Cambridge University Press, 1983.

———. *Ulysses and the Sirens: Studies in Rationality and Irrationality*. Cambridge, England: Cambridge University Press, 1979.

Sen, A. K. *On Ethics and Economics*. Oxford: Blackwell, 1988.

For more elaboration of the problems and pitfalls of adaptive intelligence, see:

Hirschman, A. O. *Exit, Voice and Loyalty.* Cambridge, MA: Harvard University Press, 1979.

March, J. G. *Decisions and Organizations.* Oxford: Blackwell, 1988, Ch. 12–13.

March, J. G. "Exploration and exploitation in organizational learning." *Organization Science,* 2 (1991): 71–87.

Schelling, T. C. *Micromotives and Macrobehavior.* New York: Norton, 1978.

For discussions of the intelligence of routines and rules, see:

Stinchcombe, A. L. *Creating Efficient Industrial Administration.* New York: Academic Press, 1974.

———. *Information and Organizations.* Berkeley: University of California Press, 1990.

For some general suggestions on how to improve decision intelligence, see:

Argyris, C., and E. Schön. *Organizational Learning.* Reading, MA: Addison-Wesley, 1978.

George, A. L. *Presidential Decision Making in Foreign Policy: The Effective Use of Information and Advice.* Boulder, CO: Westview Press, 1980.

Hedberg, B. L. T.; P. C. Nystrom; and W. H. Starbuck. "Camping on see-saws: prescriptions for a self-designing organization." *Administrative Science Quarterly,* 21 (1976): 41–65.

March, J. G.; L. S. Sproull; and M. Tamuz. "Learning from samples of one or fewer." *Organization Science,* 2 (1991): 1–13.

For some exploration of poetic, artistic, and jurisprudential approaches to meaning, see:

Eliot, T. S. *On Poetry and Poets.* New York: Noonday Press, 1961.

Levi, E. H. *An Introduction to Legal Reasoning.* Chicago: University of Chicago Press, 1949.

Rosenberg, H. *Art on the Edge: Creators and Situations.* New York: Macmillan, 1975.

Sontag, S. *Illness as Metaphor.* New York: Farrar, Straus, & Giroux, 1978.